한 번에 합격,
자격증은 이

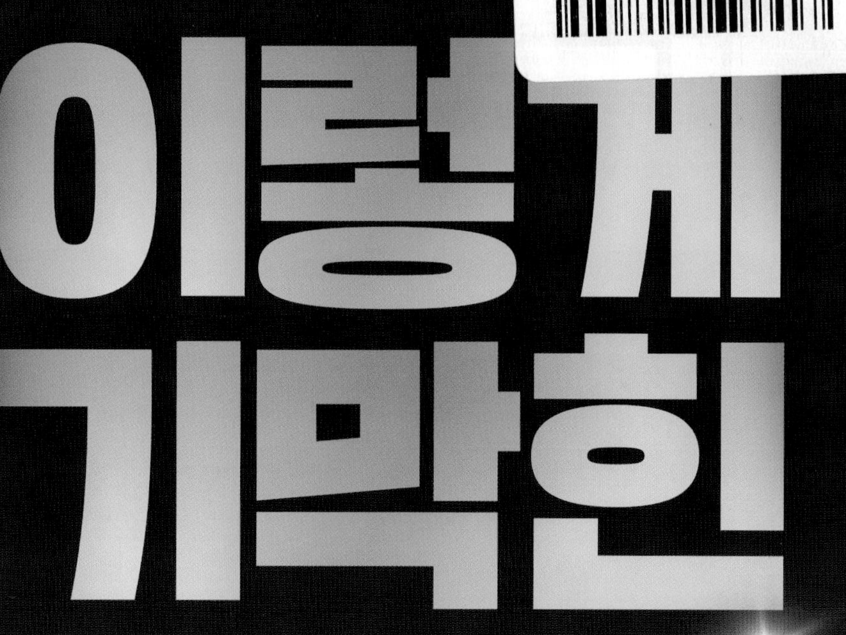

함께 공부하고 특별한 혜택까지!

이기적 스터디 카페 

구독자 13만 명, 전강 무료!

이기적 유튜브 

자격증 독학, 어렵지 않다!
수험생 합격 전담마크

이기적 스터디 카페

이기적 스터디 카페

인증만 하면, **고퀄리티 강의**가 **무료!**

100% 무료 강의

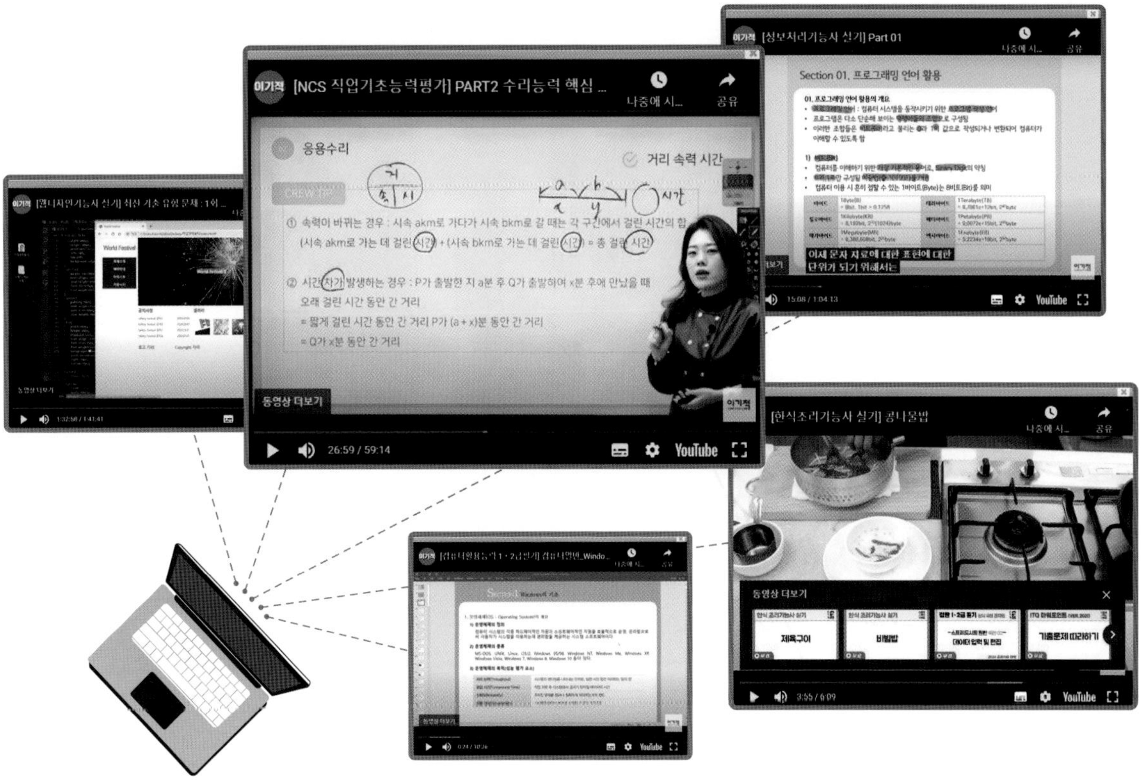

STEP 1
이기적
홈페이지
접속하기

STEP 2
무료동영상
게시판에서
과목 선택하기

STEP 3
ISBN 코드
입력 & 단어
인증하기

STEP 4
이기적이 준비한
명품 강의로
본격 학습하기

영진닷컴 이기적

1년 365일 이기적이 쏜다!

365일 진행되는 이벤트에 참여하고 다양한 혜택을 누리세요.

EVENT ❶

기출문제 복원

• 이기적 독자 수험생 대상
• 응시일로부터 7일 이내 시험만 가능
• 스터디 카페의 링크 클릭하여 제보

이벤트 자세히 보기 ▶

EVENT ❷

합격 후기 작성

• 이기적 스터디 카페의 가이드 준수
• 네이버 카페 또는 개인 SNS에 등록 후 이기적 스터디 카페에 인증

이벤트 자세히 보기 ▶

EVENT ❸

온라인 서점 리뷰

• 온라인 서점 구매자 대상
• 한줄평 또는 텍스트 & 포토리뷰 작성 후 이기적 스터디 카페에 인증

이벤트 자세히 보기 ▶

EVENT ❹

정오표 제보

• 이름, 연락처 필수 기재
• 도서명, 페이지, 수정사항 작성
• book2@youngjin.com으로 제보

이벤트 자세히 보기 ▶

• N페이 포인트 5,000~20,000원 지급
• 영진닷컴 쇼핑몰 30,000원 적립
• 30,000원 미만의 영진닷컴 도서 증정

※이벤트별 혜택은 변경될 수 있으므로 자세한 내용은 해당 QR을 참고하세요.

이기적이 다 드립니다

여러분은 합격만 하세요! 이기적 합격 성공세트 BIG 3

저자가 직접 알려주는, 무료 동영상 강의

시간 단축 조리법부터 절대 실수하지 않는 방법까지!
조리법 순서대로 차근차근, 저자와 함께 만들어 보세요.

연습할 때도 간편하게, 모바일 핵심암기장

실기 연습할 때, 교재 펼쳐놓고 보기 불편하시죠?
여러분을 위해 모바일 버전도 준비했어요.

무엇이든 물어보세요, 1:1 질문답변

회원 수 14만, 조리기능사 자격증 최대 커뮤니티!
저자가 함께하는 '조리모' 카페를 적극 활용해 보세요.

※ 〈2025 이기적 조리기능사〉 교재를 구매한 회원에게만 드리는 자료입니다.

조리모 카페 방문하기 ▶

시험 환경 100% 재현!

CBT 온라인 문제집

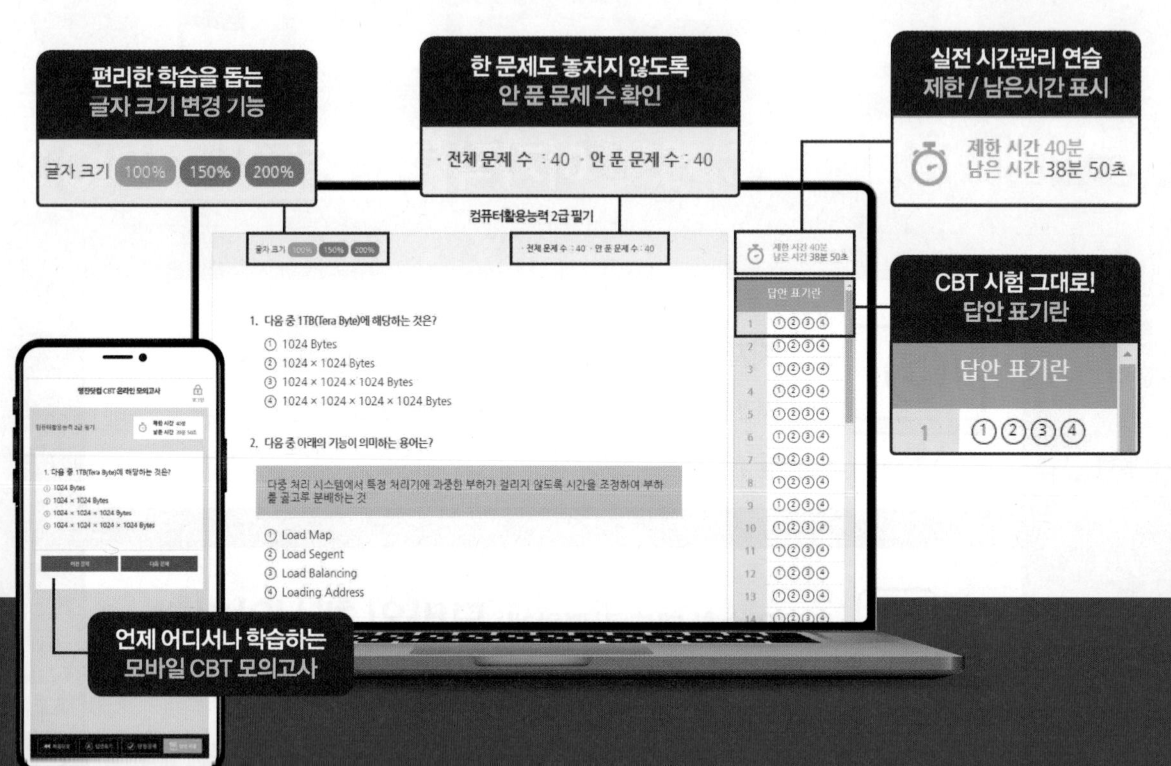

이용 방법

STEP 1	STEP 2	STEP 3	STEP 4
이기적 CBT cbt.youngjin.com 접속	과목 선택 후 제한시간 안에 풀이	답안 제출하고 합격 여부 확인	틀린 문제는 꼼꼼한 해설로 복습

이기적 CBT

이렇게
기막힌
적중률

양식조리기능사
필기+실기 올인원

1권 · 필기

"이" 한 권으로 합격의 "기적"을 경험하세요!

YoungJin.com Y.
영진닷컴

차례

출제빈도에 따라 분류하였습니다.
상 : 반드시 보고 가야 하는 이론
중 : 보편적으로 다루어지는 이론
하 : 알고 가면 좋은 이론

추가 제공자료

CBT 온라인 모의고사
cbt.youngjin.com

실기 시험 과제 핵심 요약
license.youngjin.com

'영진닷컴 이기적' 검색→이기적 홈페이지 (license.youngjin.com) 접속→'자료실' 게시판→'조리/제과제빵/운전면허' 클릭

이 책의 구성

STEP 01

꼼꼼하게 정리된 이론

다년간 분석한 기출문제의 출제빈도, 경향을 토대로 각 섹션마다 출제빈도를 상 중 하로 나눴습니다.

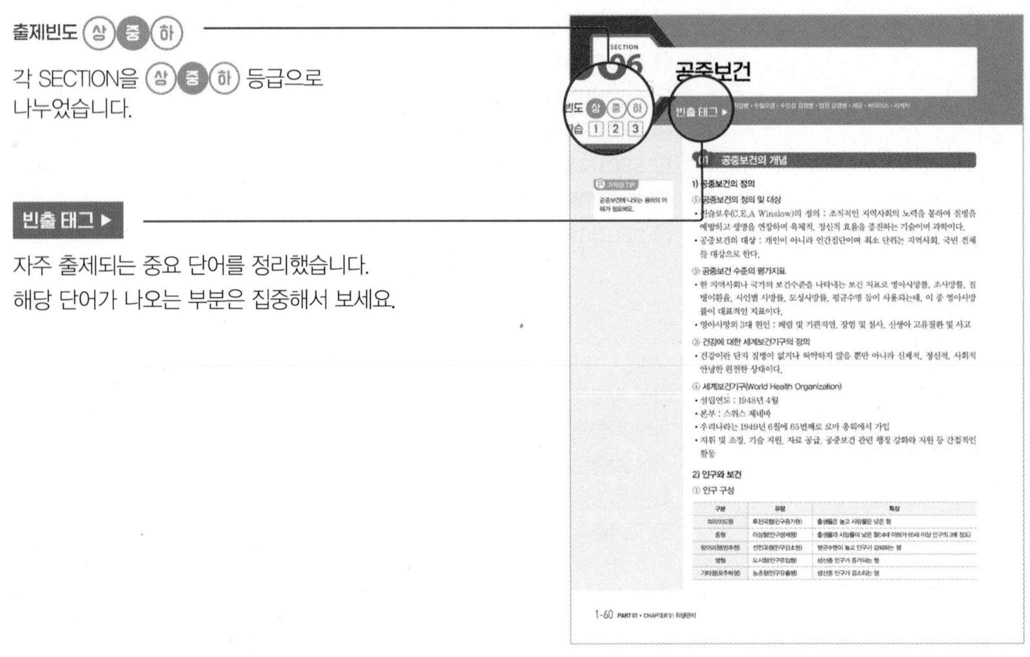

출제빈도 상 중 하

각 SECTION을 상 중 하 등급으로 나누었습니다.

빈출 태그 ▶

자주 출제되는 중요 단어를 정리했습니다.
해당 단어가 나오는 부분은 집중해서 보세요.

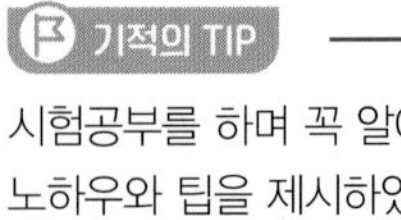

기적의 TIP

시험공부를 하며 꼭 알아야 하는 선생님의 노하우와 팁을 제시하였습니다.

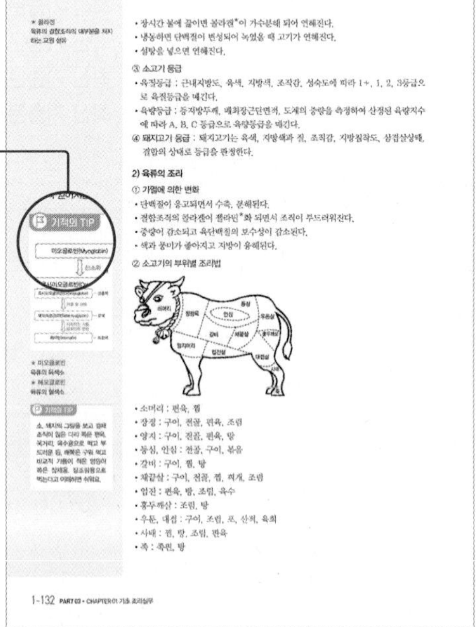

STEP 02

해설과 함께 보는 최신 기출문제

이론학습이 모두 끝난 후 빠르게 실력을 점검할 수 있도록 해설과 함께 보는 최신 기출문제를 5회분 제공합니다.

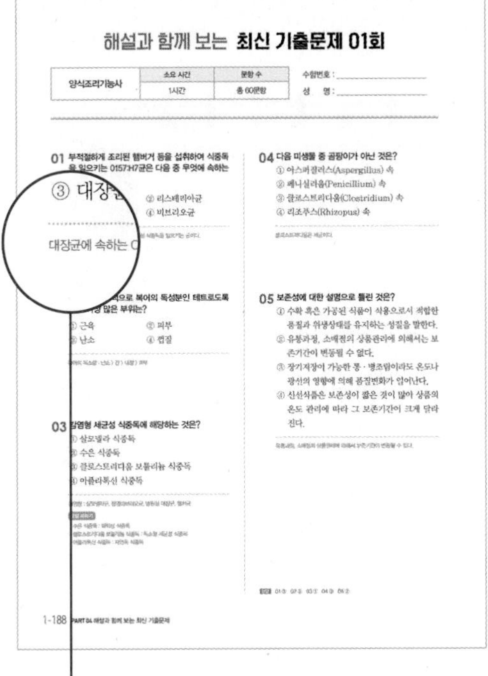

해설과 함께 보는 **최신 기출문제 01회**

양식조리기능사	소요 시간	문항 수
	1시간	총 60문항

수험번호 :
성 명 :

04 다음 미생물 중 곰팡이가 아닌 것은?
① 아스퍼질러스(Aspergillus) 속
② 페니실리움(Penicillium) 속
③ 클로스트리디움(Clostridium) 속
④ 리조푸스(Rhizopus) 속

05 보존성에 대한 설명으로 틀린 것은?
① 수확 혹은 가공된 식품이 식품으로서 적합한 품질과 위생상태를 유지하는 성질을 말한다.
② 유통과정, 소매점의 상품관리에 의해서는 보존기간이 변동될 수 없다.
③ 장기저장이 가능한 통·병조림이라도 온도나 광선의 영향에 의해 품질변화가 일어난다.
④ 신선식품은 보존성이 짧은 것이 많아 상품의 온도 관리에 따라 그 보존기간이 크게 달라진다.

③ 대장균

대장균에 속하는

문제 바로 아래의 해설을 참고하며 정답이 아닌 선택지를 지워갈 수 있어요. 해설을 꼼꼼히 읽으며 문제를 내 것으로 만드는 연습을 하세요.

STEP 03

해설과 따로 보는 최신 기출문제

출제 경향을 제대로 반영한 최신 기출문제 5회분을 해설과 따로도 준비했습니다. 실전처럼 풀어보며 감각을 키워보세요.

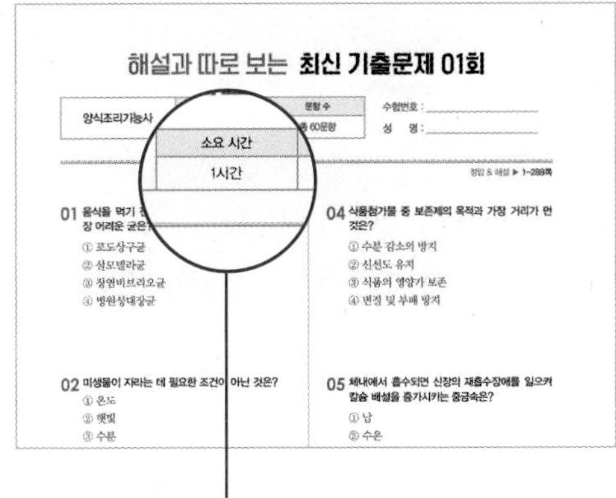

해설과 따로 보는 **최신 기출문제 01회**

소요 시간
1시간

02 미생물이 자라는 데 필요한 조건이 아닌 것은?
① 온도
② 햇빛
③ 수분

소요 시간 1시간 내로 문제를 모두 풀이할 수 있도록 꾸준히 연습하세요.

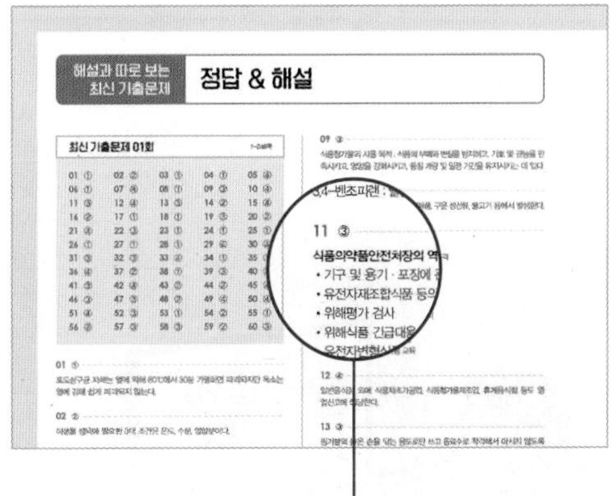

해설과 따로 보는 최신 기출문제 **정답 & 해설**

11 ③
식품의약품안전처장의 역
• 기구 및 용기·포장에
• 유전자재조합식품 등의
• 위해평가 검사
• 위해식품 긴급대응

오답 피하기와 추가 이론을 해설에 꼼꼼히 담았습니다. 틀렸거나 헷갈렸던 문제들은 해설을 다시 한번 짚어보며 단순 채점으로 끝내지 않도록 하세요.

시험의 모든 것

01 응시 자격 조건

남녀노소 누구나 응시 가능

02 원서 접수하기

- 큐넷(www.q-net.or.kr)에서 원서 접수 가능
- 원하는 장소 및 시간 등 선착순 접수
- 자세한 사항은 시행처(큐넷) 사이트 확인

03 필기 시험

- CBT(Computer Based Test) 시험
- 객관식 4지택일형, 총 60문항(1시간)
- 양식 재료관리, 음식조리 및 위생관리

04 필기 합격자 발표

- 큐넷(www.q-net.or.kr)에서 합격자 확인 가능
- 필기 시험 합격예정자 및 최종합격자 발표시간은 해당 발표일 09:00임

01 실시기관 명칭 및 홈페이지

한국산업인력공단(www.q-net.or.kr)

02 검정 방법 및 합격 기준

- 객관식 4지 택일형, 총 60문항(60분)
- 100점 만점에 60점 이상

03 출제기준

출제기준 바로보기 

주요항목	세부항목
1. 음식 위생관리	1. 개인 위생관리
	2. 식품 위생관리
	3. 작업장 위생관리
	4. 식중독 관리
	5. 식품위생 관계 법규
	6. 공중 보건
2. 음식 안전관리	1. 개인안전 관리
	2. 장비 · 도구 안전작업
	3. 작업환경 안전관리
3. 음식 재료관리	1. 식품재료의 성분
	2. 효소
	3. 식품과 영양
4. 음식 구매관리	1. 시장조사 및 구매관리
	2. 검수관리
	3. 원가
5. 양식 기초 조리실무	1. 조리준비
	2. 식품의 조리원리
	3. 식생활 문화
6. 양식 스톡 조리	1. 스톡 조리
7. 양식 전채 · 샐러드 조리	1. 전채 · 샐러드 조리
8. 양식 샌드위치 조리	1. 샌드위치 조리
9. 양식 조식 조리	1. 조식 조리
10. 양식 수프 조리	1. 수프 조리
11. 양식 육류 조리	1. 육류 조리
12. 양식 파스타 조리	1. 파스타 조리
13. 양식 소스 조리	1. 소스 조리

시험 출제 경향

PART 01 위생관리 및 안전관리

음식조리 작업에 필요한 위생 관련 지식을 이해하고, 주방의 청결 상태와 개인위생 · 식품위생을 관리하여 전반적인 조리작업을 위생적으로 수행할 수 있고, 조리사가 주방에서 일어날 수 있는 사고와 재해에 대하여 안전기준 확인, 안전수칙 준수, 안전예방 활동을 할 수 있도록 학습합니다.

빈출태그

1. 위생관리

식품 위생, 질병, 미생물의 종류, 곰팡이, 세균, 바이러스, 기생충, 살균, 소독, 식품첨가물의 종류, HACCP의 정의, 12절차 7원칙, 교차오염, 위해요소, 식중독의 종류, 곰팡이, 세균성 식중독, 독소형 식중독, 자연독 식중독, 식품위생관계법규의 정의, 신고와 허가업종, 원산지 표시, 소분업, 식품의약품안전처장, 공중보건, 직업병, 수질오염, 수인성 감염병, 법정 감염병, 세균, 바이러스, 리케차

2. 안전관리

안전관리, 사고, 예방, 조치, 안전한 조리 장비, 도구 관리, 작업장 환경, 안전 교육, 소화기

PART 02 재료관리 및 구매관리

식품은 물, 단백질, 지질, 탄수화물, 비타민, 무기질로 구성되어 있는데 각 구성 성분과 성질을 이해하고 색, 맛, 향의 변질에 대해서도 공부합니다. 또한 필요한 재료를 저장 · 재고 관리 · 선입선출하여 효율적으로 관리할 수 있도록 하고, 조리에 필요한 양질의 식재료, 조리기구, 장비를 적절한 시기에 구매할 수 있도록 학습합니다.

빈출태그

1. 재료관리

유리수, 자유수, 수분활성도, 탄수화물, 단백질, 지질, 비타민, 무기질의 종류와 특징, 갈변, 효소적 갈변, 비효소적 갈변, 분해효소, 식품, 영양, 영양소의 정의, 칼로리

2. 구매관리

시장조사, 식품의 구매, 대치 식품, 신선한 식품 검수, 조리기구, 원가, 직접원가, 제조원가, 총원가, 판매원가

PART 03 음식 조리

음식 조리를 하면서 사용하는 도구와 사용법, 조리 용어에 대한 설명이 있는 파트입니다. 조리의 원리를 생각하고 과학적으로 설명했습니다.

	빈출태그
1. 기초 조리실무	습열 조리, 건열 조리, 복합 조리, 계량 방법, 조리장의 시설과 기구, 폐기량과 정미량, 농산물, 축산물, 수산물, 냉동, 유지의 조리, 가공, 저장, 특성, 조미료, 향신료
2. 양식 조리	기본 썰기 방법, 부케가르니, 미르포아, 뼈, 화이트 스톡, 브라운 스톡, 피쉬 스톡, 쿠르부용, 플레인, 드레스드, 올리브유, 콩디망, 조리도구, 플레이트, 단순 샐러드, 복합 샐러드, 드레싱, 비네그레트, 마요네즈, 유화, 핫 샌드위치, 콜드 샌드위치, 오픈 샌드위치, 클로즈드 샌드위치, 핑거 샌드위치, 빵의 종류, 스프레드, 속재료, 가니쉬, 서니 사이드 업, 오버 이지, 오버 하드, 스크램블 에그, 오믈렛, 보일드 에그, 프렌치 토스트, 에그 베네딕트, 시리얼, 농후제, 스톡, 가니쉬, 맑은 수프, 진한 수프, 차가운 수프, 따뜻한 수프, 나라별 수프, 육류의 종류, 가금류, 향신료, 조리도구, 마리네이드, 조리법, 습열식 조리, 건열식 조리, 듀럼 밀, 파스타의 종류, 파스타의 소스, 향초, 토마토, 치즈, 루, 뵈르마니에, 농후제의 종류, 브라운 스톡, 벨루떼, 우유 소스, 유지 소스, 디저트 소스

CBT 시험 가이드

CBT란?

CBT는 시험지와 필기구로 응시하는 일반 필기시험과 달리, 컴퓨터 화면으로 시험 문제를 확인하고 그에 따른 정답을 클릭하면 네트워크를 통하여 감독자 PC에 자동으로 수험자의 답안이 저장되는 방식의 시험입니다.
오른쪽 QR코드를 스캔해서 큐넷 CBT를 체험해 보세요!

큐넷 CBT 체험하기

CBT 필기시험 진행방식

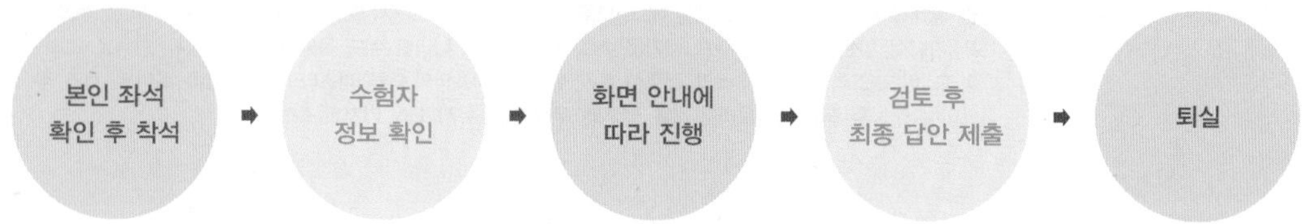

CBT 응시 유의사항

- 수험자마다 문제가 모두 달라요. 문제은행에서 자동 출제됩니다!
- 답지는 따로 없어요!
- 문제를 다 풀면, 반드시 '제출' 버튼을 눌러야만 시험이 종료되어요!
- 시험 종료 안내방송이 따로 없어요.

FAQ

Q CBT 시험이 처음이에요! 시험 당일에는 어떤 것들을 준비해야 좋을까요?

A 시험 20분 전 도착을 목표로 출발하고 시험장에는 주차할 자리가 마땅하지 않은 경우가 많으므로, 대중교통을 이용하는 것을 추천합니다. 무사히 시험 장소에 도착했다면 수험자 입장 시간에 늦지 않게 시험실에 입실하고, 자신의 자리를 확인한 뒤 착석하세요.

Q 기존보다 더 어려워졌을까요?

A 시험 자체의 난이도 차이는 없지만, 랜덤으로 출제되는 CBT 시험 특성상 경우에 따라 유독 어려운 문제가 많이 출제될 수는 있습니다. 이러한 돌발 상황에 대비하기 위해 이기적 CBT 온라인 문제집으로 실제 시험과 동일한 환경에서 미리 연습해두세요.

CBT 진행 순서

좌석번호 확인	수험자 접속 대기 화면에서 본인의 좌석번호를 확인합니다.
수험자 정보 확인	시험 감독관이 수험자의 신분을 확인하는 단계입니다. 신분 확인이 끝나면 시험이 시작됩니다.
안내사항	시험 안내사항을 확인하고, 다음을 클릭합니다.
유의사항	시험과 관련된 유의사항을 확인합니다.
문제풀이 메뉴 설명	시험을 볼 때 필요한 메뉴에 대한 설명을 확인합니다. 메뉴를 이용해 글자 크기와 화면 배치를 조정할 수 있습니다. 남은 시간을 확인하며 답을 표기하고, 필요한 경우 아래의 계산기를 이용할 수 있습니다.
문제풀이 연습	시험 보기 전, 연습을 해 보는 단계입니다. 직접 시험 메뉴화면을 클릭하며, CBT가 어떻게 진행되는지 확인합니다.
시험 준비 완료	문제풀이 연습을 모두 마친 후 [시험 준비 완료] 버튼을 클릭하면 시험 감독관의 지시에 따라 시험이 시작됩니다.
시험 시작	시험이 시작되었습니다. 수험자분들은 제한 시간에 맞추어 문제풀이를 시작합니다.
답안 제출	시험을 완료하면 [답안 제출] 버튼을 클릭합니다. 답안을 수정하기 위해 시험화면으로 돌아가고 싶으면 [아니오] 버튼을 클릭합니다.
답안 제출 최종 확인	답안 제출 메뉴에서 [예] 버튼을 클릭하면, 수험자의 실수를 방지하기 위해 한 번 더 주의 문구가 나타납니다. 완벽히 시험 문제 풀이가 끝났다면 [예] 버튼을 클릭하여 최종 제출합니다.
합격 발표	CBT 시험이 모두 종료되면, 퇴실할 수 있습니다.

PART

01

위생관리 및 안전관리

파트 소개

음식조리 작업에 필요한 위생 관련 지식을 이해하고, 주방의 청결 상태와 개인위생 · 식품위생을 관리하여 전반적인 조리작업을 위생적으로 수행할 수 있고, 조리사가 주방에서 일어날 수 있는 사고와 재해에 대하여 안전기준 확인, 안전수칙 준수, 안전예방 활동을 할 수 있도록 학습합니다.

CHAPTER

01

위생관리

학습 방향

위생관리 과목은 미생물을 분류하고 각각의 미생물의 특징과 종류 등을 알아야 합니다. 그 외 기생충, 식중독도 공부하는 방법은 동일하고 문제는 골고루 출제가 됩니다. 소독하는 방법과 종류 식품첨가물의 종류와 유해 첨가물도 한 문제 이상 출제됩니다. HACCP에 대해 용어 정의, 식품위생법의 지정자, 단체급식에 대한 내용이 자주 출제됩니다.

SECTION 01

출제빈도 상 중 하
반복학습 1 2 3

개인 위생관리

빈출 태그 ▶ 식품 위생 · 질병

01 위생관리기준

기적의 TIP

위생관리의 목적
- 식중독 위생사고 예방
- 식품위생법 및 행정처분 강화
- 상품의 가치 상승과 안전한 먹거리
- 점포의 청결한 이미지
- 고객 만족과 매출 증진
- 대외적 브랜드 이미지 관리

1) 손의 세척 및 소독

① 식품을 취급하기 전에는 반드시 손을 세척한다.
② 역성비누로 손을 소독하는 방법은 일반비누로 먼저 손을 세척하고, 10% 희석한 역성비누로 약 30초 정도 손을 비비면서 소독한다.
③ 일반비누와 역성비누를 같이 섞어 사용하면 살균력이 떨어지니 주의해야 한다.

2) 상처 및 질병

① 식품 취급자 자신의 건강상태를 확인하고 개인 위생에 주의를 기울인다.
② 음식물을 통해 감염될 수 있는 병원균을 보유하고 있거나 설사, 구토, 황달, 기침, 콧물, 가래, 오한, 발열 등의 증상이 있을 때는 일을 해서는 안 된다.
③ 위장염 증상, 부상으로 인한 화농성 질환, 피부병, 베인 부위가 있을 때는 즉시 상급자에게 보고하고 작업하지 않는다.

3) 개인 위생수칙

① 주기적으로 위생교육을 받아야 하며 교육에 대한 효과를 확인 받는다.
② 작업장에서는 지정된 위생복, 위생모, 위생화, 위생장갑 및 위생마스크를 청결한 상태로 착용한다. 머리카락이 외부로 노출되지 않도록 위생모를 착용한다. 앞치마는 조리용, 서빙용, 세척용으로 용도에 따라 색상을 달리하거나 구분하여 사용한다. 위생장갑은 전처리용, 조리용, 설거지용, 청소용 등으로 용도에 따라 색상별로 구분, 관리할 수 있다.
③ 작업자는 작업 전에 손, 신발을 세척하고 소독한다.
④ 손톱은 청결하게 하고, 매니큐어 및 짙은 화장, 향수는 사용하지 않는다.
⑤ 작업장 내에는 음식물, 담배, 장신구 및 기타 불필요한 개인용품의 반입을 하지 않는다.
⑥ 작업장 내에서는 흡연행위, 껌 씹기, 음식물 먹기 등을 하지 않는다.
⑦ 작업장 내에서는 지정된 이동경로를 따라서 이동한다.
⑧ 작업장에의 출입은 반드시 지정된 출입구를 이용하여야 하며, 별도의 허가를 받지 않은 인원은 출입을 할 수 없다.
⑨ 작업장에서 사용하는 모든 설비 및 도구는 항상 청결한 상태로 정리, 정돈한다.
⑩ 모든 종업원은 작업장 내에서의 교차오염 또는 2차 오염의 발생을 방지한다.

02 식품 위생에 관련된 질병

1) 식품 취급 시의 위생관리

① 식품은 항상 청결하고 위생적으로 취급하여 병원미생물, 먼지, 유해물질 등에 의한 오염을 방지한다.
② 식품이 오염되거나 부주의에 의한 위생사고가 없도록 주의한다.
③ 사람의 손, 파리, 바퀴, 쥐, 먼지 등에 의하여 오염되지 않도록 위생적으로 취급한다.
④ 살충제, 살균제, 기타 유독 약품류는 식품과 별도로 보관한다.

2) 건강진단의 의무

식품 또는 식품첨가물을 채취 · 제조 · 가공 · 조리 · 저장 · 운반 또는 판매하는 일에 직접 종사하는 영업자 및 종업원(단, 완전 포장된 식품 또는 식품첨가물을 운반하거나 판매하는 일에 종사하는 사람은 제외)은 1년에 1회 건강진단을 해야 한다.

3) 조리사의 결격 사유

① 정신질환자(전문의가 조리사로서 적합하다고 인정하는 자는 제외)
② 감염병환자(B형간염환자는 제외)
③ 마약이나 그 밖의 약물 중독자
④ 조리사 면허의 취소처분을 받고 그 취소된 날부터 1년이 지나지 아니한 자

기적의 TIP

조리사의 결격 사유에 대해 묻는 문제가 나와요.

개념 체크

1 손을 세척할 때는 일반비누와 역성비누를 섞어서 사용하면 좋다. (O, X)
2 피부병 등이 있을 때에는 즉시 상급자에게 보고하면 조치 후 작업할 수 있다. (O, X)
3 B형간염환자는 조리사의 결격 사유에 해당하지 않는다. (O, X)

1 X 2 × 3 O

SECTION 02

출제빈도 상 중 하
반복학습 1 2 3

식품 위생관리

빈출 태그 ▶ 미생물의 종류 · 곰팡이 · 세균 · 바이러스 · 기생충 · 살균 · 소독 · 식품첨가물의 종류

01 미생물의 종류와 특성

★ 미생물
육안으로 볼 수 없고, 현미경으로만 식별할 수 있는 생물군

1) 미생물★의 종류

① 곰팡이(Mold)

- 포자법으로 번식하고, 호기성으로 약산성 pH 5~6에서 잘 자란다.
- 질병, 감염, 알레르기를 발생시킨다.
- 비정상적인 곰팡이 식품은 폐기한다.

종류	식품
Aspergillus(누룩곰팡이) 속	누룩과 메주 제조에 이용함
Penicillium(푸른곰팡이) 속	치즈의 제조, 떡, 빵, 과일 등에 번식함
Mucor(털곰팡이) 속	전분의 당화나 치즈 숙성에 이용함
Rhizopus(거미줄곰팡이) 속	채소, 과일, 빵에 번식, 술 양조에 이용함

② 효모(Yeast)

- 형태로는 원형, 균사형, 소시지형이 있다.
- 출아법으로 번식하고, 비운동성이다.

종류	식품
Zygo saccharomyces(사카로미세스) 속	누룩과 메주 제조에 이용함
Torula(토루라) 속	된장, 간장, 포도주, 맥주, 청량음료, 꿀, 치즈의 당을 변패
Pichia(피키아), Hansenula(한센눌라) 속	• 산막효모 • 알코올 제조에 이용
Candida(칸디다), Mycoderma(마이코데르마) 속	• 산막효모 • 맥주, 간장, 포도주의 유해 균주

③ 스피로헤타(Spirochaeta)

- 연약한 나선형 구조를 하고 있다.
- 운동성을 갖는다.
- 매독, 재귀열, 와일씨병의 병원체이다.

④ 세균(Bacteria)

- 병원 미생물의 대부분이 세균이다.
- 단세포이고, 분열에 의하여 증식하여 분열균이라고 부른다.
- 형태로는 구균, 간균, 나선균의 형태로 존재한다.

종류	식품
Bacillus(바실러스) 속	쌀밥, 어묵, 통조림 식품 부패의 원인균
Vibrio(비브리오) 속	어류
Clostridium(클로스트리디움) 속	육류, 가공품, 어패류, 통조림 등에 번식함
Lactobacillus(락토바실러스) 속	치즈, 발효음료, 술, 된장, 간장의 제조에 이용함

⑤ 리케차(Rickettsia)

- 운동성이 없고, 살아 있는 세포 속에서만 증식한다.
- 발진티푸스, 발진열의 병원체이다.

⑥ 바이러스(Virus)

- 보통의 광학현미경으로 볼 수 없고 세균여과기에 통과하는 가장 작은 미생물이다.
- 천연두, 인플루엔자, 소아마비, 일본뇌염의 병원체이다.
- 식품 취급자의 위생으로 예방이 가능하다.

기적의 TIP

미생물의 크기를 순서대로 외워주세요.
곰팡이 〉 효모 〉 스피로헤타 〉 세균 〉 리케차 〉 바이러스

2) 미생물 증식에 필요한 조건

① 영양소

- 질소원 : 아미노산, 무기질소
- 탄소원 : 탄수화물, 포도당 등의 당류 등(주로 에너지원으로 이용)
- 무기질 : 황(S), 인(P) 등
- 비타민 : 비타민 B군 등

② 수분

- 미생물의 증식에 이용되는 물은 자유수이다.
- 수분활성도(Aw)가 0.6 이하이면 미생물 번식 억제가 가능하다.
- 미생물 생육 수분활성도(Aw) : 세균(0.94) 〉 효모(0.88) 〉 곰팡이(0.80)

③ 온도

- 미생물은 최저 온도 이하에서는 증식이 정지되지만 사멸되지는 않는다.
- 저온균 : 최적온도 10~20℃인 세균으로 물속, 냉장고에서도 번식한다.
- 중온균 : 최적온도 25~40℃인 세균으로 자연계에 가장 광범위하게 분포한다.
- 고온균 : 55℃ 이상에서 증식이 가능하고, 온천수에서도 번식한다.

④ 산소

- 호기성균 : 산소가 존재하는 상태에서만 증식하는 세균이다.
  예 곰팡이, 효모, 바실러스, 식초산균, 방선균 등
- 혐기성균 : 산소가 없거나 아주 미량일 경우에만 증식하는 세균으로 산소를 필요로 하지 않는다.
  예 낙산균, 클로스트리디움 등
- 통성 혐기성균 : 산소가 있거나 없거나 관계 없이 발육하는 세균이다.
  예 젖산균, 효모 등
- 편성 혐기성균 : 산소를 절대적으로 기피하는 균이다.
  예 보툴리누스균, 웰치균 등

⑤ pH(수소이온농도)
- 곰팡이, 효모 : pH 4.0~6.0인 약산성에서 잘 자란다.
- 세균 : pH 6.5~8.0인 보통 중성 내지 약알칼리성에서 잘 자란다.

⑥ 삼투압
- 식염용액의 경우 보통 1~2% 정도의 농도에서 미생물 생육이 저해된다.
- 내염성 미생물 : 10~20% 농도에서도 생육이 가능한 균이다.
- 호염성 세균 : 어느 정도의 식염농도가 없으면 증식되지 않는 균이다.

기적의 TIP

미생물의 증식에 필요한 3대 조건은 영양소, 수분, 온도예요.

3) 미생물에 의한 식품의 변질

① 변질의 정의

식품이 여러 환경 요인에 의해 맛, 냄새, 색, 유해물질 등이 생성되어 섭취가 불가능한 상태를 말한다.

② 변질의 원인
- 미생물의 번식(세균, 곰팡이, 효모)
- 자가소화, 효소적 갈변 현상
- 공기 중 산화로 비타민 파괴, 지방의 산패

③ 변질의 종류

변패	식품 성분 중 탄수화물, 지방이 분해되어 변질된 현상
부패	단백질 식품이 미생물에 의해 분해되어 악취, 유해 물질이 생성되는 현상
산패	지방질 식품이 산화되어 불쾌한 냄새를 형성하고, 성분과 색이 변질된 현상
발효	탄수화물 식품이 미생물에 의해 알코올과 유기산을 생성하여 유용한 물질을 만들어 내는 현상

④ 식품의 부패판정
- 관능검사 : 시각, 촉각, 미각, 후각을 이용한다.
- 생균수 : 식품 1g당 생균수가 10^7~10^8인 경우 초기 부패로 판정한다.
- VBN(휘발성 염기질소) : 초기 부패 어육은 30~40mg%100g, 부패 생선은 50mg% 이상으로 보고 있다. 식품 공전에서 20mg% 이하로 규정, 우육에서는 15mg% 이상이 되면 부패 감지가 가능하다.
- TMA(트리메틸아민) : 1㎍에서 맛이 저하되고, 2~3㎍ 정도이면 부패 어류이다.
- K값 : 생선의 K값이 20 전후이면 생선회로 섭취가 가능하고, 40~50이면 가열 조리가 필요하다.
- 히스타민 : 어육은 4~10mg%이면 알레르기성 식중독을 일으킨다.
- pH : 어육은 pH 5.5 전후이면 신선하고, pH 6.2이면 초기 부패로 판정한다.
- 황화수소(H_2S), 인돌, 암모니아, 피페리딘 : 식품의 부패 과정에서 생기는 냄새이다.

02 식품과 기생충병

1) 중간숙주에 의한 기생충 분류

① 중간숙주가 없는 것
- 회충 : 경구침입, 일광에 사멸, 소장에 기생
- 요충 : 집단감염, 항문소양증
- 편충 : 대장에 기생, 채소류로부터 감염, 충란으로 감염
- 구충(십이지장충) : 경피 감염
- 동양모양선충 : 내염성, 절임채소에도 붙어 감염

기적의 TIP
회충은 우리나라에서 감염률이 제일 높아요.

② 중간숙주가 하나인 것
- 무구조충(민촌충) : 소
- 유구조충, 선모충 : 돼지
- 만소니열두조충 : 닭

③ 중간숙주가 두 개인 것

기생충	제1중간숙주	제2중간숙주
간흡충(간디스토마)	왜우렁이	붕어, 잉어
폐흡충(폐디스토마)	다슬기	가재, 게
요꼬가와흡충	다슬기	담수어, 은어, 잉어
광절열두조충(긴촌충)	물벼룩	연어, 송어
유극악구충	물벼룩	민물고기(가물치), 양서류
아니사키스	프랑크톤	대구, 청어, 조기, 오징어

2) 선충 예방법

① 육류나 어패류를 날것으로 먹지 않는다.
② 야채류는 희석시킨 중성세제로 세척 후 흐르는 물에 5회 이상 씻는다.
③ 조리 기구를 잘 소독한다.
④ 개인위생 관리를 철저히 한다.
⑤ 인분뇨를 사용하지 않고 화학비료를 사용하여 재배한다.

3) 구충 및 구서

해충	감염병	예방법
파리	소화기계, 호흡기계 감염병	서식처 제거, 방충망, 살충제, 끈끈이 테이프
모기	말라리아, 사상충증, 황열, 뎅구열	발생지 제거, 하수도의 고인 물 정체 방지
이	발진티푸스, 재귀열	주위 청결, 세탁, 세발, 살충제 살포
벼룩	발진티푸스, 페스트, 발진열, 재귀열	주의 청결, 살충제
바퀴	소화기계 질병, 소아마비	서식처 제거, 청결, 살충제
진드기	쯔쯔가무시, 재귀열, 유행성출혈열, 양충병	서식처 제거, 청결, 온도 습도 관리
쥐	유행성출혈열, 쯔쯔가무시, 페스트, 서교증, 와일씨병, 발진열	살서제(쥐약), 포서기(쥐덫), 훈증법(연막탄)

4) 구충과 구서의 구제법

① 발생의 근원, 즉 서식지를 제거한다.
② 광범위하게 동시에 실시한다.
③ 생태, 습성에 따라 실시한다.
④ 발생 초기에 실시한다.

03 살균 및 소독의 종류와 방법

1) 세척과 살균의 정의

① 세척 : 시설, 도구 및 조리장비로부터 더러운 오염물질을 제거하는 과정이다.
② 살균, 소독 : 세척표면에서 미생물의 수를 안전한 수준으로 줄이는 과정이다.

2) 소독의 종류

① 멸균 : 병원 미생물뿐만 아니라 균, 아포, 독소 등을 사멸시키는 것이다.
② 살균 : 미생물을 사멸 또는 불활성화 시키는 것을 말한다.
③ 소독 : 병원성 미생물을 죽이거나 병원성을 약화시키지만 아포는 죽이지 못한다.
④ 방부 : 미생물의 증식을 억제하여 균의 발육을 저지시켜 부패나 발효를 방지한다.

기적의 TIP

살균 작용의 정도를 순서대로 외워주세요.
멸균 〉 살균 〉 소독 〉 방부

3) 세척제의 종류

① 알칼리성 세제 : 유리창용 세제, 가정용 왁스세제, 기름때 전용 세제, 얼룩 제거 세제, 탄화 전용 세제, 만능 세제 등
② 중성 세제 : 가정용 식기 세제나 욕조 전용 세제 등
③ 산성 세제 : 불산, 염산, 인산, 붕산 등 산성을 띤 세제, 화장실 전용 세제
④ 표백제 : 염소계 세제, 화장실용 세제
⑤ 살균제 : 도마 등의 조리용구의 살균에 사용하는 알코올이 주성분인 세제

구분	사용 용도
1종 세제	야채, 과일 세척제
2종 세제	식기 세척제
3종 세제	식품의 가공기구 세척제

4) 소독의 물리적인 방법

① 무가열에 의한 방법

• 일광법
 – 장티푸스, 결핵균, 페스트균은 10~15초의 조사로 사멸
• 자외선 조사
 – 살균 파장 : 2500~2800 Å ★
 – 소독 : 공기, 물, 식품, 기구, 용기 등
 – 자외선 살균 효과가 크고, 내성이 없음
 – 자외선이 닿는 표면에만 살균 효과
 – 단백질이 많은 식품에 살균력 저하

★ 1 Å (옹스트롬)
0.1nm(나노미터)

- 방사선 조사
  - Co^{60}, $Cs^{i\ 7}$의 γ선이 널리 이용
  - 양파, 감자의 발아 억제, 과일, 채소의 후숙 지연
  - 열에 의하지 않고 성질의 변화 없이 살균 가능
- 여과
  - 미생물이 통과할 수 없는 여과기에 제거하는 방법
  - 가열로 맛이 변할 수 있는 음료수
  - 가열 살균으로 조성이 불안해지는 의약품이나 세균배양기 등

여과 과정을 통해서 바이러스가 제거되지는 않아요.

② 가열에 의한 방법

분류	소독 방법	종류
화염멸균법	화염 속 20초 접촉	불에 타지 않는 금속, 도자기 멸균
고압증기멸균법	121℃, 15~20분	통조림, 고무제품, 거즈 및 약액
유통증기간헐멸균법	100℃의 증기, 30분씩, 3회	유리그릇, 금속제품
유통증기소독법	100℃의 증기, 30~60분	기구, 의류, 고무제품
자비소독	100℃, 10~20분	식기, 행주
저온살균법(LTST법)	61~65℃, 30분간	우유
고온단시간살균법	70~75℃, 15~20초	
초고온단시간살균법	130~140℃, 2초	

5) 소독의 화학적인 방법

① 소독약의 구비 조건

- 살균력과 침투력이 강할 것
- 간편하고 저렴할 것
- 금속 부식성이 없을 것
- 표백성이 없을 것

② 소독약의 종류

분류	사용 용도	사용 농도
염소	수돗물, 과일, 야채, 식기	상수도 0.2ppm, 수영장 0.4ppm
표백분(클로르칼키)	우물, 수영장, 과일, 야채, 식기	50~200ppm
역성비누(양성비누)	과일, 야채	0.01~0.1%
	식기, 손 소독	10%
석탄산	변소, 하수도, 오물, 의류	3%
포름알데히드(기체)	병원, 도서관, 거실	40%
포르말린	변소, 하수도, 진개 등의 오물	30~40%
생석회	변소, 하수도, 진개 등의 오물	석회:물 = 2:8
크레졸	변소, 하수도, 진개 등의 오물	3%
과산화수소	피부, 상처 소독	3%
승홍수	피부 소독, 금속 부식성	0.1%
에틸알콜	손 소독	70%

③ 석탄산

- 비교적 안정적이고 유기물에도 소독력이 약화되지 않으므로 살균력의 지표가 된다.
- 독성이 강하고 피부 점막에 자극성이 있으며 금속을 부식시킨다는 단점이 있다.
- 석탄산 계수 = 소독약의 희석배수 ÷ 석탄산의 희석배수
- 석탄산 계수가 낮을수록 소독력은 떨어진다.
- 크레졸은 석탄산보다 냄새와 소독력이 강하고 피부 자극은 약하다.

04 식품의 위생적 취급기준

1) 주방위생 관련 시설기준

① 주방 시설 · 도구 관리기준 준수

- 청소 용이성, 비독성, 녹슬지 않는 제품
- 작업장의 모든 장비, 용기, 바닥을 물로 청소하고 식품 접촉표면은 염소계 소독제 200ppm을 사용하여 살균한 후 습기를 제거

② 주방 시설 · 도구 위생 관리

세척, 살균, 소독, 건조 등

> 기적의 TIP
>
> 주방 내 교차오염 방지를 위해서는 기물 및 도구를 철저하게 관리하고 정해진 위치에 보관하는 것이 중요해요.

③ 주방시설 방역을 위한 약품 선정

- 허가된 지정약품만 사용하고 약품에 대한 내성을 고려해서 반기별로 약품을 교체
- 세계보건기구(WHO)가 공인한 약품만을 사용
- 약품 보관 장소는 격리된 장소에 잠금장치를 하여 보관하고 사용현황을 파악할 수 있도록 담당자를 지정하여 기록을 유지
- 외부 전문방역업체의 방역작업 후 소독필증을 보관

2) 식품 조리기구의 관리

① 청소의 용이성, 독성, 식품에 유해성이 없는 조리기구인지 확인한다.

② 작업장의 모든 장비, 용기, 바닥을 물로 청소하고 식품에 닿는 표면은 염소계 소독제를 사용한다.

3) 방충 · 방서 및 소독

① 해충은 전문적인 점검과 진단을 통해 해충의 특성 및 생태를 파악하여 발생 원인을 제거하고 방역방법 및 방역주기를 결정한다.

② 물리적 방역 : 해충의 서식지를 제거하거나 발생하지 못하도록 물리적으로 환경을 조성한다. 시설 개선 및 환경을 개선한다.

③ 화학적 방역 : 약제를 살포하여 해충을 구제하는 방법으로 단시간에 효과적이고 경제적이다. 독성이 강하기 때문에 관리에 주의해야 한다.

④ 생물학적 방역 : 천적생물을 이용하는 방법으로 해충의 서식지를 제거한다.

4) 위생적인 식품 선택

① 식품의 유통기한, 제조일 표시

- 식품은 유통기한을 정하여 표시하여야 한다. 다만, 설탕, 아이스크림류, 빙과류, 식용얼음, 과자류 중 껌류(소포장 제품에 한한다)와 제재 · 가공 소금 및 주류(탁주 및 약주를 제외한다)는 유통기한 표시를 생략할 수 있다.
- 유통기한은 식품의 제조일로부터 소비자에게 판매가 허용되는 기한을 말한다.

② 위생적인 식품 보관 및 선택

- 야채류 : 야채류는 선입선출하고 필름 포장하여 냉장온도에서 신선도를 유지한다.
- 냉동식품류(냉동육류, 냉동해산물류) : 냉동보관을 하고 해동한 것은 재냉동하지 않는다. 식품을 냉동하여도 유해균이 생기므로 유통기한을 잘 지킨다.
- 냉장식품류 : 냉동식품에 비해 유통기한이 짧으므로 주의하고, 온도의 변화가 심하지 않도록 일정온도를 유지한다. 개봉한 제품은 당일 소비하는 것이 좋으며, 보관을 해야 할 경우 랩이나 위생팩으로 포장하여 보관한다.
- 과일류 : 사과 같이 색이 잘 변하는 과일은 껍질을 벗기거나 남은 경우 레몬을 설탕물에 담가 방지하도록 한다. 바나나는 상온에 보관하고 수박이나 멜론 등은 랩을 사용하여 표면이 마르지 않도록 하며, 딸기 등은 쉽게 뭉그러지고 상하기 쉬우므로 눌리지 않게 보관한다.
- 건어물류 : 장기 보관 시 냉동보관하고 개별 포장하여 사용하는 것이 편리하고 위생적이다.
- 양념류 : 플라스틱 용기에 보관하여 사용하고 습기로 인해 딱딱하게 굳거나 이물질이 섞이지 않도록 뚜껑을 잘 덮어서 보관하도록 한다. 물이 묻은 용기의 사용은 피하도록 한다.
- 소스류 : 적정 재고량을 보유하고 유통기한을 수시로 체크하도록 한다. 사용하기에 편리하도록 물기를 제거한 플라스틱 용기에 적정량의 소스를 담는다.
- 캔류 : 개봉한 캔은 바로 사용하고, 밀폐용기 보관 시 유통기한을 표시한다.

기적의 TIP

식품의 유통기한과 품질기준 등을 확인하여 위생적인 선택을 해야 해요.

05 식품첨가물과 유해물질

1) 식품첨가물의 의의

① 식품첨가물의 정의 : 식품을 제조 · 가공 또는 보존하는 과정에서 식품에 넣거나 섞는 물질 또는 식품을 적시는 등에 사용되는 물질을 말한다. 이 경우 기구 · 용기 · 포장을 살균 · 소독하는 데에 사용되어 간접적으로 식품으로 옮아갈 수 있는 물질을 포함한다.

② 식품첨가물의 지정 : 식품의약품안전처장은 국민보건을 위하여 필요하면 판매를 목적으로 하는 식품 또는 식품첨가물에 관한 사항을 정하여 고시한다.

③ 식품첨가물의 조건
- 인체에 무해하다.
- 식품 목적에 따른 효과는 소량으로 충분해야 한다.
- 식품에 나쁜 영향을 주지 않아야 한다.
- 식품의 상품가치를 향상시켜야 한다.
- 식품의 영양가를 유지해야 한다.
- 식품성분 등에 의해서 그 첨가물을 확인할 수 있어야 한다.

④ 식품첨가물의 사용 목적
- 식품의 부패와 변질을 방지한다.
- 기호 및 관능을 만족시킨다.
- 영양을 강화한다.
- 품질 개량 및 일정기간 유지시킨다.

기적의 TIP

식품첨가물의 종류를 짝짓는 문제가 주로 나와요.

2) 식품첨가물의 종류

① 보존료(방부제)
- 식품의 변질 및 부패를 방지한다.
- 데히드로초산(DHA), 데히드로초산나트륨(DHA-S) : 치즈, 버터, 마가린 외 사용 금지
- 소르빈산(염), 소르빈산칼륨 : 육제품, 절임 식품, 잼, 케첩, 된장, 고추장
- 안식향산(염), 안식향산나트륨 : 청량 음료수, 간장, 식초
- 프로피온산(염) : 빵, 생과자
- 파라옥시안식향산부틸, 파라옥시안식향산에틸 : 간장, 식초, 청량 음료, 과일 소스, 과일 및 과채의 표피
- 이초산나트륨 : 빵, 식용유지, 식육가공품

② 살균료
- 식품의 부패 원인균을 사멸시킨다.
- 차아염소산나트륨(표백 작용) : 참깨 사용을 금지하고, 과일과 채소의 살균을 목적으로 하며, 최종 식품 완성 전에 제거해야 한다.
- 표백분(표백 작용), 고도표백분(표백 작용), 이염화이소시아뉼산나트륨, 에틸렌옥사이드

③ 항산화제(산화방지제)
- 식품의 산화에 의한 변질 현상을 방지한다.
- 천연 첨가물(비타민 C-아스코르브산, 비타민 E-토코페롤), BHA(부틸히드록시아니졸), BHT(디부틸히드록시톨루엔), 에르소르브산염, L-아스코르브산나트륨, 몰식자산프로필, 아스코르빌팔미테이트, 고시폴

④ 조미료
- 식품에 지미(감칠맛)를 부여한다.
- 구연산나트륨, 글리신, 호박산나트륨, 이노신산(염), 글루타민산나트륨, 구아닐산나트륨

⑤ 감미료
- 식품에 감미(단맛)를 부여한다.
- 사카린나트륨, D-소르비톨액, 글리실리진산2나트륨, 아스파탐

⑥ 산미료
- 식품에 산미(신맛)를 부여한다.
- 구연산(결정), 구연산(무수), 빙초산, 이산화탄소, 젖산, 초산

⑦ 강화제
- 손실된 영양분의 보충, 본래 함유된 영양분의 증가, 함유되지 않은 영양분의 첨가를 위해 사용하는 식품첨가물이다.
- 구연산염, 구연산칼슘(무기염류 강화), 비타민제

⑧ 팽창제
- 빵, 과자를 부풀게 하여 연하고 맛을 좋게 하고 소화되기 쉬운 상태가 되게 하기 위한 것이다,
- 황산알루미늄칼륨(명반), 탄산수소나트륨, L-주석산수소칼륨, 탄산암모늄, 탄산수소암모늄, 효모(천연, 이스트)

⑨ 착색료
- 색을 복원하거나 외관을 보기 좋게 하기 위한 식품첨가물이다.
- 식용색소 : 녹색3호, 적색2, 3호, 청색1, 2호, 황색4, 5호, 적색0호
- 삼이산화철, 수용성 안나토, 철클로로필린나트륨, 동클로로필린나트륨, 이산화티타늄

⑩ 발색제
- 색의 변색 방지, 발색, 식품 중 색소 성분과 반응한다.
- 아질산나트륨, 질산나트륨, 질산칼륨 : 식육 제품, 고래고기 제품(0.07g/kg), 어육 소시지, 어육 햄(0.05g/kg), 명란젓, 연어알젓(0.005g/kg)
- 황산제1철, 황산제2철, 소명반 : 채소, 과일의 변색 방지

⑪ 착향료
- 식품 자체 내의 냄새를 없애거나, 변화, 강화시킨다.
- 계피알데히드, 멘톨, 바닐린

⑫ 표백제
- 퇴색을 방지하고, 흰 것을 더 희게 하고, 본래 색을 없앨 때 사용한다.
- 과산화수소(최종 식품 완성 전에 분해 제거), 아황산염

기적의 TIP

아질산칼륨은 발색제이나 국내에서 식품첨가물로 지정한 발색제는 아니다.

개념 체크

1 식품첨가물은 다량으로 효과를 볼 수 있어야 한다. (O, X)
2 식품에 단맛을 부여하는 것은 조미료이다. (O, X)

1 X 2 ×

⑬ 소맥분 개량제
• 표백작용을 하고, 밀가루를 쫄깃쫄깃하게 한다.
• 표백 및 숙성기간을 단축한다.
• 과산화벤조일(희석), 과황산암모늄, 이산화염소, 염소, 스테아릴젖산나트륨, 아조디카르본아미드

⑭ 호료(증점제) 및 안정제
• 매끈하고 점성이 커지고, 분산안정제, 결착보수제, 피복제 역할을 한다.
• 젤라틴(동물성 응고제), 알긴산프로필렌글리콜, 카르복시메틸셀룰로오스칼슘, 카르복시메틸스타치나트륨, 폴리아크릴산나트륨

⑮ 유화제(계면활성제)
• 서로 혼합되지 않는 2종류의 액체를 유화시키려는 목적으로 첨가하는 식품첨가물이다.
• 대두 인지질 및 지방산에스테르 4종, 노른자의 레시틴

⑯ 소포제
• 거품을 소멸, 억제하는 식품첨가물이다.
• 규소수지(실리콘수지)

⑰ 피막제
• 수분 증발을 방지한다.
• 초산비닐수지, 몰호린지방산염

⑱ 이형제
• 빵을 제조할 때 형태를 손상시키지 않고 빵을 분리해내기 위한 식품첨가물이다.
• 유동 파라핀

⑲ 용제
• 식품첨가물을 넣을 경우 잘 녹지 않으므로 용해시켜 균일하게 흡착하기 위해 사용하는 식품첨가물이다.
• 글리세린, 글리세린지방산에스테르, 프로필렌글리콜

⑳ 추출제
• 유지의 추출을 용이하게 하기 위해 첨가하는 식품첨가물이다.
• n−헥산 : 우유에서 지방만 빼낼 때 사용한다.

㉑ 껌 기초제
• 착향료와 감미료를 제외한 추잉껌의 기초원료로, 추잉껌(Chewing Gum)의 기초제라고도 한다.
• 초산비닐수지, 에스테르껌, 연껌, 폴리부텐, 폴리이소부틸렌, 로진

기적의 TIP

허가된 식품첨가물과 불량 식품첨가물을 구분하여 암기하도록 해요.

3) 불량 식품첨가물

① **유해 착색제**

- 아우라민 : 황색색소, 단무지
- 로다민 B : 핑크색 색소, 토마토 케첩, 과자류
- 파라니트로아닐린(황색 색소), 실크스카렛(등적색 색소)

② **유해 감미료** : 에틸렌글리콜, 파라니트로오르토톨루이딘, 둘신, 페릴라틴, 사이클라메이트, 니트로아닐린, 메타니트로아니린

③ **유해 표백제** : 롱갈리트, 형광표백제, 니트로겐트리클로라이드, 아황산납, 삼염화질소

④ **유해 보존제** : 붕산, 포름알데히드, 불소화합물, 승홍

⑤ **메탄올**

- 주류 발효과정에서 존재하고 포도주, 사과주 등에 메탄올이 생성되어 함유될 수 있다.
- 허용량 : 0.5mg/mL 이하
- 증상 : 시신경 염증, 두통, 구토, 설사, 실명, 심하면 호흡곤란으로 사망하게 된다.

기적의 TIP

식품인증마크를 알아두세요.

▲ 방사선조사식품마크

▲ 유기농(친환경)농산물

▲ HACCP

▲ 쇠고기이력추적시스템

SECTION

03 주방 위생관리

출제빈도 상 중 하

반복학습 1 2 3

빈출 태그 ▶ HACCP의 정의 • 12절차 7원칙 • 교차오염 • 위해요소

01 주방 위생 위해요소

1) 생물학적 위해요소

곰팡이, 세균, 바이러스 등의 미생물과 기생충 및 원충 등의 생물체가 관여하는 것을 말한다.

구분	미 생물
세균	클로스트리디움보툴리누스균, 바실러스세레우스, 살모넬라, 비브리오, 황색포도상구균, 리스테리아, 병원성대장균, 이질균 등
바이러스	노로바이러스, 로타바이러스 등
기생충	아니사키스, 선모충, 페디스토마, 간디스토마, 편충 등

2) 화학적 위해요소

① 식품의 제조, 가공, 포장, 보관, 유통, 조리 등의 과정에서 오염되는 것을 말한다.

② 곰팡이독(에르고톡신), 감자(솔라닌,셉신), 복어(테트로도톡신), 살구(아미그달린), 농약, 항생제, 중금속, 식품첨가물 등이 있다.

3) 물리적 위해요소

① 식품에 오염된 원료, 잘못된 시설이나 장비, 오염된 포장재, 직원의 부주의 등과 관련된 것을 말한다.

② 머리카락, 장신구, 곤충, 비닐, 못, 열쇠, 뼈, 돌 등이 있다.

개념 체크

1 화학적 위해요소에는 곰팡이독, 감자독, 복어복 등이 있다. (O, X)

2 머리카락, 비닐, 돌 등의 위해요소를 심리적 위해요소라고 한다. (O, X)

3 '위해요소중점관리기준'을 줄여서 'HACCP'이라고 한다. (O, X)

1 O 2 × 3 O

02 식품안전관리인증기준(HACCP)

1) HA★CCP★(Hazard Analysis and Critical Control Point)의 정의

① '해썹', '위해요소중점관리기준'이라고 한다.

② 식품의 원재료 생산, 제조, 가공, 보존, 유통을 거쳐 최종 소비자가 섭취하기 전까지 각 단계에서 생물학적, 화학적, 물리적 위해요소가 해당 식품에 혼입되거나 오염되는 것을 방지하기 위한 위생관리 시스템이다.

★ 위해요소분석(HA)
위해가능성이 있는 요소를 분석, 평가

★ 중요관리점(CCP)
해당 위해요소를 방지, 제거하고 안전성을 확보하기 위해 중점적으로 다루어야 하는 관리점

2) HACCP의 특징

① 미국, 일본, 유럽연합, 국제기구(Codex, WHO, FAO) 등에서도 모든 식품에 HACCP 적용을 권장한다.

② 우리나라는 1995년 12월 29일 식품위생법에 HACCP 제도를 도입하고, 제32조에 위해요소중점관리기준에 대한 조항을 신설하였다.

3) HACCP의 목적

① 식품의 안전성을 확보한다.

② 식품 업체의 자율적이고 과학적 위생 관리 방식의 정착을 도모한다.

③ 국제기준 및 규격과의 조화를 도모한다.

4) HACCP 의무적용대상

① 법 제48조제2항에서 "총리령으로 정하는 식품"이란 다음 각 호의 어느 하나에 해당하는 식품을 말한다.

1. 수산가공식품류의 어육가공품류 중 어묵 · 어육소시지
2. 기타수산물가공품 중 냉동 어류 · 연체류 · 조미가공품
3. 냉동식품 중 피자류 · 만두류 · 면류
4. 과자류, 빵류 또는 떡류 중 과자 · 캔디류 · 빵류 · 떡류
5. 빙과류 중 빙과
6. 음료류(다류(茶類) 및 커피류는 제외)
7. 레토르트식품
8. 절임류 또는 조림류의 김치류 중 김치(배추를 주원료로 하여 절임, 양념혼합 과정 등을 거쳐 이를 발효시킨 것이거나 발효시키지 아니한 것 또는 이를 가공한 것에 한함)
9. 코코아가공품 또는 초콜릿류 중 초콜릿류
10. 면류 중 유탕면 또는 곡분, 전분, 전분질원료 등을 주원료로 반죽하여 손이나 기계 따위로 면을 뽑아내거나 자른 국수로서 생면 · 숙면 · 건면
11. 특수용도식품
12. 즉석섭취 · 편의식품류 중 즉석섭취식품

12의2. 즉석섭취 · 편의식품류의 즉석조리식품 중 순대

13. 식품제조 · 가공업의 영업소 중 전년도 총 매출액이 100억 원 이상인 영업소에서 제조 · 가공하는 식품

② 제1항에 따른 식품에 대한 식품안전관리인증기준의 적용 · 운영에 관한 세부적인 사항은 식품의약품안전처장이 정하여 고시한다.

기적의 TIP

HACCP의 공정 순서를 외워야 해요. 12절차의 첫 번째 단계와 7원칙의 첫 번째 단계를 구분할 수 있는지 묻는 문제가 나올 수 있어요.

5) HACCP 적용의 순서(12절차 7원칙)

① HACCP 팀 구성

- 생산, 시설 설비, 물류, 품질 관리 등의 인력으로 각 팀원과 팀장을 구성한다.
- CCP 모니터링 관리 요원까지 해당 공정의 현장 종사자를 구성한다.

② 제품 설명서 작성

위해요소 파악, 예방 조치에 필요한 모든 정보를 파악하기 위해 제품 설명서를 작성한다.

③ 제품의 용도 확인

소비 대상, 가열 또는 섭취 방법을 확인한다.

④ 공정 흐름도 작성

원 부재료 및 포장 재료의 입고부터 출하까지 전 공정에 대하여 위해요소의 교차오염, 증식, 2차 오염 가능성을 파악하고 공정도를 작성한다.

⑤ 공정 흐름도 현장 확인

공정 흐름도 및 평면도가 현장과 일치하는지를 검증한다.

⑥ 원칙 1 : 위해요소 분석

- 인체의 건강을 해칠 우려가 있는 생물학적, 화학적, 물리적 위해요소 목록을 작성한다.
- 위해 평가 실시, 심각성과 발생 가능성 평가, 예방 조치 방법
- 급성 독성 : 화학물질을 시험동물에 1회 또는 24시간 안에 반복 투여하거나, 흡입될 수 있는 화학물질을 24시간 안에 1회 노출시켰을 때 1일~2주 안에 나타나는 독성
- 아급성 독성 : 농약 등의 약물을 실험동물에 반복 처리할 경우 처리 후 1~3개월 사이에 생체의 기능 혹은 조직에 장해를 주는 성질
- 아만성 독성 : 3개월간을 연속 투여했을 때 생기는 특성으로, 아만성 독성시험 결과 최대무작용량 산출 및 만성독성 투여약량 수준을 결정하는 데 이용됨

⑦ **원칙 2 : 중요 관리점(CCP) 결정**

- 위해요소를 예방하고 제거할 수 있는 공정상의 단계 과정이다.
- 공정을 결정한다.

⑧ **원칙 3 : 한계 기준 설정**

- 위해요소 관리 허용 범위의 기준치를 설정한다.
- 반수치사량 : 일정한 조건하에서 시험동물의 50%를 사망시키는 물질의 양
- 최대무작용량 : 식품첨가물의 사용기준을 정하기 위한 각종 독성시험(급성, 만성, 발암, 변이원성 등)에서, 전혀 유해 작용이 확인되지 않는 투여량
- 1일 섭취 허용량 : 인간이 한평생 매일 섭취하더라도 장해가 인정되지 않는다고 생각되는 화학물질의 1일 섭취량(mg/kg 체중/1일)

⑨ **원칙 4 : 모니터링 방법 설정**

지속적인 측정, 관찰 방법을 설정한다.

⑩ **원칙 5 : 개선 조치 설정**

중요 관리점의 한계 기준에 준수되지 않은 경우, 재발 방지를 위한 원인을 규명하고 개선 조치를 설정한다.

⑪ **원칙 6 : 검증 방법 설정**

- 적절성과 실행성을 파악한다.
- 최초 검증, 정기 검증, 일상 검증, 특별 검증

⑫ **원칙 7 : 기록 유지 및 문서 관리**

HACCP 관리 과정 기록물을 문서화시킨다.

개념 체크

1 HACCP의 12절차 7원칙 중 원칙 1은 'HACCP 팀 구성'이다. (O, X)

2 일정한 조건 하에서 시험 동물의 50%를 사망시키는 물질의 양을 반수치사량이라고 한다. (O, X)

3 인체의 건강을 해칠 우려가 있는 위해요소 목록을 작성하는 단계는 '위해요소 분석' 단계이다. (O, X)

1 × 2 O 3 O

03 작업장 교차오염 발생요소

1) 교차오염의 원인

① 나무재질의 도마, 행주, 주방 바닥, 트렌치*, 생선과 채소, 과일 준비 코너 등에서 교차오염이 발생한다.

② 냉장 · 냉동 저장 공간은 식자재와 음식물의 출입이 빈번하여 세균침투와 교차오염이 발생한다.

★ 트렌치
건물의 배선·배관·벨트 컨베이어 따위를 바닥을 파서 설치한 도랑 모양의 콘크리트 구조물

2) 교차오염 개선 방안

① 원재료의 전처리 과정에서 더욱 세심한 청결상태의 유지와 식재료의 관리가 필요하다.

② 냉장 · 냉동고는 최대한 자주 세척 및 살균한다.

③ 상온 창고에 적재용 깔판, 팔레트, 선반, 환풍기, 창문 방충망, 온습도계 등을 관리한다.

④ 배수로는 하부에 부착된 찌꺼기까지 청소하여 해충이나 악취가 발생하는 것을 차단한다.

SECTION

04

식중독관리

출제빈도 상 중 하
반복학습 1 2 3

빈출 태그 ▶ 식중독의 종류 • 곰팡이 • 세균성 식중독 • 독소형 식중독 • 자연독 식중독

01 세균성 식중독

1) 감염형 식중독

미생물에 의해 오염된 음식물의 섭취가 원인이 되는 식중독★으로, 균이 증식하는 데 일정한 시간이 걸리므로 잠복기가 대체로 길다.

① 살모넬라 식중독(Salmonella Food Poisoning)

특징	• 식품이 쥐, 파리에 의해 오염되고, 우리나라에서 흔한 발병 • 그램 음성, 통성 혐기성, 무포자 간균
잠복기	12~24시간(평균 18시간)
증상	두통, 복통, 설사
원인 식품	어패류, 난류, 우유, 채소, 샐러드
예방대책	조리기구 청결, 열에 약하여 60℃에서 30분간 가열하면 사멸, 저온보존

② 장염비브리오 식중독(Vibrio Food Poisoning)

특징	3% 소금이 있는 환경에서 생육하는 호염성 세균, 통성 혐기성, 아포가 없는 간균, 그램 음성균
잠복기	식후 13~18시간
증상	빈번한 설사, 두통, 복통
원인 식품	어패류, 조리기구 등을 통한 2차 감염, 7~9월 집중 발생
예방대책	가열 조리 후 섭취, 청결한 관리

③ 병원성 대장균 식중독(Enterotoxigenic Escherichia Coli Food Poisoning)

특징	• 물, 흙 속에서 존재, 분변오염지표로 사용 • 젖먹이(영유아)에게 많이 발생, 분변오염 • 그램 음성균, 간균, 호기성 또는 통성 혐기성균 • E.Coli O157:H7
잠복기	평균 13시간
증상	두통, 복통, 설사, 발열
원인 식품	우유, 가정에서 만든 마요네즈
예방대책	분변오염 유의, 변소시설과 위생상태를 관리해야 함

기적의 TIP

식중독의 종류를 분류하여 암기하면 이해가 쉬워요.

★ 식중독
음식물, 기구, 용기, 포장, 첨가물을 통해 인체에 들어간 병원 미생물, 유독, 유해한 화학물질이 급성 위장염 등의 생리적 이상을 초래하는 것

2) 독소형 식중독

식중독 세균이 증식할 때에 생산된 독소를 함유한 음식물을 섭취함으로써 일어나는 균으로 포도상구균, 보툴리늄균, 세레우스균이 있으며 잠복기가 비교적 짧다.

① 황색포도상구균 식중독(Staphylococcus Food Poisoning)

특징	• 독소인 엔테로톡신은 열에 강하지만, 포도상구균은 열에 약하여 80℃에서 30분 가열 시 파괴 • 밥을 주식으로 하는 나라에서 많이 발생함 • 그램 양성균
잠복기	1~6시간(평균 3시간)
증상	급성 위장염
원인 식품	떡, 콩가루, 쌀밥
예방대책	• 화농성질환자의 식품 조리 및 가공 금지 • 조리사의 마스크, 모자 착용

② 클로스트리디움 보툴리늄 식중독(Clostridium Botulinum Food Poisoning)

특징	• 독소인 뉴로톡신은 열에 약하여 80℃에서 30분 가열 시 파괴 • 아포는 열에 강하여 120℃에서 20분 이상 가열해야 함 • 그램 양성균, 혐기성균
잠복기	12~36시간
증상	특이한 신경 증상, 눈의 시력 저하, 동공 확대, 청각마비, 언어장애, 치사율이 높음
원인 식품	햄, 소시지, 병조림, 통조림 식품
예방대책	음식물 가열 처리, 통조림 살균을 철저히 함

③ 바실러스 세레우스 식중독(Bacillus Cereus Food Poisoning)

특징	• 포자는 내열성으로 135℃에서 4시간 가열에도 죽지 않음 • 엔테로톡신, 그램 양성균, 간균, 통성 혐기성균
잠복기	8~16시간(평균 12시간)
증상	복통, 설사, 구토
원인 식품	• 가열 조리 식품 중에서 살아남아 냉각과 함께 발아, 증식을 함 • 쌀밥, 면류, 복합식품, 육류, 채소, 수프, 푸딩 등
예방대책	오염 가능한 식품은 조리 후 바로 섭취, 저온 저장

3) 기타 식중독

① 웰치균 식중독(Clostridium Perfringens Food Poisoning)

- 웰치균의 경우 A, C형은 감염형이고, 나머진 독소형이다. 따라서 중간형으로 분리하기도 한다.
- 포자 형성 시 엔테로톡신을 형성한다.

특징	그램 양성균, 편성 혐기성, 아포 형성(열에 강함), 식중독 원인균은 A, F형
잠복기	8~22시간(평균 1[illegible]시간)
증상	심한 설사, 1~2일이면 회복
원인 식품	육류, 가공품, 통조림, 족발, 국 등의 재가열 식품
예방대책	10℃ 이하나 60℃ 이상에서 보존

개념 체크

1 포도상구균은 열에 약하다. (O, X)
2 황색포도상구균 식중독의 잠복기는 평균 일주일 정도이다. (O, X)
3 바실러스 세레우스 식중독의 대표적인 증상은 '청각마비, 언어장애, 높은 치사율'이다. (O, X)
4 바이러스 식중독은 청결과 위생관리를 통해 예방할 수 있다. (O, X)
5 세균성 식중독은 경구 감염병보다 독성이 약하다. (O, X)

1 O 2 × 3 × 4 O 5 O

② 알레르기성 식중독

특징	• 세균이 직접 원인이 아니라, 세균의 효소작용에 의해 유독 물질이 생산되어 발생 • 식품 중의 아미노산의 분해로 히스타민이 생성됨 • 원인균 : 프로테우스 모르가니균
잠복기	30~60분
증상	두드러기성 발진, 두통, 발열, 구토, 설사
원인 식품	꽁치, 고등어, 정어리, 건어물, 가공품 등 히스티딘 함량이 많은 식품
예방대책	항히스타민제 투여

③ 바이러스 식중독

특징	• 원인 물질에 따라 식중독으로 분류되고 감염형에 속함 • 미량의 개체로 발병하며, 2차 감염으로 인한 대형 식중독 유발 가능성이 있음 • 노로바이러스, 아스트로바이러스, 장관아데노바이러스, 로타바이러스 A군
잠복기	24~48시간
증상	오심(메스꺼움), 구토, 복통 및 설사 증상
원인 식품	오염된 음식물, 물, 물체
예방대책	청결, 손 씻기, 위생을 철저히 함

4) 경구 감염병과 세균성 식중독의 차이점

구분	경구 감염병(소화기계 감염병)	세균성 식중독
원인	감염병균에 오염된 식품과 물을 섭취한 경우 발생	감염병균에 오염된 식품을 섭취한 경우 발생
균의 양	적은 양의 균으로도 감염	많은 양의 균과 독소가 있음
2차 감염	있지만 적은 편임	없음
잠복기	세균성 식중독에 비하여 길	짧음
예방	예방접종이 되는 경우도 있지만, 대부분 불가능	식품 중 균의 증식을 억제함
음료수	물에 기인하는 경우가 많음	음료수와 관련이 적음
독성	강함	약함
면역성	대부분 면역성이 있음	대부분 면역성이 없음

02 자연독 식중독

1) 식물성 식중독

① 식물성 식품과 독성

종류	독성 물질
감자 싹	솔라닌(Solanine)
부패된 감자	셉신(Sepsine)
독미나리	시큐톡신(Cicutoxin)
청매, 살구씨	아미그달린(Amygdalin)

기적의 TIP

식품과 독의 이름을 연결시켜서 외우세요.

피마자	리신(Ricin)
목화씨(면실유)	고시폴(Gossypol)
독보리	테물린(Temuline)
맥각	에르고톡신(Erogotoxin)
미치광이풀	히요시아민(Hyoscyamine)
꽃무늬	리코린(Lycorine)
독버섯	무스카린, 무스카리딘, 팔린, 아마니타톡신, 필지오린

② 독버섯의 특징

- 줄기가 세로로 찢어지지 않고 부스러지며, 찢었을 때 액즙이 분비된다.
- 특유의 향이 나고 악취가 있다.
- 색깔이 선명하고 아름답다.
- 표면에 점액이 있다.
- 쓴맛, 신맛이 나지만 절대 맛을 봐서는 안 된다.
- 은수저 등으로 문질렀을 때 검은색으로 변한다.

③ 독버섯의 중독 증상

- 콜레라형 중독(알광대버섯, 독우산버섯) : 경련, 허탈, 혼수상태
- 위장형 중독(무당버섯, 큰붉은버섯, 화경버섯) : 위장장애
- 신경계 장애 중독(파리버섯, 광대버섯) : 중추신경장애, 땀내기, 광증, 침흘리기
- 혈액형 중독(마귀곰보) : 콜레라형 위장장애, 용혈작용, 황달, 혈색뇨

2) 동물성 식중독

① 동물성 식품과 독성

종류	독성 물질
복어	테트로도톡신(Tetrodotoxin)
모시조개, 굴, 바지락	베네루핀(Venerupin)
검은조개, 섭조개, 대합조개	삭시톡신(Saxitoxin)

② 복어

- 독성 : 테트로도톡신
- 독소량 : 난소 〉 간 〉 내장 〉 피부
- 치사량 : 2ml
- 치사율 : 50~60%
- 유독시기 : 산란기(5~6월)
- 증상 : 마비성 식중독, 사지의 마비, 호흡곤란, 호흡마비로 인한 사망

③ 모시조개, 굴, 바지락

- 독성 : 베네루핀
- 특징 : 끓여도 파괴되지 않음
- 유독시기 : 5~6월
- 증상 : 피하의 출혈성 반점, 구토, 변비, 의식혼란 등

개념 체크

1 복어의 독은 삭시톡신(Saxitoxin)이다. (O, X)
2 복어의 독은 난소에 가장 많이 있고, 피부에 가장 적게 있다. (O, X)
3 모시조개, 굴, 바지락에는 테트로도톡신(Tetrodotoxin)이라는 독성 물질이 있다. (O, X)

1 × 2 O 3 ×

④ 검은조개, 섭조개, 대합조개

- 독성 : 삭시톡신
- 특징 : 끓여도 파괴되지 않음
- 유독시기 : 2~4월
- 증상 : 신경마비, 신체마비, 호흡곤란 등

3) 화학성 식중독

① 유해성 금속에 의한 식중독

유해성 금속	원인	증상
Cu(구리)	첨가물, 식기, 용기	구토, 매스꺼움
Zn(아연)	식기, 용기	구토, 설사, 복통
Cd(카드뮴)	식기, 기구, 용기	골연화증, 신장장애, 이타이이타이병
Hg(수은)	유기수은 오염된 해산물	지각이상, 구토, 미나마타병
Pb(납)	인료, 농약	피로, 지각소실, 시력장애
As(비소)	농약, 살충	구토, 설사, 심장마비
Sn(주석)	통조림	구토, 설사, 복통
PCB(미강유중독)	PCB	식욕부진, 구토, 흑피증

기적의 TIP

주석의 식중독에 관한 문제가 많이 나오는데 특징까지 알아두면 좋아요. 통조림의 표면에 철이 녹스는 것을 막기 위해 주석을 입히는데 산성이 강한 과일, 캔, 주스 등에서 용출될 가능성이 높아요.

② 농약에 의한 식중독

농약의 종류		증상	예방법
유기인제	파라티온, 말라티온, 다이아지논, TEPP	설사, 구토, 두통, 전신권태의 증상	살포 시 흡입 주의, 과채류의 산성액 세척, 수확 전 15일 이내 살포 금지
유기염소제	DDT, BHC		
비소화합물	산성비산납, 비산석회		
카바메이트제	BPMC, MIMC, NAC		

③ 식품 반응에 의한 발암성 물질

- 니트로소아민(Nitrosoamine)
  - 아질산염과 아민류가 산성조건하에서 반응하여 생성하는 물질로 강한 발암성을 갖는 물질이다.
  - 햄, 베이컨, 소시지 등에 붉은색을 내고 장기 보관할 수 있도록 발색제로 아질산염을 첨가하는데, 식품의 아민과 반응하여 생성하기도 하고 체내의 위 내에서 합성될 가능성이 있다.
- 벤조피렌(Benzopyrene)

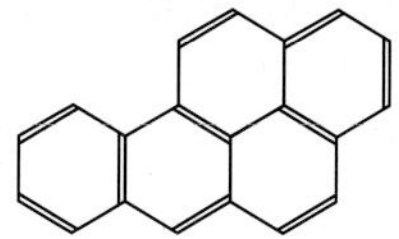

  - 다환방향족 탄화수소이며, 훈제육이나 태운 고기에서 다량 검출되는 발암 물질이다.
  - 석탄, 석유, 목재 등을 태울 때 매연, 담배연기 등 불완전 연소에서 생성된다.

• 메탄올(Methyl Alcohol)
  – 과실주의 알코올 발효 과정에서 펙틴으로부터 생성되고, 정제가 불충분한 에탄올, 증류주에 미량씩 함유되어 있다.
  – 중독 증상은 두통, 현기증, 구토, 복통, 심하면 시신경의 염증, 실명, 사망을 초래하는 경우도 있다.
• 트리할로메탄(THM)
  – 물의 염소 소독 시 유기물질과 반응하여 생성되는 오염물질이다.
• 다이옥신(Dioxin)
  – 석탄, 석유를 쓰는 발전소, 쓰레기 소각, 염소계 표백공정, 자동차나 도시가스, 염소 등의 세정수에서 검출된다.

④ 기구, 용기 및 포장의 유해물질

• 종이류
  – 외관을 희게 보이게 하기 위하여 형광 증백제가 사용되고 있다.
  – 유해물질 : 착색제, 형광염료, 파라핀, PCB 펄프용 잔류 방부제
• 금속제품
  – 식품의 조리 기구, 용기를 금속이나 합금으로 많이 사용하는데, 금속의 용출과 불순물의 용출이 되어 위생상의 문제가 된다.
  – 유해물질 : 납, 주석(도금), 도료성분, 구리, 안티몬, 카드뮴, 아연
• 도자기, 법랑기구, 유리제품
  – 오래된 법랑 용기가 산성물질과 접촉한 경우 금속이 쉽게 용출된다.
  – 도자기는 표면에 채색할 때 전사지에 연단 또는 붕산을 사용하는데, 산성물질과 접촉할 경우 쉽게 용출된다.
  – 유리는 규산을 주성분으로 하여 만드는데, 오랫동안 산성물질과 접촉하면 용출된다.
  – 유해물질 : 납(유약, 크리스털 잔), 안료, 규산
• 플라스틱
  – 플라스틱을 만들 때 안정제, 착색제, 가소제, 산화방지제 등 각종 첨가제가 사용된다.
  – 유해물질 : 페놀, 포르말린, 독성이 강한 첨가제

⑤ 방사성 물질

• ^{90}Sr(스트론튬) : 골수의 조혈 기능 저해, 백혈병, 골수암을 일으킨다.
• ^{137}Cs(세슘) : 생식선 조사 장해를 일으킨다.
• ^{131}I(요오드) : 갑상선 장애를 일으킨다.

기적의 TIP

유해한 발암물질의 이름과 특징을 암기해 주세요.

4) 곰팡이 식중독(Mycotoxin)

① 식중독을 일으키는 곰팡이 독

구분	독소	증상	원인 식품
아스퍼질러스 속	아플라톡신	간장독	재래식 된장, 간장, 고추장, 밀가루
	오크라톡신		쌀, 보리, 밀, 옥수수
	루테오스키린		황변미
페니실리움 속	시트리닌	신장독	황변미
	아스란디톡신	간장독	황변미
	시트리오비리딘	신경독	황변미
	파툴린		젖소(사료)
맥각균	에르고톡신, 에르고타민	간장독	호밀, 보리, 밀

② 곰팡이 독의 특징

- 발생한 지역의 식품이나 사료에 곰팡이 오염과 독이 함께 존재한다.
- 고온다습하면 발생한다.
- 계절과 밀접한 관련이 있다.
- 탄수화물이 풍부한 곡류에 많이 발생한다.
- 감염성, 항생물질의 효과가 없다.

기적의 TIP

종류		예
세균성 식중독	감염형	살모넬라 식중독, 장염비브리오 식중독, 병원성대장균 식중독
	독소형	황색포도상구균 식중독, 클로스트리디움 보툴리늄
	중간형	웰치균 식중독
	기타	알러지성 식중독
바이러스성 식중독	감염형	노로바이러스, 아스트로바이러스, 장관아데노바이러스, 로타바이러스
자연독 식중독	식물성	독버섯, 감자
	동물성	복어독, 조개류
	곰팡이	아플라톡신, 황변미독
화학성 식중독	의도적	인공감미료, 착색료 등 식품첨가물
	비의도적	농약, 수은, 납 등

SECTION

05 식품위생관계법규

출제빈도 상 중 하
반복학습 1 2 3

빈출 태그 ▶ 정의 • 신고와 허가업종 • 원산지 표시 • 소분업 • 식품의약품안전처장

01 총칙

기적의 TIP

매년 변경되는 식품위생법은 국가법령정보센터(www.law.go.kr)에서 확인해 볼 수 있어요.

① **목적** : 식품으로 인하여 생기는 위생상의 위해를 방지하고 식품 영양의 질적 향상을 도모하며 식품에 관한 올바른 정보를 제공하여 국민 보건의 증진에 이바지함을 목적으로 한다.

② **정의**

- 식품 : 모든 음식물(의약으로 섭취하는 것은 제외)
- 식품첨가물 : 식품을 제조 · 가공 또는 보존하는 과정에서 식품에 넣거나 섞는 물질 또는 식품을 적시는 등에 사용되는 물질
- 화학적 합성품 : 화학적 수단으로 원소 또는 화합물에 분해 반응 외의 화학 반응을 일으켜서 얻은 물질
- 기구 : 식품 또는 식품첨가물에 직접 닿는 기계 · 기구나 그 밖의 물건
- 용기 · 포장 : 식품 또는 식품첨가물을 넣거나 싸는 것으로서 식품 또는 식품첨가물을 주고받을 때 함께 건네는 물품
- 위해 : 식품, 식품첨가물, 기구 또는 용기 · 포장에 존재하는 위험요소로서 인체의 건강을 해치거나 해칠 우려가 있는 것
- 영업 : 식품 또는 식품첨가물을 채취 · 제조 · 수입 · 가공 · 조리 · 저장 · 소분 · 운반 또는 판매하거나 기구 또는 용기 · 포장을 제조 · 수입 · 운반 · 판매하는 업(농업과 수산업에 속하는 식품 채취업은 제외)
- 영업자 : 영업 허가를 받은 자나 영업 신고를 한 자 또는 영업 등록을 한 자
- 식품위생 : 식품, 식품첨가물, 기구 또는 용기 · 포장을 대상으로 하는 음식에 관한 위생
- 집단급식소 : 영리를 목적으로 하지 아니하면서 특정 다수인에게 계속하여 음식물을 공급하는 기숙사, 학교, 병원, 사회복지시설, 산업체, 국가, 지방자치 단체 및 공공기관, 그 밖의 후생기관
- 식품이력추적관리 : 식품을 제조 · 가공 단계부터 판매 단계까지 각 단계별로 정보를 기록 · 관리하여 그 식품의 안전성 등에 문제가 발생할 경우 그 식품을 추적하여 원인을 규명하고 필요한 조치를 할 수 있도록 관리하는 것
- 식중독 : 식품 섭취로 인하여 인체에 유해한 미생물 또는 유독물질에 의하여 발생하였거나 발생한 것으로 판단되는 감염성 질환 또는 독소형 질환
- 집단급식소에서의 식단 : 급식대상 집단의 영양섭취기준에 따라 음식명, 식재료, 영양성분, 조리 방법, 조리 인력 등을 고려하여 작성한 급식 계획서

③ 식품 등의 취급

- 누구든지 판매 목적으로 식품 또는 식품첨가물을 채취 · 제조 · 가공 · 사용 · 조리 · 저장 · 소분 · 운반 또는 진열을 할 때에는 깨끗하고 위생적으로 하여야 한다.
- 영업에 사용하는 기구 및 용기 · 포장은 깨끗하고 위생적으로 다루어야 한다.
- 식품, 식품첨가물, 기구 또는 용기 · 포장의 위생적인 취급에 관한 기준은 총리령으로 정한다.

02 식품과 식품첨가물

① 위해식품 등의 판매 등 금지

- 누구든지 다음 각 호의 어느 하나에 해당하는 식품 등을 판매하거나 판매할 목적으로 채취 · 제조 · 수입 · 가공 · 사용 · 조리 · 저장 · 소분 · 운반 또는 진열하여서는 아니 된다.
- 썩거나 상하거나 설익어서 인체의 건강을 해칠 우려가 있는 것
- 유독 · 유해물질이 들어 있거나 묻어 있는 것 또는 그러할 염려가 있는 것. 다만, 식품의약품안전처장이 인체의 건강을 해칠 우려가 없다고 인정하는 것은 제외한다.
- 병을 일으키는 미생물에 오염되었거나 그러할 염려가 있어 인체의 건강을 해칠 우려가 있는 것
- 불결하거나 다른 물질이 섞이거나 첨가된 것 또는 그 밖의 사유로 인체의 건강을 해칠 우려가 있는 것
- 안전성 평가 대상인 농 · 축 · 수산물 등 가운데 안전성 평가를 받지 아니하였거나 안전성 평가에서 식용으로 부적합하다고 인정된 것
- 수입이 금지된 것 또는 수입신고를 하지 아니하고 수입한 것
- 영업자가 아닌 자가 제조 · 가공 · 소분한 것

② 병든 동물 고기 등의 판매 등 금지

- 누구든지 총리령으로 정하는 질병에 걸렸거나 걸렸을 염려가 있는 동물이나 그 질병에 걸려 죽은 동물의 고기 · 뼈 · 젖 · 장기 또는 혈액을 식품으로 판매하거나 판매할 목적으로 채취 · 수입 · 가공 · 사용 · 조리 · 저장 · 소분 또는 운반하거나 진열하여서는 아니 된다.
- 리스테리아병, 살모넬라병, 파스튜렐라병 및 선모충증

> **기적의 TIP**
> 병든 동물 고기 등의 판매를 금지하는 질병 이름을 외워야 해요.

③ 기준 · 규격이 고시되지 아니한 화학적 합성품 등의 판매 등 금지

- 누구든지 다음 각 호의 어느 하나에 해당하는 행위를 하여서는 아니 된다. 다만, 식품의약품안전처장이 식품위생심의위원회 심의를 거쳐 인체의 건강을 해칠 우려가 없다고 인정하는 경우에는 그러하지 아니하다.
- 기준 · 규격이 고시되지 아니한 화학적 합성품인 첨가물과 이를 함유한 물질을 식품첨가물로 사용하는 행위
- 식품첨가물이 함유된 식품을 판매하거나 판매할 목적으로 제조 · 수입 · 가공 · 사용 · 조리 · 저장 · 소분 · 운반 또는 진열하는 행위

03 기구와 용기 · 포장

① 유독기구 등의 판매 · 사용 금지

- 유독 · 유해물질이 들어있거나 묻어있어 인체의 건강을 해칠 우려가 있는 기구 및 용기 · 포장과 식품 또는 식품첨가물에 직접 닿으면 해로운 영향을 끼쳐 인체의 건강을 해칠 우려가 있는 기구 및 용기 · 포장을 판매하거나 판매할 목적으로 제조 · 수입 · 저장 · 운반 · 진열하거나 영업에 사용하여서는 아니 된다.

② 기구 및 용기 · 포장에 관한 기준 및 규격

- 식품의약품안전처장은 판매하거나 영업에 사용하는 기구 및 용기 · 포장에 관하여 제조 방법에 관한 기준, 기구 및 용기 · 포장과 그 원재료에 관한 규격을 정하여 고시한다.
- 식품의약품안전처장은 기준과 규격이 고시되지 아니한 기구 및 용기 · 포장에 대하여는 시험 · 검사기관의 검토를 거쳐 해당 기구 및 용기 · 포장의 기준과 규격으로 인정할 수 있다.
- 수출할 기구 및 용기 · 포장과 그 원재료에 관한 기준과 규격은 수입자가 요구에 따를 수 있다.

> 기적의 TIP
>
> 기구와 용기, 포장은 식품의약품안전처장이 정하여 고시해요. 그 밖에 광고, 공전 등을 지정한 자에 대해 묻는 문제가 나와요.

04 표시

① 유전자재조합식품 등의 표시

- 생명공학기술을 활용하여 재배 · 육성된 농산물 · 축산물 · 수산물 등을 원재료로 하여 제조 · 가공한 식품 또는 식품첨가물은 유전자변형식품임을 표시하여야 한다. 다만, 제조 · 가공 후에 유전자변형 디엔에이(DNA, Deoxyribonucleic Acid) 또는 유전자변형 단백질이 남아 있는 유전자변형식품 등에 한정한다.
  - 인위적으로 유전자를 재조합하거나 유전자를 구성하는 핵산을 세포 또는 세포 내 소기관으로 직접 주입하는 기술
  - 분류학에 따른 과(科)의 범위를 넘는 세포융합기술
- 유전자변형식품 등은 표시가 없으면 판매하거나 판매할 목적으로 수입 · 진열 · 운반하거나 영업에 사용하여서는 아니 된다.
- 표시의무자, 표시대상 및 표시방법 등에 필요한 사항은 식품의약품안전처장이 정한다.

05 공전

식품의약품안전처장은 다음 각 호의 기준 등을 실은 식품등의 공전을 작성 · 보급하여야 한다.

- 식품 또는 식품첨가물의 기준과 규격
- 기구 및 용기 · 포장의 기준과 규격

06 검사

① 위해평가

- 식품의약품안전처장은 국내외에서 유해물질이 함유된 것으로 알려지는 등 위해의 우려가 제기되는 식품으로 의심되는 경우에는 그 식품 등의 위해요소를 신속히 평가하여 그것이 위해식품 등인지를 결정하여야 한다.
- 식품의약품안전처장은 위해평가가 끝나기 전까지 국민건강을 위하여 예방조치가 필요한 식품 등에 대하여는 판매하거나 판매할 목적으로 채취 · 제조 · 수입 · 가공 · 사용 · 조리 · 저장 · 소분 · 운반 또는 진열하는 것을 일시적으로 금지할 수 있다. 다만, 국민건강에 급박한 위해가 발생하였거나 발생할 우려가 있다고 식품의약품안전처장이 인정하는 경우에는 그 금지조치를 하여야 한다.
- 식품의약품안전처장은 일시적 금지조치를 하려면 미리 심의위원회의 심의 · 의결을 거쳐야 한다. 다만, 국민건강을 급박하게 위해할 우려가 있어서 신속히 금지조치를 하여야 할 필요가 있는 경우에는 먼저 일시적 금지조치를 한 뒤 지체 없이 심의위원회의 심의 · 의결을 거칠 수 있다.
- 심의위원회는 제3항 본문 및 단서에 따라 심의하는 경우 대통령령으로 정하는 이해관계인의 의견을 들어야 한다.
- 식품의약품안전처장은 심의위원회의 심의 · 의결에서 위해가 없다고 인정된 식품 등에 대하여는 지체 없이 일시적 금지조치를 해제하여야 한다.

② 소비자 등의 위생검사 등 요청

- 식품의약품안전처장, 시 · 도지사 또는 시장 · 군수 · 구청장은 위생검사 등의 요청에 따르는 경우 14일 이내에 출입 · 검사 · 수거(위생검사) 등을 하고 그 결과를 대통령령으로 정하는 바에 따라 위생검사 등의 요청을 한 소비자, 소비자단체 또는 시험 · 검사기관에 알리고 인터넷 홈페이지에 게시하여야 한다.
- 위생검사 등의 요청 요건 및 절차, 그 밖에 필요한 사항은 대통령령으로 정한다.
- 영업자나 그 밖의 관계인에게 필요한 서류나 그 밖의 자료의 제출 요구
- 관계 공무원으로 하여금 다음 각 목에 해당하는 출입 · 검사 · 수거 등의 조치
  - 판매를 목적으로 하거나 영업에 사용하는 식품 등 또는 영업시설 등에 대하여 하는 검사
  - 검사에 필요한 최소량의 식품 등의 무상 수거
  - 영업에 관계되는 장부 또는 서류의 열람
- 출입 · 검사 · 수거 또는 열람하려는 공무원은 그 권한을 표시하는 증표를 지니고 이를 관계인에게 내보여야 한다.

③ 위해식품 등에 대한 긴급대응

식품의약품안전처장은 판매하거나 판매할 목적으로 채취 · 제조 · 수입 · 가공 · 조리 · 저장 · 소분 또는 운반(이하 이 조에서 "제조 · 판매 등"이라 한다)되고 있는 식품 등이 다음 각 호의 어느 하나에 해당하는 경우에는 긴급대응방안을 마련하고 필요한 조치를 하여야 한다.

개념 체크

1 유전자변형식품 등은 표시가 없어도 영업에 사용할 수 있다. (O, X)

2 식품의약품안전처장은 국민건강을 급박하게 위해할 우려가 있는 경우 일시적 금지조치를 먼저 한 후 심의위원회의 심의 · 의결을 거칠 수 있다. (O, X)

1 × 2 O

④ 유전자변형식품 등의 안전성 심사

- 유전자변형식품 등을 식용으로 수입 · 개발 · 생산하는 자는 최초로 유전자변형식품 등을 수입하는 경우 등 대통령령으로 정하는 경우에는 식품의약품안전처장에게 해당 식품 등에 대한 안전성 심사를 받아야 한다.
- 식품의약품안전처장은 유전자변형식품 등의 안전성 심사를 위하여 식품의약품안전처에 유전자변형식품 등 안전성심사위원회를 둔다.
- 안전성심사위원회는 위원장 1명을 포함한 20명 이내의 위원으로 구성한다. 이 경우 공무원이 아닌 위원이 전체 위원의 과반수가 되도록 하여야 한다.
- 안전성심사위원회의 위원은 유전자변형식품 등에 관한 학식과 경험이 풍부한 사람으로서 식품의약품안전처장이 위촉하거나 임명한다.

⑤ 검사명령

- 식품의약품안전처장은 식품 등을 채취 · 제조 · 가공 · 사용 · 조리 · 저장 · 소분 · 운반 또는 진열하는 영업자에 대하여 식품전문 시험 · 검사기관 또는 국외시험 · 검사기관에서 검사를 받을 것을 명할 수 있다.
- 검사명령을 받은 영업자는 총리령으로 정하는 검사기한 내에 검사를 받거나 관련 자료 등을 제출하여야 한다.

⑥ 특정 식품 등의 수입 · 판매 등 금지

- 식품의약품안전처장은 특정 국가 또는 지역에서 채취 · 제조 · 가공 · 사용 · 조리 또는 저장된 식품 등이 그 특정 국가 또는 지역에서 위해한 것으로 밝혀졌거나 위해의 우려가 있다고 인정되는 경우에는 그 식품 등을 수입 · 판매하거나 판매할 목적으로 제조 · 가공 · 사용 · 조리 · 저장 · 소분 · 운반 또는 진열하는 것을 금지할 수 있다.
- 식품 등에서 유독 · 유해물질이 검출된 경우에는 해당 식품 등의 수입을 금지하여야 한다. 다만, 인체의 건강을 해칠 우려가 없다고 식품의약품안전처장이 인정하는 경우는 그러하지 아니하다.
- 식품의약품안전처장은 금지를 하려면 미리 관계 중앙행정기관의 장의 의견을 듣고 심의위원회의 심의 · 의결을 거쳐야 한다. 다만, 국민건강을 급박하게 위해할 우려가 있어서 신속히 금지 조치를 하여야 할 필요가 있는 경우 먼저 금지조치를 한 뒤 지체 없이 심의위원회의 심의 · 의결을 거칠 수 있다.

⑦ 출입 · 검사 · 수거

- 식품의약품안전처장, 시 · 도지사 또는 시장 · 군수 · 구청장은 식품 등의 위해방지 · 위생관리와 영업질서의 유지를 위하여 필요하면 다음 각 호의 구분에 따른 조치를 할 수 있다.
  - 영업자나 그 밖의 관계인에게 필요한 서류나 그 밖의 자료의 제출 요구
  - 관계 공무원으로 하여금 다음 각 목에 해당하는 출입 · 검사 · 수거 등의 조치
  - 영업소에 출입하여 판매를 목적으로 하거나 영업에 사용하는 식품 등 또는 영업시설 등에 대하여 하는 검사
  - 검사에 필요한 최소량의 식품 등의 무상 수거
  - 영업에 관계되는 장부 또는 서류의 열람
- 출입 · 검사 · 수거 또는 열람하려는 공무원은 그 권한을 표시하는 증표 및 조사기간, 조사범위, 조사담당자, 관계 법령 등 대통령령으로 정하는 사항이 기재된 서류를 지니고 이를 관계인에게 내보여야 한다.

⑧ 식품위생감시원

• 식품위생에 관한 지도 등을 하기 위하여 식품의약품안전처, 시 · 도 또는 시 · 군 · 구에 식품위생감시원을 둔다.
• 식품위생감시원의 자격 · 임명 · 직무범위, 그 밖에 필요한 사항은 대통령령으로 정한다.
  – 위생사, 식품기술사 · 식품기사 · 식품산업기사 · 수산제조기술사 · 수산제조기사 · 수산제조산업기사 또는 영양사
  – 대학 또는 전문대학에서 의학 · 한의학 · 약학 · 한약학 · 수의학 · 축산학 · 축산가공학 · 수산제조학 · 농산제조학 · 농화학 · 화학 · 화학공학 · 식품가공학 · 식품화학 · 식품제조학 · 식품공학 · 식품과학 · 식품영양학 · 위생학 · 발효공학 · 미생물학 · 조리학 · 생물학 분야의 학과 또는 학부를 졸업한 자 또는 이와 같은 수준 이상의 자격이 있는 자
  – 외국에서 위생사 또는 식품제조기사의 면허를 받은 자나 제2호와 같은 과정을 졸업한 자로서 식품의약품안전처장이 적당하다고 인정하는 자
  – 1년 이상 식품위생행정에 관한 사무에 종사한 경험이 있는 자
  – 식품의약품안전처장, 시 · 도지사 또는 시장 · 군수 · 구청장은 인력 확보가 곤란하다고 인정될 경우에는 식품위생행정에 종사하는 자 중 소정의 교육을 2주 이상 받은 자에 대하여 그 식품위생행정에 종사하는 기간 동안 식품위생감시원의 자격을 인정할 수 있다.

⑨ 식품위생감시원의 직무

• 식품 등의 위생적인 취급에 관한 기준의 이행 지도
• 수입 · 판매 또는 사용 등이 금지된 식품 등의 취급 여부에 관한 단속
• 표시기준 또는 과대광고 금지의 위반 여부에 관한 단속
• 출입 · 검사 및 검사에 필요한 식품 등의 수거
• 시설기준의 적합 여부의 확인 · 검사
• 영업자 및 종업원의 건강진단 및 위생교육의 이행 여부의 확인 · 지도
• 조리사 및 영양사의 법령 준수사항 이행 여부의 확인 · 지도
• 행정처분의 이행 여부 확인
• 식품 등의 압류 · 폐기 등
• 영업소의 폐쇄를 위한 간판 제거 등의 조치
• 그 밖에 영업자의 법령 이행 여부에 관한 확인 · 지도

⑩ 자가품질검사

• 자가품질검사는 자가품질검사기준에 따라 하여야 한다.
• 검사를 의뢰받은 자가품질위탁검사기관은 검사를 한 후 지체 없이 그 검사 결과를 의뢰한 영업자에게 통보하여야 한다.
• 자가품질위탁검사기관은 검사 결과 부적합하여 해당 제품이 회수대상이 되는 식품 등에 해당된다고 인정되는 경우에는 지체 없이 식품의약품안전처장, 지방식품의약품안전청장 또는 신고관청에 통보하여야 한다. 이 경우 자가품질검사를 의뢰한 영업자는 유통 중인 해당 제품에 대하여 법 제45조에 따라 회수 · 폐기하는 등 필요한 조치를 하여야 한다.
• 자가품질검사에 관한 기록서는 2년간 보관하여야 한다.

⑪ 소비자 위생 점검 참여 등

- 식품제조 · 가공업자, 식품첨가물제조업자, 식품판매업자, 식품접객업자, 모범업소로 지정받은 영업자, 지방식품의약품안전청장
- 위생관리 상태 점검을 신청하는 경우에는 1개월 이내에 위생 점검을 하여야 한다. 이 경우 같은 업소에 대한 위생 점검은 연 1회로 한정한다.
- 위생 점검 방법 및 절차는 총리령으로 정한다.

07 영업

① 시설기준

- 총리령으로 정하는 시설기준에 맞는 시설을 갖추어야 한다.
- 식품 또는 식품첨가물의 제조업, 가공업, 운반업, 판매업 및 보존업
- 기구 또는 용기 · 포장의 제조업
- 식품접객업
- 공유주방 운영업

기적의 TIP

영업 허가를 받아야 하는 영업과 신고를 하여야 하는 영업을 구분해 주세요.

② 허가를 받아야 하는 영업

- 식품조사처리업 : 식품의약품안전처장
- 단란주점영업, 유흥주점영업 : 특별자치도지사 또는 시장 · 군수 · 구청장

③ 신고를 하여야 하는 업종

- 특별자치도지사 또는 시장 · 군수 · 구청장에게 신고한다.
- 즉석판매제조 · 가공업
- 식품운반업
- 식품소분 · 판매업
- 식품냉동 · 냉장업
- 용기 · 포장류제조업
- 휴게음식점영업, 일반음식점영업, 위탁급식영업 및 제과점영업

구분	음주행위	손님노래	유흥종사자
휴게음식점, 위탁급식, 제과점	×	×	×
일반음식점	○	×	×
단란주점	○	○	×
유흥주점	○	○	○

④ 식품소분업의 신고대상

- 식품 또는 식품첨가물과 벌꿀(자가채취하여 직접 소분 · 포장하는 경우를 제외)을 말한다.
- 다만, 어육제품, 식용유지, 특수용도식품, 통 · 병조림 제품, 레토르트식품, 전분, 장류 및 식초는 소분 · 판매하여서는 아니 된다.

⑤ 즉석판매제조 · 가공 대상식품

- 소비자가 원하는 만큼 덜어서 직접 최종 소비자에게 판매하는 식품을 말한다.
- 단 통 · 병조림 제품, 레토르트식품, 냉동식품, 어육제품, 특수용도식품(체중조절용 조제식품은 제외), 식초, 전분은 제외한다.

⑥ 신고하지 않아도 되는 업종

- 양곡가공업 중 도정업을 하는 경우
- 수산물가공업의 신고를 하고 해당 영업을 하는 경우
- 축산물가공업의 허가를 받아 해당 영업을 하는 경우
- 건강기능식품제조업, 건강기능식품수입업 및 건강기능식품판매업의 영업허가를 받거나 영업신고를 하고 해당 영업을 하는 경우
- 식품첨가물이나 다른 원료를 사용하지 아니하고 농산물 · 임산물 · 수산물을 단순히 자르거나, 껍질을 벗기거나, 말리거나, 소금에 절이거나, 숙성하거나, 가열하는 등의 가공과정 중 위생상 위해가 발생할 우려가 없고 식품의 상태를 관능검사로 확인할 수 있도록 가공하는 경우
- 영농조합법인과 영어조합법인이 생산한 농산물 · 임산물 · 수산물을 집단급식소에 판매하는 경우. 다만, 다른 사람으로 하여금 생산하거나 판매하게 하는 경우는 제외한다.

⑦ 신고를 하여야 하는 변경사항

- 영업자의 성명
- 영업소의 명칭 또는 상호
- 영업소의 소재지
- 영업장의 면적
- 즉석판매제조 · 가공업을 하는 자가 같은 호에 따른 즉석판매제조 · 가공 대상 식품 중 식품의 유형을 달리하여 새로운 식품을 제조 · 가공하려는 경우
- 식품운반업을 하는 자가 냉장 · 냉동차량을 증감하려는 경우
- 식품자동판매기영업을 하는 자가 같은 시 · 군 · 구에서 식품자동판매기의 설치 대수를 증감하려는 경우

⑧ 건강진단

- 대상 : 식품 또는 식품첨가물을 채취 · 제조 · 가공 · 조리 · 저장 · 운반 또는 판매하는 일에 직접 종사하는 영업자 및 종업원(단, 완전 포장된 식품 또는 식품첨가물을 운반하거나 판매하는 일에 종사하는 사람은 제외)
- 건강진단 항목 : 장티푸스, 폐결핵, 전염성 피부질환
- 횟수 : 1년에 1회

⑨ 식품위생교육의 대상

- 영업자 및 유흥종사자를 둘 수 있는 식품접객업 영업자의 종업원은 매년 식품위생에 관한 교육을 받아야 한다.
- 영업을 하려는 자는 미리 식품위생교육을 받아야 한다.

개념 체크

1 영업자의 성명이 바뀌는 경우 반드시 신고하여야 한다. (O, X)

2 식품운반업은 식품의약품안전처장에게 허가를 받아야 한다. (O, X)

3 일반음식점에서는 음주 행위는 가능하지만, 유흥종사자를 둘 수는 없다. (O, X)

1 O 2 X 3 O

- 교육을 받아야 하는 자가 영업에 직접 종사하지 아니하거나 두 곳 이상의 장소에서 영업을 하는 경우에는 종업원 중에서 식품위생에 관한 책임자를 지정하여 영업자 대신 교육을 받게 할 수 있다.
- 조리사 또는 영양사의 면허를 받은 자가 식품접객업을 하려는 경우에는 식품위생 교육을 받지 아니하여도 된다.

⑩ 식품위생교육의 시간

- 영업자와 종업원(매년 위생교육)
  - 식품제조 · 가공업, 즉석판매제조 · 가공업, 식품첨가물제조업, 식품운반업, 식품소분 · 판매업 등 영업자, 식품보존업, 용기 · 포장류제조업, 식품접객업 : 3시간
  - 유흥주점영업의 유흥종사자 : 2시간
  - 집단급식소를 설치 · 운영하는 자 : 3시간
- 영업자(영업 전 미리 받는 위생교육)
  - 식품제조 · 가공업, 즉석판매제조 · 가공업, 식품첨가물제조업 : 8시간
  - 식품운반업, 식품소분 · 판매업 등 영업자, 식품보존업, 용기 · 포장류제조업 : 4시간
  - 식품접객업 : 6시간
  - 집단급식소를 설치 · 운영하려는 자 : 6시간

> 기적의 TIP
> 우수업소와 모범업소를 누가 지정하는지 알아두세요.

⑪ 우수업소 · 모범업소의 지정

- 우수업소의 지정 : 식품의약품안전처장 또는 특별자치도지사 · 시장 · 군수 · 구청장
- 모범업소의 지정 : 특별자치도지사 · 시장 · 군수 · 구청장

08 조리사

> 기적의 TIP
> 집단급식소에는 기숙사, 학교, 병원, 산업체 등이 있는데, 특정 다수를 대상으로 1회 50인 이상에게 지속적으로 식사를 공급하는 경우 조리사와 영양사를 두어야 한다. 산업체의 경우 100명 미만은 조리사와 영양사를 두지 않아도 된다.

① 조리사

- 집단급식소 운영자와 식품접객업자는 조리사를 두어야 한다.
- 복어를 조리 · 판매하는 영업을 하는 자
- 집단급식소 운영자
  - 국가 및 지방자치단체
  - 학교, 병원 및 사회복지시설
  - 공기업 중 식품의약품안전처장이 지정하여 고시하는 기관
  - 지방공사 및 지방공단
  - 특별법에 따라 설립된 법인
- 조리사를 두지 않아도 되는 경우
  - 집단급식소 운영자 또는 식품접객영업자 자신이 조리사로서 직접 음식물을 조리하는 경우
  - 1회 급식인원 100명 미만의 산업체인 경우
  - 영양사가 조리사의 면허를 받은 경우

② 영양사

- 집단급식소 운영자는 영양사를 두어야 한다.
- 영양사를 두지 않아도 되는 경우
  - 집단급식소 운영자 자신이 영양사로서 직접 영양 지도를 하는 경우
  - 1회 급식인원 100명 미만의 산업체인 경우
  - 조리사가 영양사의 면허를 받은 경우
- 영양사의 직무
  - 집단급식소에서의 식단 작성, 검식 및 배식관리
  - 구매식품의 검수 및 관리
  - 급식시설의 위생적 관리
  - 집단급식소의 운영일지 작성
  - 종업원에 대한 영양 지도 및 식품위생교육

③ 결격사유

- 정신질환자
- 감염병환자(B형간염환자는 제외)
- 마약이나 그 밖의 약물 중독자
- 조리사 면허의 취소처분을 받고 그 취소된 날부터 1년이 지나지 아니한 자

> 기적의 TIP
>
> 조리사의 결격사유, 조리사 면허 발급이 불가능한 자에 대해 체크해 보세요.

④ 교육

식품의약품안전처장은 식품위생 수준 및 자질의 향상을 위하여 필요한 경우 조리사와 영양사에게 교육(조리사의 경우 보수교육을 포함)을 받을 것을 명할 수 있다. 다만, 집단급식소에 종사하는 조리사와 영양사는 2년마다 교육을 받아야 한다.

09 시정명령과 허가취소 등 행정 제재

① 시정명령

- 식품의약품안전처장, 시 · 도지사 또는 시장 · 군수 · 구청장은 식품 등의 위생적 취급에 관한 기준에 맞지 아니하게 영업하는 자에게는 필요한 시정을 명하여야 한다.
- 시정명령을 한 경우에는 그 영업을 관할하는 관서의 장에게 그 내용을 통보하여 시정명령이 이행되도록 협조를 요청할 수 있다.
- 요청을 받은 관계 기관의 장은 정당한 사유가 없으면 이에 응하여야 하며, 그 조치 결과를 지체 없이 요청한 기관의 장에게 통보하여야 한다.

② 폐기처분

- 위해식품, 병든 동물, 유독기구 등의 판매 등 금지를 위반한 경우에는 그 식품 등을 압류 또는 폐기하게 하거나 용도 · 처리방법 등을 정하여 영업자에게 위해를 없애는 조치를 하도록 명하여야 한다.

- 신고 또는 등록하지 아니하고 제조 · 가공 · 조리한 식품 또는 식품첨가물이나 여기에 사용한 기구 또는 용기 · 포장 등을 관계 공무원에게 압류하거나 폐기하게 할 수 있다.
- 식품위생상의 위해가 발생하였거나 발생할 우려가 있는 경우에는 영업자에게 유통 중인 해당 식품 등을 회수 · 폐기하게 하거나 해당 식품 등의 원료, 제조 방법, 성분 또는 그 배합 비율을 변경할 것을 명할 수 있다.
- 압류나 폐기를 하는 공무원은 그 권한을 표시하는 증표를 지니고 이를 관계인에게 내보여야 한다.

③ 허가취소

- 다음 각 호의 어느 하나에 해당하는 경우에는 영업허가 또는 등록을 취소하거나 6개월 이내의 기간을 정하여 그 영업의 전부 또는 일부를 정지하거나 영업소 폐쇄를 명할 수 있다.
- 위해식품 등의 판매 등 금지, 병든 동물 고기 등의 판매 등 금지, 기준 · 규격이 고시되지 아니한 화학적 합성품 등의 판매 등 금지, 식품 또는 식품첨가물에 관한 기준 및 규격, 식품의 영양표시, 유전자재조합식품 등의 표시 등을 위반한 경우
- 영업자가 영업정지 명령을 위반하여 영업을 계속하면 영업허가 또는 등록을 취소하거나 영업소 폐쇄를 명할 수 있다.

④ 면허취소 및 행정처분

- 면허취소 : 정신질환자, 감염병환자(B형간염환자는 제외), 마약이나 그 밖의 약물 중독자, 조리사 면허의 취소처분을 받고 그 취소된 날부터 1년이 지나지 아니한 자, 업무정지기간 중에 조리사의 업무를 하는 경우

위반 사항	1차 위반	2차 위반	3차 위반
조리사, 영양사의 보수 교육을 받지 아니한 경우	시정명령	15일	1개월
식중독이나 위생과 관련한 중대한 사고 발생에 직무상의 책임이 있는 경우	1개월	2개월	면허취소
면허를 타인에게 대여하여 사용하게 한 경우	2개월	3개월	면허취소

10 보칙

① 식중독에 관한 조사 보고

- 다음에 해당하는 자는 지체 없이 관할 시장 · 군수 · 구청장에게 보고하여야 한다. 이 경우 의사나 한의사는 식중독 환자나 식중독이 의심되는 자의 혈액 또는 배설물을 보관하는 데에 필요한 조치를 하여야 한다.
  - 보고자의 주소 및 성명, 식중독을 일으킨 환자, 식중독이 의심되는 사람 또는 식중독으로 사망한 사람의 주소 · 성명 · 생년월일 및 사체의 소재지, 식중독의 원인, 발병 연월일, 진단 또는 검사 연월일을 기재

개념 체크

1 조리사, 영양사의 보수 교육을 받지 않은 경우, 1차 위반 시 15일의 행정처분을 받는다. (O, X)

2 면허를 타인에게 대여하여 사용하게 한 경우, 3차 위반 시 면허가 취소된다. (O, X)

1 X 2 O

- 식중독 환자나 식중독이 의심되는 자를 진단하였거나 그 사체를 검안한 의사 또는 한의사
- 집단급식소에서 제공한 식품 등으로 인하여 식중독 환자나 식중독으로 의심되는 증세를 보이는 자를 발견한 집단급식소의 설치 · 운영자

• 시장 · 군수 · 구청장은 보고를 받은 때에는 지체 없이 그 사실을 식품의약품안전처장 및 시 · 도지사에게 보고하고, 대통령령으로 정하는 바에 따라 원인을 조사하여 그 결과를 보고하여야 한다.

• 식품의약품안전처장은 국민보건상 중대하다고 인정하는 경우에는 해당 시 · 도지사 또는 시장 · 군수 · 구청장과 합동으로 원인을 조사할 수 있다.

② 집단급식소

• 영리를 목적으로 하지 아니하면서 특정다수인에게 계속하여 음식물을 공급하는 기숙사 · 학교 · 병원 그 밖의 후생기관 등의 급식시설로서 1회 50인 이상에게 식사를 제공하는 급식소를 말한다.

• 집단급식소를 설치 · 운영하려는 자는 총리령으로 정하는 바에 따라 특별자치도지사 · 시장 · 군수 · 구청장에게 신고하여야 한다.

• 집단급식소를 설치 · 운영하는 자는 집단급식소 시설의 유지 · 관리 등 급식을 위생적으로 관리하기 위하여 다음 각 호의 사항을 지켜야 한다.
  - 식중독 환자가 발생하지 아니하도록 위생관리를 철저히 할 것
  - 조리 · 제공한 식품의 매회 1인분 분량을 총리령으로 정하는 바에 따라 144시간 이상 보관할 것
  - 영양사를 두고 있는 경우 그 업무를 방해하지 아니할 것
  - 영양사를 두고 있는 경우 영양사가 집단급식소의 위생관리를 위하여 요청하는 사항에 대하여는 정당한 사유가 없으면 따를 것
  - 그 밖에 식품 등의 위생적 관리를 위하여 필요하다고 총리령으로 정하는 사항을 지킬 것

③ 보존식

HACCP 인증 단체급식업소에서 조리한 식품은 소독된 보존식 전용 용기 또는 멸균 비닐봉지에 매회 1인분 분량을 담아 −18℃ 이하에서 144시간 이상의 시간 동안 보관하여야 한다.

11 벌칙

① 질병에 걸린 동물을 판매할 목적으로 식품 또는 식품첨가물을 제조 · 가공 · 수입 또는 조리

• 1항 : 3년 이상의 징역

예 소해면상뇌증(狂牛病), 탄저병, 가금 인플루엔자

• 2항 : 1년 이상의 징역

예 마황, 부자, 천오, 초오, 백부자, 섬수, 백선피, 사리풀

개념 체크

1 보존식은 매회 1인분의 분량을 담아 −18℃ 이하에서 144시간 이상 보관해야 한다. (O, X)

1 O

• 3항 : 제조 · 가공 · 수입 · 조리한 식품 또는 식품첨가물을 판매하였을 때에는 그 소매가격의 2배 이상 5배 이하에 해당하는 벌금을 병과(倂科)한다.
• 형을 선고 받고 그 형이 확정된 후 5년 이내에 죄를 범한 자가 제3항에 해당하는 경우 제3항에서 정한 형의 2배까지 가중한다.

② 10년 이하의 징역 또는 1억원 이하의 벌금

• 위해식품 등의 판매 등 금지, 병든 동물 고기 등의 판매 등 금지, 기준 · 규격이 고시되지 아니한 화학적 합성품 등의 판매 등 금지를 위반한 자
  – 죄로 형을 선고 받고 그 형이 확정된 후 5년 이내에 죄를 범한 자는 1년 이상 7년 이하의 징역에 처한다.
• 유독기구 등의 판매 · 사용 금지를 위반한 자, 허위표시 등의 금지를 위반한 자
  – 그 해당 식품 또는 식품첨가물을 판매한 때에는 그 소매가격의 4배 이상 10배 이하에 해당하는 벌금을 부과한다.
• 영업허가 등을 위반한 자

③ 5년 이하의 징역 또는 5천만원 이하의 벌금

• 식품 또는 식품첨가물, 기구 및 용기 · 포장에 관한 기준 및 규격, 수입 식품 등의 신고 등을 위반한 자
• 식품위생검사기관의 지정취소에 해당하는 위반행위를 한 자, 영업 허가 등을 위반한 자
• 영업 제한을 위반한 자
• 폐기처분 등 또는 위해식품 등의 공표에 따른 명령을 위반한 자
• 허가취소 등에 따른 영업정지 명령을 위반하여 영업을 계속한 자

④ 3년 이하의 징역 또는 3천만원 이하의 벌금

• 표시기준, 유전자재조합식품등의 표시, 위해식품등에 대한 긴급대응, 자가품질검사 의무, 시민식품감사인, 영업허가 등, 위해요소, 위해요소중점관리기준, 식품이력추적관리 등록기준 등 단서 또는 명칭 사용 금지를 위반한 자
• 수입 식품 등의 신고, 출입 · 검사 · 수거 또는 폐기처분에 따른 검사 · 출입 · 수거 · 압류 · 폐기를 거부 · 방해 또는 기피한 자
• 우수수입업소 등록에 해당하는 위반행위를 한 자
• 시설기준을 갖추지 못한 영업자
• 영업허가에 따른 조건을 갖추지 못한 영업자
• 품질관리 및 보고 또는 영업자 등의 준수사항에 따라 영업자가 지켜야 할 사항을 지키지 아니한 자
• 허가취소에 따른 영업정지 명령을 위반하여 계속 영업한 자
• 품목 제조정지에 따른 제조정지 명령을 위반한 자
• 폐쇄조치에 따라 관계 공무원이 부착한 봉인 등을 함부로 제거하거나 손상시킨 자

⑤ 양벌규정

• 법인의 대표자나 법인 또는 개인의 대리인, 사용인, 그 밖의 종업원이 그 법인 또는 개인의 업무에 관하여 제93조제3항 또는 제94조부터 제97조까지의 어느 하나에 해당하는 위반행위를 하면 그 행위자를 벌하는 외에 그 법인 또는 개인에게도 해당 조문의 벌금형을 과(科)하고, 제93조제1항의 위반행위를 하면 그 법인 또는 개인에 대하여도 1억5천만원 이하의 벌금에 처하며, 제93조제2항의 위반행위를 하면 그 법인 또는 개인에 대하여도 5천만원 이하의 벌금에 처한다.

12 식품위생단체

① 동업자조합

- 영업자는 영업의 발전과 국민보건 향상을 위하여 대통령령으로 정하는 영업 또는 식품의 종류별로 동업자조합을 설립할 수 있다.
- 조합은 법인으로 한다.
- 조합을 설립하려는 경우에는 대통령령으로 정하는 바에 따라 조합원 자격이 있는 자 10분의 1(20명을 초과하면 20명으로 한다) 이상의 발기인이 정관을 작성하여 식품의약품안전처장의 설립인가를 받아야 한다.

② 식품산업협회

- 식품산업의 발전과 식품위생의 향상을 위하여 한국식품산업협회를 설립한다.
- 협회의 회원이 될 수 있는 자는 영업자 중 식품 또는 식품첨가물을 제조 · 가공 · 운반 · 판매 · 보존하는 자 및 그 밖에 식품 관련 산업을 운영하는 자로 한다.
- 협회는 다음 각 호의 사업을 한다.
  - 식품산업에 관한 조사 · 연구
  - 식품 및 식품첨가물과 그 원재료(原材料)에 대한 시험 · 검사 업무
  - 식품위생과 관련한 교육
  - 영업자 중 식품이나 식품첨가물을 제조 · 가공 · 운반 · 판매 및 보존하는 자의 영업시설 개선에 관한 지도
  - 회원을 위한 경영지도
  - 식품안전과 식품산업 진흥 및 지원 · 육성에 관한 사업

③ 식품안전정보원

식품의약품안전처장의 위탁을 받아 식품이력추적관리업무와 식품안전에 관한 업무를 효율적으로 수행하기 위하여 식품안전정보원를 둔다.

④ 건강 위해가능 영양성분 관리

- 국가 및 지방자치단체는 식품의 나트륨, 당류, 트랜스지방 등 영양성분의 과잉섭취로 인한 국민보건상 위해를 예방하기 위하여 노력하여야 한다.
- 식품의약품안전처장은 관계 중앙행정기관의 장과 협의하여 건강 위해가능 영양성분 관리 기술의 개발 · 보급, 적정섭취를 위한 실천방법의 교육 · 홍보 등을 실시하여야 한다.
- 건강 위해가능 영양성분의 종류는 대통령령으로 정한다.

13 제조물책임법(PL, Product Liability)

① 목적

제조물의 결함으로 발생한 손해에 대한 제조업자 등의 손해배상책임을 규정함으로써 피해자 보호를 도모하고 국민생활의 안전 향상과 국민경제의 건전한 발전에 이바지함을 목적으로 한다.

② 제조물 책임법의 용어 설명

- 제조물 : 제조되거나 가공된 동산(다른 동산이나 부동산의 일부를 구성하는 경우를 포함한다.)
- 결함 : 해당 제조물에 다음 각 목의 어느 하나에 해당하는 제조상 · 설계상 또는 표시상의 결함이 있거나 그 밖에 통상적으로 기대할 수 있는 안전성이 결여되어 있는 것

제조상의 결함	제조업자가 제조물에 대하여 제조상 · 가공상의 주의의무를 이행하였는지에 관계없이 제조물이 원래 의도한 설계와 다르게 제조 · 가공됨으로써 안전하지 못하게 된 경우
설계상의 결함	제조업자가 합리적인 대체설계(代替設計)를 채용하였더라면 피해나 위험을 줄이거나 피할 수 있었음에도 대체설계를 채용하지 아니하여 해당 제조물이 안전하지 못하게 된 경우
표시상의 결함	제조업자가 합리적인 설명 · 지시 · 경고 또는 그 밖의 표시를 하였더라면 해당 제조물에 의하여 발생할 수 있는 피해나 위험을 줄이거나 피할 수 있었음에도 이를 하지 아니한 경우

- 제조업자 : 제조물의 제조 · 가공 또는 수입을 업(業)으로 하는 자, 제조물에 성명 · 상호 · 상표 또는 그 밖에 식별(識別) 가능한 기호 등을 사용하여 자신을 가목의 자로 표시한 자 또는 가목의 자로 오인(誤認)하게 할 수 있는 표시를 한 자

14 식품 등의 표시 · 광고에 관한 법률

1) 목적 : 식품 등에 대하여 올바른 표시 · 광고를 하도록 하여 소비자의 알 권리를 보장하고 건전한 거래질서를 확립함으로써 소비자 보호에 이바지함을 목적으로 한다.

2) 표시의 기준

① 식품, 식품첨가물 또는 축산물

- 제품명, 내용량 및 원재료명
- 영업소 명칭 및 소재지
- 소비자 안전을 위한 주의사항
- 제조연월일, 유통기한 또는 품질유지기한
- 그 밖에 소비자에게 해당 식품, 식품첨가물 또는 축산물에 관한 정보를 제공하기 위하여 필요한 사항으로서 총리령으로 정하는 사항

② 기구 또는 용기 · 포장

- 재질
- 영업소 명칭 및 소재지
- 소비자 안전을 위한 주의사항

- 그 밖에 소비자에게 해당 기구 또는 용기 · 포장에 관한 정보를 제공하기 위하여 필요한 사항으로서 총리령으로 정하는 사항

③ 건강기능식품

- 제품명, 내용량 및 원료명
- 영업소 명칭 및 소재지
- 유통기한 및 보관방법
- 섭취량, 섭취방법 및 섭취 시 주의사항
- 건강기능식품이라는 문자 또는 건강기능식품임을 나타내는 도안
- 질병의 예방 및 치료를 위한 의약품이 아니라는 내용의 표현
- 기능성에 관한 정보 및 원료 중에 해당 기능성을 나타내는 성분 등의 함유량
- 그 밖에 소비자에게 해당 건강기능식품에 관한 정보를 제공하기 위하여 필요한 사항

④ 영양표시

- 식품 등을 제조 · 가공 · 소분하거나 수입하는 자는 총리령으로 정하는 식품 등에 영양표시를 하여야 한다.
- 영양성분 및 표시방법 등에 관하여 필요한 사항은 총리령으로 정한다.
- 영양표시가 없거나 표시방법을 위반한 식품 등은 판매하거나 판매할 목적으로 제조 · 가공 · 소분 · 수입 · 포장 · 보관 · 진열 또는 운반하거나 영업에 사용해서는 아니 된다.

⑤ 나트륨 함량 비교 표시

- 식품을 제조 · 가공 · 소분하거나 수입하는 자는 총리령으로 정하는 식품에 나트륨 함량 비교 표시를 하여야 한다.
- 나트륨 함량 비교 표시의 기준 및 표시방법 등에 관하여 필요한 사항은 총리령으로 정한다.
- 나트륨 함량 비교 표시가 없거나 표시방법을 위반한 식품은 판매하거나 판매할 목적으로 제조 · 가공 · 소분 · 수입 · 포장 · 보관 · 진열 또는 운반하거나 영업에 사용해서는 아니 된다.

⑥ 광고의 기준

- 식품 등을 광고할 때에는 제품명 및 업소명을 포함시켜야 한다.
- 정한 사항 외에 식품 등을 광고할 때 준수하여야 할 사항은 총리령으로 정한다.

⑦ 부당한 표시 또는 광고행위의 금지

- 누구든지 식품 등의 명칭 · 제조방법 · 성분 등 대통령령으로 정하는 사항에 관하여 해당하는 표시 또는 광고를 하여서는 아니 된다.
- 질병의 예방 · 치료에 효능이 있는 것으로 인식할 우려가 있는 표시 또는 광고
- 식품 등을 의약품으로 인식할 우려가 있는 표시 또는 광고
- 건강기능식품이 아닌 것을 건강기능식품으로 인식할 우려가 있는 표시 또는 광고
- 거짓 · 과장된 표시 또는 광고
- 소비자를 기만하는 표시 또는 광고
- 다른 업체나 다른 업체의 제품을 비방하는 표시 또는 광고
- 객관적인 근거 없이 자기 또는 자기의 식품 등을 다른 영업자나 다른 영업자의 식품 등과 부당하게 비교하는 표시 또는 광고
- 사행심을 조장하거나 음란한 표현을 사용하여 공중도덕이나 사회윤리를 현저하게 침해하는 표시 또는 광고

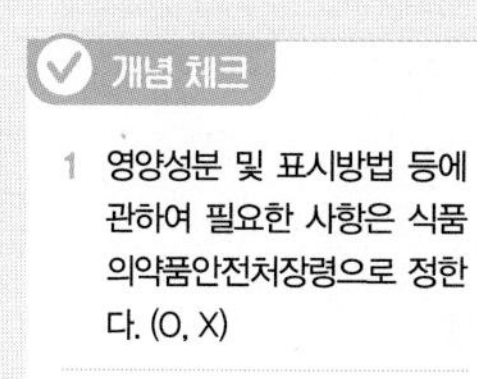

개념 체크

1 영양성분 및 표시방법 등에 관하여 필요한 사항은 식품의약품안전처장령으로 정한다. (O, X)

1 X

SECTION
06

공중보건

출제빈도 상 중 하
반복학습 1 2 3

빈출 태그 ▶ 공중보건 • 직업병 • 수질오염 • 수인성 감염병 • 법정 감염병 • 세균 • 바이러스 • 리케차

01 공중보건의 개념

기적의 TIP

공중보건에 나오는 용어의 이해가 필요해요.

1) 공중보건의 정의

① 공중보건의 정의 및 대상

- 윈슬로우(C.E.A Winslow)의 정의 : 조직적인 지역사회의 노력을 통하여 질병을 예방하고 생명을 연장하며 육체적, 정신적 효율을 증진하는 기술이며 과학이다.
- 공중보건의 대상 : 개인이 아니라 인간집단이며 최소 단위는 지역사회, 국민 전체를 대상으로 한다.

② 공중보건 수준의 평가지표

- 한 지역사회나 국가의 보건수준을 나타내는 보건 지표로 영아사망률, 조사망률, 질병이환율, 사인별 사망률, 모성사망률, 평균수명 등이 사용되는데, 이 중 영아사망률이 대표적인 지표이다.
- 영아사망의 3대 원인 : 폐렴 및 기관지염, 장염 및 설사, 신생아 고유질환 및 사고

③ 건강에 대한 세계보건기구의 정의

- 건강이란 단지 질병이 없거나 허약하지 않을 뿐만 아니라 신체적, 정신적, 사회적 안녕한 완전한 상태이다.

④ 세계보건기구(World Health Organization)

- 설립연도 : 1948년 4월
- 본부 : 스위스 제네바
- 우리나라는 1949년 6월에 65번째로 로마 총회에서 가입
- 지휘 및 조정, 기술 지원, 자료 공급, 공중보건 관련 행정 강화와 지원 등 간접적인 활동

기적의 TIP

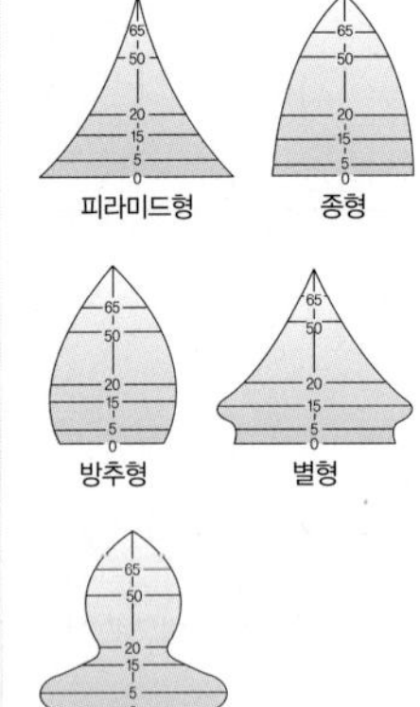

2) 인구와 보건

① 인구 구성

구분	유형	특징
피라미드형	후진국형(인구증가형)	출생률은 높고 사망률은 낮은 형
종형	이상형(인구정체형)	출생률과 사망률이 낮은 형(14세 이하가 65세 이상 인구의 2배 정도)
항아리형(방추형)	선진국형(인구감소형)	평균수명이 높고 인구가 감퇴하는 형
별형	도시형(인구유입형)	생산층 인구가 증가되는 형
기타형(표주박형)	농촌형(인구유출형)	생산층 인구가 감소하는 형

② 수명

• 기대수명 : 출생자가 출생 직후부터 생존할 것으로 기대되는 평균 생존 연수
• 건강수명 : 아프지 않고 건강하게 살아가는 기간을 나타내는 지표
• 평균수명 : 어떤 연령의 사람이, 평균 몇 년을 살 수 있는가 하는 기대값

③ 보건 행정의 정의

공중보건의 목적을 달성하기 위해서 행해지는 기술 행정이며, 효율적인 보건 행정을 위해서는 보건법을 확립하고, 보건 교육, 봉사를 시행하는 데 주력하고 있다.

④ 보건 영양

지역사회 전 주민의 건강을 위해서 식생활의 결함을 제거하고 개선하여 영양이 부족하지 않도록 하는 데 목적이 있다. 지역의 경제적 여건과 식량 상태와 계절적인 변화를 고려하여 최고의 방법을 찾아낸다.

⑤ 보건 정책의 방향

• 출산 및 자녀양육을 위한 사회적 기반 조성
• 국민건강증진을 위한 사전적 보건 서비스 강화
• 아동 · 장애인 등 취약 계층 지원 강화
• 미래사회 변화에 대응한 사회 투자적 서비스 확대

3) 보건 행정의 분류

① 모자 보건

• 모체와 영유아에게 전문적인 보건의료서비스를 제공하여 사망률을 저하시키며 신체적, 정신적 건강과 정서발달을 유지, 증진시키고 유전적 잠재력을 최대한 발휘할 수 있게 하는 데 있다.
• 모성보건 : 임신과 분만, 수유하는 기간에 있는 여성
• 모성사망 : 임신과 분만, 산욕에 관계되는 합병증 등의 이상으로 발생한 사망
• 모성사망의 주요 원인 : 임신중독증, 출혈, 감염증, 자궁외 임신, 유산 등

② 학교 보건 : 학생 및 교직원을 대상으로 교육부에서 담당한다. 학교 보건 사업, 학교 급식, 건강 교육, 학교 체육 등을 다루고 있다.

③ 산업 보건 : 각 산업체에서 근무하는 근로자를 대상으로 노동부에서 담당한다. 산업보건행정은 작업 환경의 질적 향상과 근로자의 복지시설 관리 및 안전 교육 등을 통해서 직업병을 예방하는데 그 목적이 있다.

④ 4대 보험

• 국민연금
• 건강보험
• 산재보험
• 고용보험

⑤ 산업재해 발생 빈도

• 건수율 : 일정 기간 중의 평균 실 근로자수 1000명당 발생하는 재해건수의 발생 빈도
• 도수율 : 노동 시간에 대한 재해의 발생 빈도
• 강도율 : 근로시간 합계 1,000시간당 재해로 인한 근로손실일수

⑥ 공공부조

- 국민기초생활 보장법에 의한 수급자, 재해구호법에 의한 이재민, 생활유지능력이 없거나 생활이 어려운 국민의 최저생활 보장, 자립 지원 제도이다.
- 의료급여, 교육급여, 자활급여, 주거급여, 장제급여, 생계급여

기적의 TIP

직업병이나 중금속 중독은 원인과 질병을 짝짓는 문제가 많이 나와요.

⑦ 직업병 및 중금속 중독에 관한 질병

원인	질병
고열 환경	열중증(열쇠약증,열경련증,열사병)
저온 환경	동상, 동창, 참호족염
고압 환경	잠함병, 잠수병
저압 환경	고산병, 항공병
분진	진폐증, 규폐증, 석면폐증, 활석폐증
조명 불량	안구 진탕증, 근시, 안정피로, 백내장
소음	직업성 난청
진동	레이노드병, 수전증
납(Pb) 중독	연빈혈, 칼슘대사이상, 신장장애, 적혈구수 증가
수은(Hg) 중독	미나마타병, 언어장애, 지각이상, 보행곤란
크롬(Cr) 중독	비염, 인두염, 기관지염
카드뮴(Cd) 중독	이타이이타이병, 신장장애, 단백뇨, 골연화증
PCB 중독(미강유 중독)	식욕부진, 구토, 체중감소, 흑피증, 코프로포르피린 검출

- 수은 중독 : 미나마타병
  - 1956년 일본 규수 미나마타시에서 한 해에만 52만 명에게 발생한 미나마타병이 대표적이다.
  - 일본 질소비료에서 강으로 흘려 보낸 유기수은이 어패류에 축적되었다가 오염된 어패류를 섭취한 인근 주민들에게 언어장애, 보행장애, 난청 등의 증상이 나타나면서 사망하였다.
- 카드뮴 중독 : 이타이이타이병
  - 일명 “아프다아프다”라는 병으로, 1912년 일본 도야마현의 진즈강 하류에서 발생한 대량 카드뮴 중독으로 인한 공해병을 말한다.
  - 일본 금속광업소에서 배출된 폐수에 카드뮴이 녹아 있어 이를 이용한 쌀을 장기간 섭취하여 일어난 것이다. 카드뮴이 뼈 속의 칼슘 성분을 녹여서 칼슘 부족, 골절, 골연화증을 일으킨다.
  - 대한민국에서는 2004년 6월 경상남도 고성군 병산마을에서 이타이이타이병으로 의심되는 환자가 집단 발생하였다.
- 해녀의 잠수병
  - 잠수병은 물의 깊이에 따라 나타나는 기압 차로 몸 속에 질소가 과잉상태로 녹아 기포로 변하면서 몸 밖으로 빠져나가지 못하고 혈액 속에 용해되어 발생한다.
  - 만성두통, 관절통, 난청 등 다양한 통증과 질환을 유발하는 병이다. 사지가 마비되거나 심할 경우 목숨을 잃을 수도 있다.
  - 이를 예방하기 위해서는 물속에서 수면으로 올라올 때는 천천히 올라와야 한다.
  - 해녀, 스쿠버 다이버에게 생길 수 있는 직업병이다.

02 환경위생 및 환경오염 관리

1) 일광

① 자외선(2000~3800 Å ★)

- 일광의 분류 중 파장이 가장 짧다.
- 2500~2800 Å 에서 살균력이 강해서, 소독에 이용되기도 한다.
- 2800~3200 Å (Dorno의 건강선, 생명선)에서 인체에 유익한 작용을 한다.
- 비타민 D를 형성하여 구루병을 예방하고, 관절염 치료에 효과적이다.
- 적혈구 생성을 촉진하고 혈압을 강하시킨다.
- 과다 노출은 피부 색소 침착을 일으켜서 심하면 피부암을 유발한다.

② 가시광선(3900~7700 Å)

- 망막을 자극하여 색채를 부여하고 명암을 구분하는 파장이다.

③ 적외선(7800 Å 이상)

- 일광의 3분류 중 파장이 가장 길다.
- 적외선은 지상에 열을 주어 기온이 좌우된다.
- 적외선 과다 노출은 일사병과 백내장을 유발한다.

기적의 TIP

자외선, 적외선, 가시광선의 특징을 알아야 해요.

★ 1Å (옹스트롬)
0.1nm(나노미터)

2) 온열 환경

① 감각온도의 3요소 : 기온, 기습, 기류

② 온열조건인자 : 기온, 기습, 기류, 복사열★

③ 기온(온도)

- 실내 지상 1.5m, 실외 지상 1.2~1.5m에서의 건구 온도이다.
- 쾌감 온도는 18±2℃이다.
- 최고 기온은 오후 2시경, 최저 기온은 일출 30분 전이다.

④ 기습(습도)

쾌적한 습도는 40~70%이다.

⑤ 기류

- 쾌적한 기류 : 실외에서 1m/sec, 실내에서 0.2~0.3m/sec이다.
- 불감 기류 : 공기의 흐름이 0.2~0.5m/sec로 약하게 움직여 사람이 바람이 부는 것을 감지하지 못하는 것을 의미한다.
- 카타온도계(Kata Thermometer) : 불감 기류와 같은 미풍을 측정하도록 되어있는 온도계이다.

★ 복사열
물체에 흡수되어 열로 변환했을 때의 에너지

3) 기온 역전 현상

대기층의 온도는 100m 상승할 때마다 1℃가 낮아지므로, 상부 기온이 하부 기온보다 낮다. 그러나 대기 오염으로 인해 상부 기온이 하부 기온보다 높은 때를 기온 역전 현상이라고 한다.

4) 불쾌지수(Discomfort Index)

① DI가 70이면 10%, DI가 75이면 50%, DI가 80이면 거의 모든 사람이 불쾌감을 느낀다.

② DI = (건구 온도℃ + 습구 온도℃)×0.72+40.6

5) 공기 및 대기오염

① 공기의 조성(0℃, 1기압)

- 질소(N_2) 78% 〉 산소(O_2) 21% 〉 아르곤(Ar) 0.9% 〉 이산화탄소(CO_2) 0.03% 〉 기타 원소 0.07%
- 산소가 10% 이하일 때는 호흡 곤란, 7% 이하일 때는 질식사한다.

② 이산화탄소(CO_2)

- 실내 공기 오염의 지표이다.
- 10% 이상일 때는 질식사, 7% 이상일 때는 호흡 곤란 증세가 있다.
- 위생학적 허용 한계 : 0.1%(=1000ppm)

③ 일산화탄소(CO)

- 무색, 무미, 무취이고 금속 부식성이 없다.
- 연탄가스, 매연, 담배에서 발생한다.
- 혈액 속의 헤모글로빈(Hb)과의 친화력이 산소보다 250~300배 강하여 조직 내 산소 결핍증을 초래한다.
- 불완전한 연소 시 발생하는 가스이다.
- 위생학적 허용 한계 : 8시간 기준 0.001%(= 10ppm), 1시간 기준 0.0025%(= 25ppm)

④ 아황산가스(SO_2)

- 실외 공기 오염의 지표이다.
- 자극적인 냄새가 난다.
- 경유의 연소 과정에서 발생한다(자동차 배기가스).
- 식물의 고사 현상, 동물의 호흡곤란, 금속 부식의 피해가 있다.
- 런던의 스모그 현상 : 석탄 연료 연소 + 아황산가스 + 차갑고 습한 기후

⑤ 군집독

1756년 한 형무소에서 146명의 죄수 중 23명을 제외한 전원이 밤 사이에 사망한 사건이 발생하였다. 사망 원인은 산소 부족이나 이산화탄소의 과잉이 아니고 공기의 이화학적 조성이 문제로 제기되었다. 극장, 강연장 등 다수인이 밀집한 실내 공기는 화학적 조성이나 물리적 조성의 변화를 초래하여 불쾌감, 두통, 권태, 현기증, 구토 등이 일어나는데 이와 같은 생리적 이상을 군집독이라 한다.

개념 체크

1 감각온도의 3요소는 기온, 기습, 복사열이다. (O, X)
2 쾌적한 습도는 20~35%이다. (O, X)
3 불쾌지수(DI)가 60 이상이면 거의 모든 사람이 불쾌감을 느낀다. (O, X)
4 이산화탄소의 위생학적 허용 한계는 0.1%이다. (O, X)
5 2차 대기오염물질은 오존, 알데히드, 산성비, 산성눈 등을 일으킨다. (O, X)

1 X 2 X 3 X 4 O 5 O

⑥ 공기의 자정작용

- 공기 자체의 확산과 이동에 의한 희석작용
- 눈과 비에 의한 세정작용
- 오존에 의한 산화작용
- 자외선에 의한 살균작용
- CO_2와 O_2의 교환작용 : 광합성에 의한 교환

⑦ 먼지

- 실내외의 환경 조건에 의해 먼지가 발생
- 미세먼지(PM_{10}) : 입자의 크기가 10㎛ 이하인 먼지
- 극미세먼지($PM_{2.5}$) : 입자의 크기가 2.5㎛ 이하인 먼지
- 천식과 같은 호흡기계 질병을 악화, 폐 기능의 저하
- 식물의 잎 표면에 침적, 신진대사를 방해
- 건축물이나 유적물 및 동상 등에 퇴적되어 부식

항목	대기환경 국가기준	
아황산가스(SO_2)	24시간 평균치	0.05ppm이하
	1시간 평균치	0.15ppm이하
일산화탄소(CO)	8시간 평균치	9ppm이하
	1시간 평균치	25ppm이하
미세먼지(PM_{10})	연간 평균치	50㎍/m³ 이하★
	24시간 평균치	100㎍/m³ 이하
미세먼지($PM_{2.5}$)	24시간 평균치	35㎍/m³ 이하
	연간 평균치	15㎍/m³ 이하

★ ㎍(마이크로그램) 1/1,000,000g

⑧ 오존(O_3)

- 대기 중에 배출된 NO_X와 휘발성유기화합물(VOC_S) 등이 자외선과 광화학 반응을 일으켜 생성
- PAN, 알데하이드, Acrolein 등의 광화학 옥시단트의 일종으로 2차 오염물질
- 자동차, 화학공장, 정유공장과 같은 산업시설과 자연적 생성 등 다양한 배출원에서 발생
- 반복 노출 시 가슴의 통증, 기침, 메스꺼움, 목 자극, 소화 등에 영향
- 기관지염, 심장질환, 폐기종 및 천식 악화, 폐활량 감소
- 농작물과 식물에 직접적으로 영향을 미쳐 수확량 감소

⑨ 대기오염물질

- 1차 대기오염물질 : 이산화황, 일산화탄소, 이산화질소, 먼지, 매연, 훈연, 안개, 연우, 분진 등이 있다.
- 2차 대기오염물질 : 대기 중에 배출된 오염물질끼리 반응하여 변질한 것으로 오존, 알데히드, 케톤, 산성비, 산성눈, 스모그를 일으킨다.

6) 음료수와 질병

① 음료수의 수질 기준

우리나라 상수의 수질 판정 기준은 다음과 같다. (1mg/L=1ppm)

- 일반세균은 1ml 중 100CFU(Colony Forming Unit)를 넘지 아니할 것
- 총 대장균군은 100ml(샘물 · 먹는 샘물 및 먹는 해양 심층수의 경우에는 250ml)에서 검출되지 아니할 것
- 대장균 · 분원성 대장균군은 100ml에서 검출되지 아니할 것
- 분원성 연쇄상구균 · 녹농균 · 살모넬라 및 쉬겔라는 250ml에서 검출되지 아니할 것(샘물 · 먹는 샘물 및 먹는 해양 심층수의 경우에만 적용한다.)
- 잔류염소는 4.0mg/L를 넘지 아니할 것
- 색도는 5도를 넘지 아니할 것
- 냄새와 맛은 소독으로 냄새와 맛 이외의 냄새와 맛이 있어서는 아니될 것
- 수소이온 농도는 pH 5.8 이상, pH 8.5 이하이어야 할 것
- 탁도는 1NTU(Nephelometric Turbidity Unit)를 넘지 아니할 것
- 우물과 화장실의 거리는 20m 이상, 하수관 · 배수관의 거리는 3m 이상 떨어진 곳에 설치할 것
- 건강상 유해영향 무기물질에 관한 기준
  - 질산성 질소는 10mg/L를 넘지 아니할 것(유기물의 오염지표)
  - 과망산 칼륨은 10mg/L를 넘지 아니할 것(유기물의 간접지표)
  - 납은 0.01mg/L를 넘지 아니할 것
  - 불소는 1.5mg/L를 넘지 아니할 것
  - 비소는 0.01mg/L를 넘지 아니할 것
  - 수은은 0.001mg/L를 넘지 아니할 것
  - 크롬은 0.05mg/L를 넘지 아니할 것
  - 암모니아성 질소는 0.5mg/L를 넘지 아니할 것
  - 셀레늄은 0.01mg/L를 넘지 아니할 것
  - 시안은 0.01mg/L를 넘지 아니할 것
  - 카드뮴은 0.005mg/L를 넘지 아니할 것
- 건강상 유해영향 유기물질에 관한 기준
  - 페놀은 0.005mg/L를 넘지 아니할 것
  - 다이아지논은 0.02mg/L를 넘지 아니할 것
  - 파라티온은 0.06mg/L를 넘지 아니할 것
  - 페니트로티온은 0.04mg/L를 넘지 아니할 것
  - 카바릴은 0.07mg/L를 넘지 아니할 것
  - 테트라클로로에틸렌은 0.01mg/L를 넘지 아니할 것
  - 트리클로로에틸렌은 0.03mg/L를 넘지 아니할 것
  - 디클로로메탄은 0.02mg/L를 넘지 아니할 것
  - 벤젠은 0.01mg/L를 넘지 아니할 것
  - 톨루엔은 0.7mg/L를 넘지 아니할 것
  - 에틸벤젠은 0.3mg/L를 넘지 아니할 것
  - 크실렌은 0.5mg/L를 넘지 아니할 것

기적의 TIP

대장균을 수질 오염의 지표로 사용하는 이유에 대해서 알아두세요.

- 검출 방법이 간편하며 정확하다.
- 그 분포가 오염원, 특히 인축의 분변과 공존한다.
- 다른 병원성 미생물이나 분변 오염을 추측할 수 있다.

- 소독제 및 소독부산물질에 관한 기준
  - 잔류염소(유리잔류염소를 말한다.)는 4.0mg/L를 넘지 아니할 것
  - 총트리할로메탄은 0.1mg/L를 넘지 아니할 것
  - 클로로포름은 0.08mg/L를 넘지 아니할 것
  - 브로모디클로로메탄은 0.03mg/L를 넘지 아니할 것
  - 디브로모클로로메탄은 0.1mg/L를 넘지 아니할 것
  - 클로랄하이드레이트는 0.03mg/L를 넘지 아니할 것
  - 디브로모아세토니트릴은 0.1mg/L를 넘지 아니할 것
  - 디클로로아세토니트릴은 0.09mg/L를 넘지 아니할 것
  - 트리클로로아세토니트릴은 0.004mg/L를 넘지 아니할 것
  - 할로아세틱에시드는 0.1mg/L를 넘지 아니할 것
  - 포름알데히드는 0.5mg/L를 넘지 아니할 것
- 방사능에 관한 기준(염지하수의 경우에만 적용한다.)
  - 세슘(Cs-137)은 4.0mBq/L를 넘지 아니할 것
  - 스트론튬(Sr-90)은 3.0mBq/L를 넘지 아니할 것

② 물과 질병

- 수인성 감염병
  - 오염수나 생존 가능한 음식물을 통해서 전염되는 질병이다.
  - 분변에 오염된 물, 소독하지 않은 물이 원인이 된다.
  - 환자 발생이 폭발적으로 증가했다가 감소한다.
  - 유행 지역과 음료수 사용 지역이 일치한다.
  - 치명률이 낮다.
  - 2차 감염 환자의 발생이 거의 없다.
  - 계절에 관계없다.
  - 성, 나이, 직업, 생활수준에 따른 발생 빈도의 차이가 없다.
  - 잠복기가 짧다.
  - 장티푸스, 파라티푸스, 콜레라, 세균성 이질, 아메바성 이질, 전염성 설사, 유행성 간염 등의 원인이 된다.
- 반상치와 우치
  - 불소(F)가 많은 물의 장기 음용은 반상치의 원인이 되고, 불소(F)가 적은 물의 장기 음용은 우치의 원인이 된다.
  - 불소는 수중에 0.8~1ppm이 적당하다.
  - 8, 9세까지의 어린이에게 많이 발생한다.
- 청색아 : 질산염이 많이 함유되어 있는 물을 장기 음용한 소아의 경우 청색증에 걸려 사망할 수 있다.
- 수도열 : 1926년 독일 하노버(Hannover)에서 장티푸스 환자 2,500명의 유행에 앞서 약 10배의 발열, 설사 환자가 발생했다. 대장균 및 잡균 때문으로 알려졌지만, 그 근본적인 원인은 상수도 소독이 불충분했기 때문으로 알려졌다. 이것을 하노버(Hannover)열 또는 수도열(Water Fever)이라고 한다.
- 설사 : 황산마그네슘($MgSO_4$)이 다량 함유된 물(250mg/L)의 음용 시 설사가 발생한다.

물이 원인이 되는 수인성 감염병과 질병들을 알아두세요.

> **기적의 TIP**
>
> 상수도 처리 과정의 순서를 배열할 수 있어야 해요.
> 취수 → 도수 → 정수(침사 → 침전 → 여과 → 소독) → 송수 → 배수 → 급수

7) 상수도 처리

① **취수** : 강, 호수의 물을 퍼 올려 침사지로 보낸다.

② **도수** : 수원의 취수 시설에서 취수한 원수를 정수장까지 끌어오는 것을 말하며, 도수로를 사용하여 도수한다.

③ **정수**

- 침사 : 물속의 흙, 모래를 밀도 차이를 이용하여 가라앉힌다.
- 침전 : 유속을 느리게 하거나 정지시켜 부유물을 침전시키는 보통 침전과, 응집제를 주입하여 침전시키는 약품 침전이 있다.
- 여과 : 침전지, 여과지를 이용하여 세균, 부유물 등 미세입자의 여과 작용이 이루어진다.
- 소독 : 일반적으로 염소 소독을 사용한다.
  - 잔류 염소량은 0.2ppm을 유지한다(단, 수영장, 제빙 용수, 감염병 발생 시에는 0.4ppm).
  - 염소 소독의 종류 : 차아염소산나트륨(Sodium Hypochlorite), 이산화염소(ClO_2), 표백분($Ca(OCl_2)$)
  - 장점 : 우수한 잔류 효과, 강한 소독력, 간편한 조작, 경제적인 비용
  - 단점 : 강한 냄새, 독성

④ **송수, 배수, 급수** : 정수지에서 배수지로, 배수지에서 가정, 학교, 사업장으로 살균, 소독된 물이 송수로를 통해 이동된다.

8) 하수도 처리

① **하수도 처리 과정의 종류**

- 합류식 : 생활하수(가정하수, 공장폐수)와 천수(눈, 비)를 같이 처리하는 방법을 말하며, 우리나라에서는 합류식을 많이 사용한다.

장점	단점
• 시설비가 적게 듦 • 하수관이 자연 청소됨 • 수리, 검사, 청소 등이 용이함	• 범람의 우려가 있음 • 천수를 별도로 이용할 수 없음 • 침천물이 생겨 막히기 쉬움 • 악취가 발생할 수 있음

- 분류식 : 천수를 별도로 운반한다.
- 혼합식 : 천수와 사용수의 일부를 함께 운반한다.

② 하수도 처리 과정

- 예비처리 : 제진망(Screen)을 설치하여 부유물질을 제거하고 유속을 느리게 하여 토사 등을 침전시키는 보통 침전과, 약품 처리를 시키는 약품 침전이 있다.
- 본처리 : 본처리 중 활성오니법은 가장 진보된 하수 처리 방식이며, 도시 하수 처리에 많이 이용된다.

본처리의 구분	특징	분류
혐기성 처리	무 산소 상태에서 유기물을 분해하는 과정	임호프탱크법
		부패조처리법
호기성 처리	호기성 균의 활동에 의하여 유기물을 산화시키는 방법	활성오니법
		살수여과법

- 오니처리 : 육상투기법, 해양투기법, 소각법, 퇴비화법, 사상건조법, 소화법 등이 일반적으로 이용되고 있다. 그 중 소화법은 혐기성 분해처리를 시키는 방법으로 제일 진보된 오니처리법이다.

③ 하수의 위생 검사

- 생화학적 산소요구량(BOD) : 하수의 오염도를 나타내는 방법이며 수중 유기물을 20℃에서 5일간 측정한다. BOD의 수치가 높으면 하수 오염도가 높다는 말로 20ppm 이하이어야 한다.
- 화학적 산소요구량(COD) : 수치가 높을수록 오염 정도가 크고 산소량은 5ppm 이하이어야 한다.
- 용존 산소(DO) : 수중에 용해되어 있는 산소량을 말하며 DO의 수치가 낮으면 하수 오염도가 높다는 말로 4~5ppm 이상이어야 한다.

9) 수질 오염

① 수질 오염의 정의

- 자연수가 오염되는 현상을 의미하는데, 물은 스스로 정화되는 자정 능력이 있기 때문에 심각하지 않다면 크게 문제가 되지 않는다.
- 오염 물질의 양이 많아지면 자정 능력이 없어지고, 생물체 내에 유해 작용을 하는 상태가 된다.

기적의 TIP

오염된 물의 특성을 알아두세요.
유기물↑, BOD↑, COD↑, 산소↓, DO↓

개념 체크

1 하수도 처리 방법 중 합류식은 시설비가 많이 든다. (O, X)
2 상수도를 처리하는 데 일반적으로 염소 소독을 사용한다. (O, X)
3 오염된 물은 '높은 유기물, 높은 BOD, 높은 COD, 낮은 산소량, 낮은 DO'의 특성을 갖는다. (O, X)

1 X 2 O 3 O

② 수질 오염원

- 자연적 원인 : 홍수, 화산 활동의 결과
- 인위적 원인 : 농업, 공업, 광업, 도시 하수 등 인간의 생활이나 생산 활동

③ 수질 오염에 의한 피해

- 수은 중독 : 미나마타병
- 카드뮴 중독 : 이타이이타이병
- PCB 중독 : 가네미유증(= 미강유 중독 = 쌀겨유 중독)
- 농업, 어업에 피해
- 상수원의 오염
- 부영양화 현상 : 천수나 호수의 유기물, 영양염류의 농도가 높아지는 것을 부영양화 현상이라 한다. 공장 폐수, 생활하수, 농축산 폐수 등의 유기 물질이 대량 유입되어 수중에 생존하는 조류가 이상 번식하여 발생하는 수질 오염이다.
- 적조 현상 : 부영양화 된 바닷물 속에서 플랑크톤의 번식으로 인해 바닷물 표면이 붉게 변하는 현상이다. 온도가 높고 염도가 낮으며 양분이 풍부하면 각종 규조류와 편모조류, 섬모충류 등 원생생물이 이상 증식을 하게 된다. 이들 플랑크톤이 어패류의 아가미에 붙어 호흡을 방해하거나 물속의 산소를 다 소비해 버리면 많은 어패류가 질식사하게 된다.
- 녹조 현상 : 호수나 하천에서 부영양화 된 물속에 식물성 플랑크톤이나 녹조류가 대량으로 늘어나 녹색으로 보이는 현상이다.

④ 수질 오염의 방지 대책

- 하수도 정비 및 하수처리장 증설
- 산업폐수의 처리시설 완비
- 폐수 처리방법의 연구 및 개발
- 법적 규제의 강화와 지속적인 감시 관리
- 국토, 도시 또는 공업인지 계획 수립

10) 오물 처리

① 분뇨 처리

- 소화 처리법은 변소, 운반, 종말 처리로 나누어진다.
- 가온식은 28~35℃에서 1개월 정도, 무가온식은 2개월 이상 실시한다.
- 퇴비로 사용할 때 충분한 부숙 기간을 거치는데 여름은 1개월, 겨울은 3개월이 필요하다.
- 분뇨를 비위생적으로 처리할 경우 소화기계 감염병이나 기생충 질환 등에 노출될 수 있다.

② 진개(쓰레기) 처리

- 주방에서 나오는 도시 생활 쓰레기 중에서 가장 많은 부분을 차지하는 것이 음식물 쓰레기이며, 전체 쓰레기 처리 비용 중에서 가장 많은 부분을 차지하는 것은 수거 비용이다.
- 매립법 : 진개의 높이는 2m를 초과하지 말아야 하며, 복토의 두께는 0.6~1m가 좋다. 매립장에서 암모니아가스, 메탄가스, 탄산가스, 유황 수소가스 등이 발생한다.
- 소각법 : 가장 위생적인 방법이나 대기 오염이 심하고, 처리 비용이 비싸다.
- 비료화법(퇴비법) : 농촌에서 많이 이용되는 방법으로 발효시켜 퇴비로 이용한다.
- 기타 : 투기법, 가축사료로 이용한다.

③ 오물(진개)의 종류

- 주개 : 주방에서 배출되는 식품의 쓰레기로 육류, 채소, 과일 등
- 가연성 진개 : 종이, 나무, 고무
- 불연성 진개 : 금속
- 재활용성 진게 : 플라스틱류, 병류

11) 인위적 환경

① 소음

- 소음원 : 공장의 기계음, 건설 현장이나 교통 차량에 의한 소음
- 피해 : 불쾌감, 수면장애, 불안증, 작업능률 저하, 90dB(데시벨) 이상에서 난청 가능성 등
- 소음 방지 대책 : 소음 발생원의 제거, 소음의 확산 방지, 도시계획의 정비, 법적 규제
- 소음 음압의 단위 : Decibel
- 소음 음의 크기 : phon

② 진동

- 일정한 점을 중심으로 하여 양쪽으로 흔들려 움직이는 운동을 진동이라 하며 신체의 전체나 일부가 떨림을 받을 때 피해가 나타난다.
- 피해 : 레이노이드병

③ 채광

- 창의 방향은 남향이 좋다.
- 창의 면적은 벽면적의 70%, 바닥면적의 1/5~1/7 이상이 좋다.
- 창의 개각은 4~5°, 입사각은 28° 이상이 좋고 입사각이 클수록 실내가 밝다.

④ 조명

직접조명	조명 효율이 크고 경제적이나 강한 음영으로 불쾌감을 줌
간접조명	조명 효율이 낮고, 설비의 유지비가 다소 많이 들지만, 눈에 안정적
반간접조명	직접조명과 간접조명의 절충식

- 조리실 안은 반간접조명이 좋다.
- 부적당한 조명으로 가성근시, 안정피로, 안구진탕증, 백내장 등이 일어날 수 있다.
- 인공조명 시 고려할 점
  - 폭발하거나 화재의 위험이 없고, 유해가스의 발생이 없어야 한다.
  - 가격이 저렴하고, 취급하기 간단해야 한다.
  - 조명도는 균일한 것이어야 한다.
  - 빛의 색은 일광에 가까워야 한다.

⑤ 환기

- 자연 환기 : 실내외의 온도차, 기체의 확산력에 의해 이루어진다. 중성대★는 방의 천정 가까이에 있는 것이 좋다.
- 인공 환기 : 환풍기 등을 이용한 환기로 환기창은 바닥면적의 5% 이상이어야 한다.

★ 중성대
밀도의 차이에 의해 뜨거운 공기는 위로 차가운 공기는 아래로 이동하는데, 이러한 이동이 없는 중간 지점

⑥ 냉난방

- 냉방 : 실내온도 26℃ 이상에 필요하고, 실내외의 온도차는 5~8℃ 이내로 유지한다.
- 난방 : 실내온도 10℃ 이하에 필요하고, 머리와 발의 온도차는 2~3℃ 내외가 좋다.

03 역학

1) 역학의 정의

인간집단에 발생하는 유행병 및 모든 질병을 의학적, 생태학으로서 보건학적 진단학을 연구하는 학문이다.

2) 감염병의 3대 원인

① 감염원(병원체, 병원소) : 질병을 일으키는 원인이며 환자, 보균자, 토양 등을 말한다.
② 환경(전염경로) : 질병이 전파되는 과정이다.
③ 숙주의 감수성 : 감수성이 높으면 면역성이 낮으므로 질병이 발병되기 쉽다.

3) 감염병의 생성 6단계

6개 요소 중 어느 한 단계라도 차단되면 감염병은 생성되지 않는다.
① 병원체 : 세균(박테리아), 바이러스, 리케차, 기생충 등
② 병원소 : 사람, 동물, 토양, 매개 곤충
③ 병원소로부터 병원체의 탈출 : 호흡기계로 탈출, 대변 및 소변으로 탈출, 기계적 탈출
④ 병원체 전파 : 직접전파, 간접전파, 공기전파 등
⑤ 병원체의 침입 : 새로운 숙주의 호흡기계 침입, 소화기계 침입, 피부 점막 침입
⑥ 숙주의 감수성 : 병원체가 침입해도 면역력이 있으면 감염은 성립되지 않음

4) 병원체에 따른 분류

① 바이러스(Virus)

- 0.1~0.3μ 정도의 크기로 전자 현미경으로만 볼 수 있고 크기가 가장 작으며 세균 여과기에 통과한다.
- 질병
  - 호흡기계 침입 : 인플루엔자, 천연두(두창), 홍역, 유행성 이하선염 등
  - 소화기계 침입 : 급성 회백수염(=소아마비=폴리오), 유행성 간염 등
  - 경피 침입 : 일본뇌염, 광견병(공수병), AIDS 등

② 세균(Bacteria)

- 병원성 박테리아는 적절한 온도와 습도의 환경 조건하에 급속하게 증식한다.
- 질병
  - 호흡기계 침입 : 디프테리아, 백일해, 결핵, 성홍열, 폐렴, 나병 등
  - 소화기계 침입 : 장티푸스, 파라티푸스, 세균성 이질, 콜레라 등
  - 경피 침입 : 페스트, 파상풍 등

③ 리케차(Rickettsia)

- 생세포에 존재한다.
- 질병 : 발진티푸스, 발진열, 양충병 등

④ **스피로헤타성 질병** : 매독, 서교증, 와일씨병 등

⑤ **원충성 질병** : 말라리아, 아메바성 이질 등

기적의 TIP

호흡기계와 소화기계 감염병을 분류하고, 바이러스와 세균을 분리할 수 있어야 해요.

5) 인체 침입 장소에 따른 분류

① 호흡기계 침입

- 대화, 기침, 재채기를 통해 전파된다.
- 코, 비강, 기도 등으로 성립된다.

병명	특징	증세
디프테리아	1~4세 어린이에게 많이 발생	발열과 함께 코, 인두, 편도, 후두 등에 염증
백일해	9세 이하에서 많이 발생	얼굴이 빨개지고 눈이 충혈되며, 기침 끝에 구토가 동반되고, 끈끈한 점액성 가래
결핵	폐에서 발병하는 만성 감염병	기침, 호흡장애, 가슴통증, 미열, 전신쇠약
인플루엔자	독감으로 알려진 바이러스에 의한 급성 호흡기 질환	발열과 오한, 복통
천연두(두창)	주로 겨울철에 발생	발열, 불쾌감, 전신 발진, 두통, 농포, 수포, 근육통
홍역	바이러스에 의해 1~2세에 많이 발생	발열과 전신에 발진
풍진	어린이에게 많이 발생	발열, 발진 증세
성홍열	사람 사이의 긴밀한 접촉이 흔한 학교, 군대 등에서 유행 발생	편도선염, 발진, 고열 증세
유행성 이하선염	볼거리라 불리는 급성 열성 질환	오한, 두통, 전신권태감
결핵	인류 역사상 가장 많은 생명을 앗아간 감염 질환	기침, 호흡장애, 객담, 가슴통증

② 소화기계 침입

분변이나 토물에 의해서 소화기계 감염병이나 기생충 질환의 병원체가 체외로 배설된다.

병명	특징	증세
장티푸스	위생상태가 나쁜 지역에서 유행	두통, 근육통, 구역, 구토, 변비, 설사
파라티푸스	장티푸스와 유사	지속적인 고열, 두통, 발진, 설사
세균성 이질	급성 염증성 장염	발열, 혈변
아메바성 이질	아메바의 감염에 의하여 생기는 일종의 소화기 감염병	심한 설사와 혈변, 복통의 증상을 나타내는 대장의 질환
콜레라	분변, 구토물로 오염된 음식이나 물을 통해 감염	구토, 변비, 설사
폴리오	급성 이완성 마비를 일으키는 질환 급성 회백수염, 소아마비	발열, 인후통, 구역, 구토 등의 비특이적인 증상을 보이다가 수일간의 무증상기를 거친 후 비대칭성의 이완성 마비
유행성 간염	A형 감염 바이러스의 감염에 의해 집단 발생으로 나타내는 급성 바이러스성 간염	전신권태감, 식욕부진, 오심, 구토, 발열, 황달

③ 경피 침입

- 신체의 일부가 직접 토양이나 퇴비에 접촉하거나, 성병과 같은 육체적 접촉을 통해 감염된다.
- 십이지장충, 파상풍, 나병, 매독 등

6) 전염 경로에 따른 분류

① 직접 접촉 간염 : 매독, 임질

② 간접 접촉 감염

- 환자의 인후분비물에 의해 감염되는 비말 감염 : 디프테리아, 인플루엔자, 성홍열 등
- 먼지나 티끌 등에 병원균이 묻어 전파되는 진애 감염 : 결핵, 천연두, 디프테리아 등

③ 개달물 감염

- 의복, 손수건, 식기, 침구 등에 의해 감염
- 결핵, 트라코마, 천연두 등

7) 숙주★의 감수성 지수

- 급성호흡기계 감염병에 대해 감수성이 있는 사람이 환자와 접촉했을 때 발병하는 비율이다.
- 감수성 지수가 높은 두창, 홍역은 전염이 잘 된다.
- 두창, 홍역(95%) 〉 백일해 〉 성홍열 〉 디프테리아 〉 소아마비(0.1%)

★ 숙주
기생 생물에게 영양을 공급하는 생물

개념 체크

1 바이러스는 병원체 중에 크키가 가장 작다. (O, X)

2 일본뇌염, 광견병 등은 소화기계 침입이다. (O, X)

3 감염병의 3대 원인은 '감염원, 환경, 숙주의 감수성'이다. (O, X)

1 O 2 X 3 O

04 감염병의 분류

1) 법정 감염병(2024.1. 기준)

① 제1급감염병(17종)

- 생물테러감염병 또는 치명률이 높거나 집단 발생 우려가 커서 발생 또는 유행 즉시 신고하고 음압격리가 필요한 감염병
- 에볼라바이러스병, 마버그열, 라싸열, 크리미안콩고출혈열, 남아메리카출혈열, 리프트밸리열, 두창, 페스트, 탄저, 보툴리눔독소증, 야토병, 중증급성호흡기증후군(SARS), 중동호흡기증후군(MERS), 동물인플루엔자인체감염증, 신종인플루엔자, 디프테리아, 리프트밸리열

② 제2급감염병(21종)

- 전파 가능성을 고려하여 발생 또는 유행 시 24시간 이내에 신고하고 격리가 필요한 감염병
- 결핵, 수두, 홍역, 콜레라, 장티푸스, 파라티푸스, 세균성이질, 장출혈성대장균감염증, A형간염, 백일해, 유행성이하선염, 폴리오, 수막구균 감염증, b형헤모필루스인플루엔자, 폐렴구균 감염증, 한센병, 성홍열, 반코마이신내성황색포도알균(VRSA)감염증, 카바페넴내성장내세균속균종(CRE)감염증, E형간염, 풍진(선천성, 후천성)

③ 제3급감염병(28종)

- 발생 또는 유행 시 24시간 이내에 신고하고 발생을 계속 감시할 필요가 있는 감염병
- 파상풍, B형간염, 일본뇌염, C형간염, 말라리아, 레지오넬라증, 비브리오패혈증, 발진티푸스, 발진열, 쯔쯔가무시증, 렙토스피라증, 브루셀라증, 공수병, 신증후군출혈열, 후천성면역결핍증(AIDS), 크로이츠펠트-야콥병(CJD) 및 변종크로이츠펠트-야콥병(vCJD), 황열, 뎅기열, 큐열, 웨스트나일열, 라임병, 진드기매개뇌염, 유비저, 치쿤쿠니야열, 중증열성혈소판감소증후군(SFTS), 지카바이러스감염증, 매독(1, 2, 3기), 매독(선천성, 후천성)

④ 제4급감염병(23종)

- 제1급~제3급 감염병 외에 유행 여부를 조사하기 위해 표본감시 활동이 필요한 감염병
- 인플루엔자, 회충증, 편충증, 요충증, 간흡충증, 폐흡충증, 장흡충증, 수족구병, 임질, 클라미디아감염증, 연성하감, 성기단순포진, 첨규콘딜롬, 반코마이신내성장알균(VRE) 감염증, 메티실린내성황색포도알균(MRSA) 감염증, 다제내성녹농균(MRPA) 감염증, 다제내성아시네토박터바우마니균(MRAB) 감염증, 장관감염증, 급성호흡기감염증, 해외유입기생충감염증, 엔테로바이러스감염증, 사람유두종바이러스 감염증, 코로나바이러스감염증-19

> **기적의 TIP**
> 법정 감염병은 급별로 구분해서 특징과 질병의 종류에 대해 알아두세요.

⑤ 신고

- 신고 경로 : 의사, 치과의사, 한의사, 의료기관의 장, 부대장, 병원체 확인기관의 장 등 → 관할 보건소장(제1급감염병의 경우 신고서 제출 전 구두 · 전화로 보건소장 또는 질병관리본부장에게 신고)
- 신고 기간

구분	신고기간	신고대상
제1급감염병	즉시	발생, 사망, 병원체 검사결과
제2, 3급감염병	24시간 이내	
제4급감염병	7일 이내	발생, 사망
예방접종 후 이상반응	즉시	이상반응 발생

- 벌칙
  - 감염병 신고의무자의 보고 · 신고 의무 위반, 거짓 보고 · 신고 및 보고 · 신고 방해자에 대한 벌칙
  - 제1, 2급감염병 : 벌금 500만 원 이하
  - 제3, 4급감염병 : 벌금 300만 원 이하

2) 검역 감염병

① 해외에 유입된 해충이나 감염병의 예방, 전파를 방지하기 위해 관리하는 감염병이다.

② 예방 방법

- 자동차, 배, 비행기, 화물 따위를 검진하고 소독
- 여객들에게 예방 주사를 접종, 병이 있는 사람을 격리
- 동물이나 식물을 따로 보관하여 병의 유무를 살핀 뒤 폐기하거나 통과
- 국내검역 · 국제검역 · 가축 및 동물 검역 · 식물 검역 등으로 구분하여 실시

③ 검역 질병과 기간

- 콜레라 : 120시간
- 페스트 : 144시간
- 황열 : 144시간

3) 인축공동감염병

① 사람과 동물 사이에서 동일한 병원체에 의해 발생하는 질병을 말한다.

② 인수공통감염병이라고도 한다.

질병	가축(품목)
결핵	소
탄저, 비저	양, 말
살모넬라증, 돈단독, 선모충, Q열	돼지
광견병	개
페스트	쥐, 벼룩
야토병	산토끼, 쥐, 다람쥐
파상열(부루셀라)	사람, 소, 양, 돼지

개념 체크

1 제1급 감염병은 즉시 신고해야 한다. (O, X)

2 법정 감염병은 한 번 정해지면 바뀌지 않는다. (O, X)

3 의복, 손수건, 침구 등에 의한 감염을 간접 접촉 감염이라고 한다. (O, X)

4 감염병은 10~40년 주기로 추세가 변화한다. (O, X)

5 병원체를 보유하고 있지만 증상이 나타나지 않는 자를 보균자라고 한다. (O, X)

1 O 2 X 3 X 4 O 5 O

4) 감염병의 변화

① 추세 변화

- 10~40년 주기로 유행한다.
- 디프테리아(20년), 성홍열(30년), 장티푸스(30~40년)

② 순환 변화

- 2~5년 주기로 유행한다.
- 백일해(2~4년), 홍역(2~3년), 일본뇌염(3~4년)

③ 계절적 변화

여름에는 소화기계 감염병, 겨울에는 호흡기계 감염병이 발생한다.

5) 잠복기가 있는 감염병

① 잠복기가 1주일 이내 : 콜레라(가장 짧음), 이질, 성홍열, 파라티푸스, 디프테리아, 일본뇌염, 인플루엔자

② 잠복기가 1~2주일 : 발진티푸스, 두창, 홍역, 백일해, 장티푸스, 폴리오

③ 잠복기가 긴 것 : 나병, 결핵

6) 감염병 예방대책

① **병원체에 대한 대책** : 환자의 조기발견, 격리 및 치료, 보균자 조사

② **환경에 대한 대책** : 소독, 살균, 해충 구제

③ **숙주의 감수성 대책** : 저항력 증진, 면역력 증강

④ 질병의 예방 단계

- 1차적 예방 : 건강한 사람의 예방접종, 환경 관리, 건강증진
- 2차적 예방 : 질병의 초기 또는 걸릴 가능성이 있는 사람의 건강 검진, 조기 진단 후 치료
- 3차적 예방 : 질병의 발생 후 치료, 재활

⑤ 보균자

- 병원체를 보유하고 있지만 증상은 나타나지 않는 자
- 건강보균자, 잠복기보균자, 병후보균자 등

7) 숙주의 면역

① 선천적 면역

- 개인특이성
- 종속면역
- 인종면역

② 후천적 면역

능동면역	자연능동면역	• 질병 감염 후 얻은 면역 • 두창, 소아마비
	인공능동면역	• 예방접종 후 얻은 면역 • 생균 백신 : 홍역, 결핵, 황열, 폴리오, 탄저, 두창 • 사균 백신 : 파라티푸스, 장티푸스, 콜레라, 백일해, 일본뇌염 • 순화독소 접종 : 세균의 독성을 약하게 한 것. 디프테리아, 파상풍
수동면역	자연수동면역	태반, 모유 등 모체로부터 얻은 면역
	인공수동면역	• 수혈 후 얻은 면역 • 글로불린 주사, 성인 또는 회복기 환자의 혈청

기적의 TIP

- **예방접종 효과가 가장 강한 것** : 두창(천연두)
- **예방접종 효과가 가장 약한 것** : 이질
- **환경위생 철저, 예방접종이 가장 좋은 감염병** : 소아마비

8) 정기예방접종

구분	연령	예방 접종의 종류
기본접종	4주 이내	BCG(결핵)
	2, 4, 6개월	경구용 소아마비, DPT
	15개월	홍역, 볼거리, 풍진(MMR)
	3~15세	일본뇌염
추가접종	18개월, 4~6세, 11~13세	경구용 소아마비, DPT★
	매년	일본뇌염

★ DPT
D(디프테리아), P(백일해), T(파상풍)

CHAPTER

02

안전관리

개인 안전사고 예방 및 사후 조치에 대한 내용으로 소화기 사용법, 조리시설 안전 장치 등에 대해 알아두고, 조리 기구의 명칭과 안전한 관리와 사용법에 대해 공부합니다. 문제의 비중은 높지 않지만 조리 실무에 필수적인 요소입니다.

SECTION 01

개인 안전관리

출제빈도 상 중 하
반복학습 1 2 3

빈출 태그 ▶ 안전관리 • 사고 • 예방 • 조치

01 개인 안전사고 예방 및 사후 조치

1) 안전사고 예방 과정

① 위험요인을 제거한다.
② 위험요인을 차단하기 위해 안전방벽을 설치한다.
③ 위험사건을 초래할 수 있는 인적 · 기술적 · 조직적 오류를 예방한다.
④ 위험사건을 초래할 수 있는 인적 · 기술적 · 조직적 오류를 교정한다.
⑤ 위험사건 발생 이후 재발 방지를 위하여 대응 및 개선 조치를 취한다.

2) 개인 안전관리 점검표 작성

구분	원인	내용
인간(Man)	심리적 원인	망각, 무의식 행동, 위험 감각, 잘못된 판단, 착오 등
	생리적 원인	피로, 수면부족, 신체기능, 알코올, 질병, 나이 등
	사회적 원인	직장의 인간관계, 리더십, 팀워크, 커뮤니케이션 등
기계(Machine)	• 기계 · 설비의 설계상의 결함 • 안전하지 않은 설계	• 표준화의 부족 • 점검, 정비의 부족
매체(Media)	• 작업정보의 부적절 작업자세 • 작업동작의 결함 • 작업방법의 부적절	• 작업공간의 불량 • 작업환경 조건의 불량
관리(Management)	• 관리조직의 결함 규정 • 매뉴얼의 불이행 • 안전관리 계획의 불량	• 교육 · 훈련의 지도 관리 부족 • 적성배치의 불충분 • 건강관리의 불량

3) 주방 내 안전관리 사고 유형

① 개인적 유형

• 정서적 요인 : 개인의 선천적 · 후천적 소질 요인으로 과격한 기질, 신경질, 시력 또는 청력의 결함, 근골박약, 지식 및 기능의 부족, 중독증, 각종 질환 등이 있다.
• 행동적 요인 : 개인의 부주의 또는 무모한 행동에서 오는 요인으로 책임자의 지시를 무시한 독단적 행동, 불완전한 동작과 자세, 미숙한 작업 방법, 안전장치 등의 점검 소홀, 결함이 있는 기계 · 기구의 사용 등이 있다.
• 생리적 요인 : 체내에서 에너지 사용이 일정한 한도를 넘어 과도하게 행해졌을 때 일어나는 생리적 현상으로, 사람이 피로하게 되면 심적 태도가 교란되고 동작을 세밀하게 제어하지 못하므로 실수를 유발하게 되어 사고의 원인이 된다.

② 물리적 유형

각종 기계, 기구, 시설물 자재의 불량이나 결함, 안전장치 또는 시설의 미비, 각종 시설물의 노후화에 의한 붕괴, 화재 등의 요인이 있다.

③ 환경적 유형

- 주방의 환경적 요인 : 고온, 다습한 환경으로 피부 질환, 땀띠 등을 유발하고, 장화 착용으로 무좀, 습진 등의 질병이 발생할 수 있다.
- 주방의 물리적 요인 : 젖은 상태, 기름기가 있는 바닥으로 인한 미끄러짐, 낙상 사고가 발생할 수 있다.
- 주방의 시설 요인 : 잦은 물의 사용으로 전기 누전의 위험이 있고, 이로 인해 신체적 안전에 영향을 끼칠 수 있다.

4) 칼의 안전관리

① 칼을 사용할 때는 집중하고 안정된 자세로 작업에 임한다.
② 칼을 본래의 목적 이외에는 사용하지 않는다.
③ 칼을 떨어뜨렸을 경우에는 잡으려고 하지 말고, 한 걸음 물러서서 피한다.
④ 주방에서 칼을 들고 다른 장소로 옮겨갈 때에는 칼끝을 정면으로 두지 않으며 지면을 향하게 하고 칼날이 뒤로 가게 한다.
⑤ 칼은 항상 잘 보이는 곳에 두고, 물이 들어있는 싱크대 등에 담그지 않는다.
⑥ 칼을 사용하지 않을 때에는 안전함에 넣어서 보관한다.

5) 개인 안전사고 예방 및 조치

개인 안전사고 예방을 위해서는 안전관리 기준준수 및 무리한 작업을 하지 않는 것이 중요해요.

① 재해발생의 원인을 분석한다.

- 부적합한 지식
- 부적절한 태도의 습관
- 불안전한 행동
- 불충분한 기술
- 위험한 환경

② 안전사고 예방을 위한 안전 수칙 교육을 한다.

- 현장을 자주 방문하고 모범적인 행동을 한다.
- 안전보건관련 계획, 의사결정에 참여한다.
- 안전성과에 대한 책임감을 갖도록 유도한다.
- 안전에 대한 적극적인 태도를 유지하는 것이 중요하다.

③ 안전사고 조치

- 발생 시 신속, 정확한 응급조치를 할 수 있도록 교육한다.
- 응급환자의 처치를 돕고, 질병이 악화되는 것을 막고, 통증을 경감시킨다.
- 응급처치 현장에서의 자신의 안전을 확인한다.
- 최초로 응급환자를 발견하고 응급처치를 시행하기 전에 임의로 환자의 생사 유무를 판정하지 않는다.
- 응급환자를 처치할 때 원칙적으로 의약품을 사용하지 않는다.
- 응급환자에 대한 처치는 어디까지나 응급처치로 그치고, 이후에는 전문 의료요원의 처치에 맡긴다.

SECTION 02

출제빈도 상 중 하
반복학습 1 2 3

장비·도구 안전작업

빈출 태그 ▶ 안전한 조리 장비 · 도구 관리

01 조리도구의 종류

① 준비도구
- 재료손질과 조리준비에 필요한 용품이다.
- 앞치마, 머릿수건, 양수바구니, 야채바구니, 가위 등

② 조리기구
- 준비된 재료를 조리하는 과정에 필요한 용품이다.
- 솥, 냄비, 팬 등

③ 보조도구
- 준비된 재료를 조리하는 과정에 필요한 용품이다.
- 주걱, 국자, 뒤집개, 집게 등

④ 식사도구
- 식탁에 올려서 먹기 위해 사용되는 용품이다.
- 그릇 및 용기, 쟁반류, 상류, 수저 등

⑤ 정리도구

수세미, 행주, 식기건조대, 세제 등

02 조리 장비 · 도구 관리

① 음식절단기

- 전원 차단 후 기계를 분해하여 중성세제와 미온수로 세척하였는지 확인한다.
- 건조시킨 후 원상태로 조립하고 안전장치 작동에서 이상이 없는지 확인한다.

② 튀김기★

★ 튀김기

- 사용한 기름을 식은 후 다른 용기에 기름을 받아내고 오븐클리너로 골고루 세척했는지 확인한다.
- 기름때가 심한 경우 온수로 깨끗이 씻어 내고 마른 걸레로 물기를 완전히 제거하였는지 확인한다.
- 받아둔 기름을 다시 유조에 붓고 전원을 넣어 사용한다.

③ 육절기

- 전원을 끄고 칼날과 회전봉을 분해하여 중성제제와 이온수로 세척하였는지 확인한다.
- 물기 제거 후 원상태로 조립 후 전원을 넣고 사용한다.

④ 제빙기

- 전원을 차단하고 기계를 정지시킨 후 뜨거운 물로 제빙기의 내부를 구석구석 녹인다.
- 중성세제로 깨끗하게 세척하였는지 확인한다.
- 마른 걸레로 깨끗하게 닦은 후 20분 정도 지난 후 작동시킨다.

⑤ 식기세척기

- 탱크의 물을 빼고 세척제를 사용하여 브러시로 깨끗하게 세척했는지 확인한다.
- 모든 내부 표면, 배수로, 여과기, 필터를 주기적으로 세척하고 있는지 확인한다.

⑥ 그리들★

★ 그리들

- 그리들 상판의 온도가 80℃가 되었을 때 오븐클리너를 분사하고 밤솔 브러시로 깨끗하게 닦았는지 확인한다.
- 뜨거운 물로 오븐클리너를 완전하게 씻어내고 다시 비눗물을 사용해서 세척하고 뜨거운 물로 깨끗이 헹궜는지 확인한다.
- 세척이 끝난 철판 위에 기름칠을 하였는지 확인한다.

SECTION 03

작업환경 안전관리

출제빈도 상 중 하
반복학습 1 2 3

빈출 태그 ▶ 작업장 환경 · 안전 교육 · 소화기

01 작업장 환경관리

1) 안전관리 지침서 작성

① 직접적인 대책

작업환경의 개선, 기계 · 설비의 개선, 작업방법의 개선 등이 있다.

② 간접적인 대책

조직 · 관리기준의 개선, 교육의 실시, 건강의 유지 증진 등이 있다.

2) 작업장 주변의 정리정돈

① 작업장 주위의 통로나 작업장은 항상 청소한 후 작업한다.
② 사용한 장비 · 도구는 적합한 보관 장소에 정리한다.
③ 고정되지 않는 것은 받침대를 사용하고 가능한 묶어서 적재 또는 보관한다.
④ 적재물은 사용 시기, 용도별로 구분하여 정리한다.
⑤ 부식 및 발화 가연제 또는 위험물질은 별도로 구분하여 보관한다.

3) 작업장의 온 · 습도 관리

① 작업장 온도는 겨울은 18.3℃~21.1℃, 여름은 20.6~22.8℃를 유지한다.
② 오븐 근처의 냄비, 튀김기, 다른 고열이 발생하는 기계 근처의 온도관리를 철저히 한다.
③ 적정한 상대습도는 40~60%를 유지한다.

4) 작업장 내 적정한 수준의 조명 유지, 미끄럼 및 오염 관리

① 조리작업장의 권장 조도는 161~143Lux이다.
② 작업장은 백열등이나 색깔이 향상된 형광등을 사용한다.
③ 미끄럼 사고가 발생하지 않게 주방설비 시 유념하여 시공한다.

02 작업장 안전관리

1) 안전관리시설 및 안전용품 관리

① 개인 안전보호구를 사용 목적에 맞게, 청결하게, 개인 전용으로 선택한다.
② 개인 안전보호구(안전화, 위생장갑, 안전마스크, 위생모)를 착용한다.
③ 유해, 위험, 화학물질을 처리기준에 따라 관리한다.

2) 안전관리 책임자의 법정 안전교육 실시

교육과정	교육대상	교육시간
정기교육	사무직 근로자	• 매월 1시간 이상 • 또는 매분기 3시간 이상
	관리감독자	• 매분기 8시간 이상 • 또는 연간 16시간 이상
채용교육	일용직 근무자	1시간 이상
	일용직 근무자를 제외한 근로자	8시간 이상
작업내용변경교육	일용직 근무자	1시간 이상
	일용직 근무자를 제외한 근로자	2시간 이상
특별안전보건교육	일용직 근무자	2시간 이상
	일용직 근무자를 제외한 근로자	16시간 이상

개념 체크

1 조리 작업장의 권장 조도는 161~143Lux이다. (O, X)
2 유해, 위험, 화학물질은 상사의 지시에 따라 관리한다. (O, X)
3 안전관리 관리 감독자의 경우 매분기 8시간 이상 또는 연간 16시간 이상의 안전교육을 받아야 한다. (O, X)

1 O 2 X 3 O

03 화재예방 및 조치 방법

1) 화재의 예방

① 인화성 물질 적정보관 여부를 점검한다.
② 소화기구의 화재안전기준에 따른 소화전함, 소화기 비치 및 관리, 소화전함 관리 상태를 점검한다.
③ 출입구 및 복도, 통로 등에 적재물 비치 여부를 점검한다.
④ 비상통로 확보 상태, 비상조명등 예비 전원 작동상태를 점검한다.
⑤ 자동 확산 소화용구 설치의 적합성 등에 대해 점검한다.
⑥ 가스용기는 직사광선을 피하고, 용기와 가까운 곳에 화기를 두지 않는다.
⑦ 낡은 전선이나 설치류에 의한 파손을 점검, 수리하고 누전에 유의한다.

2) 화재 조치 방법

① 응급조치 행동 계획

- 행동 계획을 세운다.
- 현장 상황의 안전을 확인한다.
- 무엇을 해야 하고 무엇을 하지 말아야 할 행동인지 인지한다.
- 전문 의료기관(119)에 전화로 응급상황을 알린다.
- 신고 후 응급환자에게 필요로 하는 응급처치를 시행하고, 전문 의료원이 도착할 때까지 환자를 지속적으로 돌본다.

② 응급처치 교육시간

교육 내용	교육 시간
1. 응급활동의 원칙 및 내용	1시간
2. 응급구조 시의 안전수칙	
3. 응급의료 관련 법령	
기본 인명구조술(이론)	1시간
기본 인명구조술(실습)	2시간

3) 소화기

① 소화기의 종류

- 물 소화기 : 물을 통해 불씨를 잠재우는 소화기로 주로 냉각작용을 통해 소화를 한다.
- 이산화탄소 소화기 : 이산화탄소를 압축 후 액화하여 사용하는 방식의 소화기로 질식작용을 통해 불씨를 잠재운다. 소화대상물의 손상이 적다는 장점 때문에 주로 미술관이나 박물관 등에 비치되나, 질식의 우려가 높으므로 지하나 일반 가정에는 비치하지 않는다.
- 분말 소화기 : 가장 흔하게 볼 수 있는 소화기의 형태로 소화약품의 분말로 진화한다.
- 하론 소화기 : 질식작용을 통해 진화되어 효과는 크지만 가격이 비싸고 하론가스의 독성 때문에 인체에 유해하여 판매가 금지된 소화기이다.
- 포말 소화기 : 액체 상태의 화학약재를 이용하는 포말 소화기는 거품 형태로 분사되며 화재를 진압한다. 사용방법이 번거롭고 화재현상 부식 가능성이 높은 편으로 많이 사용되지는 않는다.
- 청정 소화기 : 하론 소화기의 대체품으로, 하론 소화기에 비해 친환경 소재로 불씨를 잠재우며 소화 성능도 좋고 무게가 가벼워 사용이 편리하며 박물관, 쇼핑몰 등에서 많이 사용한다.
- 투척용 소화기 : 화재가 난 장소에 던져 진화하는 사용이 아주 편리한 소화기로 아이들이나 노약자들을 위해 만들어진 소화기이다.
- 스프레이형 소화기 : 최근 가정과 차량 등 비상용으로 많이 사용되는 소화기이다.

② 소화기의 사용 방법

- 손잡이 부분의 안전핀을 뽑는다.
- 바람을 등지고 자세를 취한다.
- 호스를 불쪽으로 가까이 한다.
- 손잡이를 힘껏 움켜 쥔 다음 불의 아래쪽에서 비를 쓸듯이 차례로 덮어 나간다.

③ 소화기의 압력계 점검

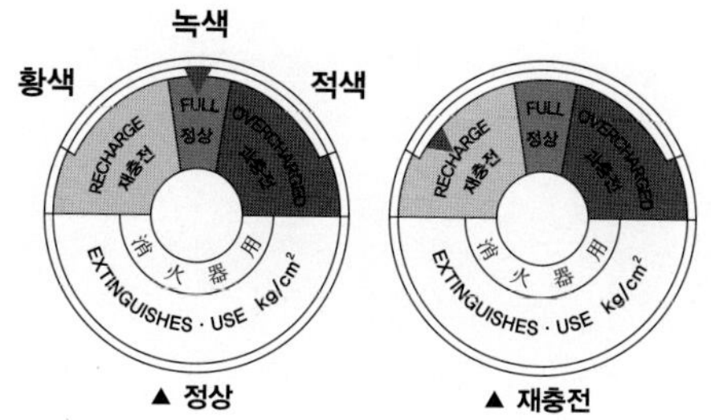

▲ 정상 ▲ 재충전

> **개념 체크**
>
> 1 출입구 및 복도, 통로 등에 물건을 적재하여 불길이 넘어오지 못하게 해야 한다. (O, X)
>
> 2 가스 용기는 직사광선에 두어야 하며, 용기와 가까운 곳에 화기를 두지 않는다. (O, X)
>
> 3 분말 소화기는 가장 흔하게 사용되는 소화기로, 소화약품의 분말로 화재를 진화한다. (O, X)
>
> 1 X 2 X 3 O

PART 02

재료관리 및 구매관리

파트 소개

식품은 물, 단백질, 지질, 탄수화물, 비타민, 무기질로 구성되어 있는데 각 구성 성분과 성질을 이해하고 색, 맛, 향의 변질에 대해서도 공부합니다. 또한 필요한 재료를 저장 · 재고 관리 · 선입선출하여 효율적으로 관리할 수 있도록 하고, 조리에 필요한 양질의 식재료, 조리기구, 장비를 적절한 시기에 구매할 수 있도록 학습합니다.

CHAPTER

01

재료관리

학습 방향

식품의 일반 성분인 탄수화물, 단백질, 지질, 비타민, 무기질의 특성과 종류에 대해 공부하고 특수 성분인 식품의 색과 갈변, 냄새의 변화에 대해 이해할 수 있어야 합니다. 문제가 자주 출제되는 과목이므로 일상 생활에서의 식품과 연관시켜 꼼꼼히 공부하도록 하세요.

SECTION

01

출제빈도 상 중 하

반복학습 1 2 3

식품재료의 성분

빈출 태그 ▶ 유리수 · 자유수 · 수분활성도 · 탄수화물 · 단백질 · 지질 · 비타민 · 무기질의 종류와 특징 · 갈변

01 수분

1) 물의 특징

① 인체의 60~65%는 수분으로 구성되어 있으며 인체 내에서 음식물의 소화, 운반, 체온 조절 등의 생리적 작용을 하는데 성인은 하루에 2~3L의 물이 필요하다.

② 신체를 구성하는 물을 10% 상실하면 생리적 이상이 오고, 20% 이상 상실하면 생명이 위험하다.

③ 물은 공기, 음식과 함께 인간이 생명 유지를 하는 데 필요한 기본 요소이다.

2) 결합수와 자유수

★ 결합수
식품의 구성성분인 탄수화물이나 단백질 등의 유기물과 결합되어 있는 수분

★ 자유수
식품 중에 유리 상태로 존재하고 있고 자유롭게 이동이 가능한 수분

결합수★	자유수★
용질에 대하여 용매로 작용하지 않음	전해질을 잘 녹임(용매 작용)
건조로 쉽게 제거되지 않음	건조로 쉽게 제거
-20℃에서도 동결되지 않음	0℃ 이하에서 쉽게 동결
미생물 증식에 이용되지 못함	미생물의 번식과 발아에 이용
밀도가 큼	표면 장력, 점성, 비열이 큼

3) 경수와 연수

경수	연수
칼슘, 마그네슘 등 광물질을 많이 함유한 물	광물질의 양이 낮은 물
운동 후, 임신부, 변비에 적합	녹차, 홍차, 밥, 육수에 적합

4) 수분활성도(Water Activity)

① 수분활성도의 정의

- 어떤 임의의 온도에서 순수한 물의 수증기압에 대한 그 식품이 나타내는 수증기압을 말한다.
- 순수한 물의 수증기압은 1이고, 식품의 수증기압은 순수한 물의 수증기압보다 작으므로 Aw〈1이다.

② 수분활성도의 공식

$$\text{수분활성도(Aw)} = \frac{\text{식품이 나타내는 수증기압(P)}}{\text{순수한 물의 최대수증기압}(P_0)} = \frac{\text{용질의 증기압}}{\text{용매의 증기압}}$$

$$= \frac{\text{용매의 몰수}}{\text{용매의 몰수} + \text{용질의 몰수}} = \frac{\text{용매의 }\dfrac{\text{농도}}{\text{분자량}}}{\text{용매의 }\dfrac{\text{농도}}{\text{분자량}} + \text{용질의 }\dfrac{\text{농도}}{\text{분자량}}}$$

③ 수분활성도에 따른 미생물 번식

- 세균 : 0.90~0.95
- 효모 : 0.88~0.90
- 곰팡이 : 0.65~0.8

④ 식품의 수증기압

- 채소, 과일, 어류, 육류 : 0.98~0.99
- 건조식품, 쌀, 콩 : 0.60~0.64
- 분유, 시리얼 : 0.2

02 탄수화물

1) 단당류

더 이상 가수분해되지 않는 당류로, 탄소수에 따라 4탄당, 5탄당, 6탄당, 7탄당 등으로 나뉜다.

예
- 5탄당 : 리보오스(Ribose), 아라비노오스(Arabinose), 크실로스(Xylose, 자일로즈)
- 6탄당 : 포도당, 과당, 갈락토오스, 만노오스, 소르보스

① 포도당(Glucose)

- 혈액 중에 혈당량으로 0.1% 정도 존재한다.
- 맥아당, 유당, 설탕, 전분, 글리코겐의 구성 성분이다.
- 인슐린 부족 시 소변으로 당이 배설된다.

② 과당(Fructose)

- 과일, 꽃, 벌꿀 중에 널리 존재한다.
- 가장 감미도가 크다.

③ 갈락토오스(Galactose)

- 한천의 구성당, 젖과 우유에 함유되어 있다.
- 유당의 구성 성분이다.
- 뇌, 신경조직을 구성한다.

개념 체크

1 수분활성도(Aw)는 '식품이 나타내는 수증기압÷순수한 물의 최대 수증기압'으로 계산한다. (O, X)

2 순수한 물의 수증기압은 0이다. (O, X)

1 O 2 X

2) 이당류

단당류가 2개 결합된 것을 말한다.

① 자당(Sucrose, 설탕, 서당)

- 포도당과 과당이 결합된 것을 말한다.
- 과일, 채소류, 사탕수수, 사탕무
- 비환원당
- 설탕을 가수분해하여 얻어지는 포도당과 과당의 1:1 혼합물로 자당보다 단맛이 강하고, 강한 환원력을 갖는 것을 전화당(Invert Sugar)이라고 한다.

② 맥아당(Maltose)

- 포도당과 포도당이 결합된 것을 말한다.
- 전분에 아밀라아제가 작용할 때 생성된다.
- 엿기름, 물엿

③ 유당(Lactose)

- 갈락토오스와 포도당이 결합된 것을 말한다.
- 체내 성장 촉진, 뇌신경조직에 중요한 역할을 한다.
- 살균작용, 정장작용에 도움을 준다.

3) 다당류

① 전분(Starch)

- 포도당 수천, 수백 개가 중합하며, 식물 뿌리, 줄기, 잎 등에 존재한다.
- 아밀로오스와 아밀로펙틴으로 구성된다.
- 요오드반응에 멥쌀은 청색, 찹쌀은 붉은색을 띤다.

② 섬유소(Cellulose)

- 자연계에 널리 분포되어 있다.
- 소화가 불가능하여 영양학적 가치는 없으나 소화 운동을 촉진시킨다.

③ 펙틴(Pectin)

- 세포와 세포 사이, 세포막에 존재한다.
- 과일, 해조류 등에 함유되어 있다.

④ 만난(Manan)

- 곤약만난으로 불리며, 만노오스와 포도당으로 결합된다.
- 난소화성으로 저칼로리이다.

⑤ 한천(Agar) : 홍조류를 동결 건조한 식품으로 갈락탄 형태로 존재한다.

⑥ 알긴산(Alginic Acid) : 갈조류의 세포막 성분으로 미역, 다시마에 함유되어 있다.

⑦ 글리코겐(Glycogen) : 동물의 간과 근육에 존재하고, 요오드 반응에 적갈색을 띤다.

⑧ 키틴(Chitin) : 새우, 갑각류의 껍질에 함유되어 있다.

⑨ 이눌린(Inulin) : 과당의 결합으로 우엉, 돼지감자의 성분이다.

⑩ 리그닌(Lignin) : 목재, 대나무, 짚에 함유되어 있는 복잡한 화합물이다.

개념 체크

1 4탄당, 5탄당, 6탄당, 7탄당은 다당류이다. (O, X)

2 포도당과 포도당이 결합한 당을 맥아당이라고 한다. (O, X)

3 글리코겐은 동물의 간과 근육에 존재하고 요오드 반응에 적갈색을 띤다. (O, X)

1 X 2 O 3 O

4) 탄수화물의 기능과 특성

① 탄소(C), 수소(H), 산소(O)로 구성되어 있다.
② 지방의 완전연소를 위해서 필요하다(필수영양소).
③ 곡류, 감자류, 설탕류 등의 성분이다.
④ 1g당 4kcal의 열량을 내고, 총 열량의 65% 섭취가 적당하다.
⑤ 많이 먹으면 지방으로 되어 근육이나 글리코겐으로 간에 저장된다.
⑥ 혈당성분을 유지(0.1%)시켜 준다.
⑦ 간의 해독 작용을 한다.
⑧ 단백질의 절약 작용을 한다.

5) 탄수화물의 감미도

유당(16) 〈 갈락토오스(33) 〈 맥아당(60) 〈 포도당(74) 〈 설탕(100) 〈 전화당(85~130) 〈 과당(170)

6) 당 용액으로 만든 식품

① 결정형 캔디 : 퐁당★
② 비결정형 캔디 : 캐러멜, 마시멜로우, 젤리

★ 퐁당
설탕과 물을 섞어 시럽을 만들고 설탕을 부분적으로 결정화시켜 희고 뿌연 상태로 만든 것으로 케이크 위에 씌울 때 사용함

03 지질

1) 지방산의 분류

① 단순지질 : 유지, 납, 콜레스테롤에스테르
② 복합지질 : 인지질, 당지질, 단백지질, 황지질
③ 유도지질 : 지방산, 탄화수소, 고급알코올, 콜레스테롤, 에르고스테롤

2) 요오드가★에 따른 분류

구분	요오드가	식품
건성유	130 이상	• 들깨, 아마인, 호두, 잣 • 공기 중에서 쉽게 건조됨
반건성유	100~130	면실유, 참기름, 유채
불건성유	100 이하	땅콩, 올리브, 공기 중 쉽게 건조되지 않음

★ 요오드가
유지 100g 중의 불포화 결합에 첨가되는 요오드의 g 수

3) 지방산의 구조

구분	포화지방산	불포화지방산
이중결합	×	○
융점	높음	낮음
요오드가	낮음	높음
형태	고체	액체
식품	동물성 지방, 버터, 소, 돼지기름	식물성 지방
종류	팔미트산, 스테아린산, 뷰티르산	리놀레산, 리놀렌산, 아라키돈산, 올레산

4) 필수지방산(비타민 F)

① 불포화지방산 중에서 영양상 필수적으로 체내에서 합성될 수 없어 반드시 음식물로 섭취해야 하는 지방산이다.

② 신체 성장 유지, 생리적 과정의 정상적인 기능을 유지하도록 돕는다.

③ 혈액 내 콜레스테롤의 양을 감소시킨다.

④ 생체막의 중요한 구성 성분이다.

⑤ 리놀레산, 리놀렌산, 아라키돈산

지방산	탄소수 : 이중결합수
올레산(Oleic Acid)	18 : 1
리놀레산(Linoleic Acid)	18 : 2
리놀렌산(Linolenic Acid)	18 : 3
아라키돈산(Arachidonic Acid)	18 : 4

★ 유화(Emulsification)
기름과 다른 물질이 잘 섞이게 하는 작용

★ 유화액
지질과 물의 결합

★ 진용액
소금, 설탕이 물에 녹는 현상

★ 현탁액
전분이 물에 녹는 현상

5) 유화★

① 유중수적형(W/O) : 지방 중에 물이 분산된 형태로 마가린, 버터 등이 있다.

② 수중유적형(O/W) : 수분 중에 지방이 분산된 형태로 우유, 마요네즈, 아이스크림 등이 있다.

6) 지질의 기능과 특성

① 탄소(C), 수소(H), 산소(O)로 구성되어 있다.

② 지방산 3분자와 글리세롤의 에스테르 결합이다.

③ 물에 녹지 않고, 유기용매에 녹는다.

④ 1g당 9kcal의 열량을 내고, 총 열량의 20% 섭취가 적당하다.

⑤ 필수 지방산, 지용성 비타민의 체내 운반 및 흡수를 도와준다.

⑥ 장기보호 및 체온 조절을 돕는다.

04 단백질

1) 아미노산의 특징

① 단백질은 체내에서 가수분해되어 아미노산으로 흡수되고 필요에 따라 단백질로 다시 합성한다.
② 20여 종의 아미노산이 존재한다.

2) 아미노산의 종류

① 중성아미노산 : 글리시닌, 알라닌, 발린, 루신, 이소루신, 트레오닌, 시스테인, 메티오닌
② 산성아미노산 : 글루탐산, 아스파르트산
③ 염기성아미노산 : 알기닌, 히스티딘, 리신

3) 필수아미노산

① 필요한 양은 반드시 음식물로 섭취해야 한다.
② 성인 : 발린, 이소루신, 루신, 페닐알라닌, 트립토판, 메티오닌, 리신, 트레오닌
③ 성장기 어린이, 회복기 환자 : 성인 필수아미노산 + 알기닌, 히스티딘

기적의 TIP

'콰시오커'는 성장기 어린이의 단백질 결핍 시 나타나는 병으로 단백 결핍성 소아영양실조증이라고 해요. 단백질 공급을 통해 완치가 가능해요.

4) 단백질의 종류

① 완전단백질 : 충분한 양의 필수아미노산 함유(단백가* 100, 달걀)
② 부분적불완전단백질 : 일부 아미노산의 함량이 충분치 못한 단백질
③ 불완전단백질 : 생명 유지와 성장을 촉진할 수 없는 단백질

★ 단백가
- 단백질의 영양적 가치
- 단백가(%) = 식품 중의 가장 부족한 아미노산 함량 ÷ 아미노산 표준구성량 × 100

5) 단백질의 분류

① 단순단백질
- 아미노산으로만 구성되었다.
- 알부민, 글로불린, 글루테인, 프로말린 등

② 복합단백질
- 단순단백질에 아미노산 이외의 비단백성 물질이 결합한 것을 말한다.
- 인단백질(카제인, 오브비텔린), 지단백질(레시틴, 리포비텔린), 당단백질(뮤신, 오보뮤신)

③ 유도단백질
- 자연계에 존재하는 단백질이 물리적, 화학적, 효소에 의해 변성, 분해된 것을 말한다.
- 젤라틴(콜라겐), 응고단백질(알부민, 달걀)

6) 단백질의 기능과 특성

① 탄소(C), 수소(H), 산소(O), 질소(N)로 구성되어 있다.
② 1g당 4kcal의 열량을 내고, 총 열량의 15% 섭취가 적당하다.
③ 체조직을 구성하고 효소, 호르몬의 성분으로 성장을 촉진한다.

④ 체액과 혈액의 중성을 유지하고, 조직의 삼투압을 조절한다.
⑤ 체온을 유지하는 작용을 한다.
⑥ 단백질은 용매에 분산되어 교질용액이 된다.

7) 단백질의 변성

① 소화율이 높아진다.
② 점도가 증가하고, 용해도가 감소한다.
③ 단백질의 2차, 3차 구조가 변하면서 폴리펩티드 사슬이 풀어진다.

05 무기질

1) 무기질의 분류

① 알칼리성 식품 : Ca, Mg, Na, K, Fe, Cu, Mn, Co, Zn(야채, 과일, 해조류)
② 산성 식품 : P, S, Cl, I(육류, 곡류)

2) 무기질의 종류

★ 권장섭취량
평균필요량에 표준편차의 두 배를 더하여 정한 값

★ 평균필요량
건강한 사람들의 절반에 해당하는 사람들의 1일 필요량

★ 충분섭취량
필요량에 관한 충분한 과학적 자료가 없을 때, 역학조사에서 관찰된 건강한 사람들의 영양소 섭취량을 기준하여 정한 섭취량

종류	기능	함유식품	결핍증, 과잉	성인 1일 권장섭취량★
칼슘(Ca)	골격, 치아 구성 근육의 수축 · 이완 작용, 신경 운동의 전달, 혈액 응고 관여	뼈째 먹는 생선 우유, 치즈	결핍 : 골다공증, 골연화증, 경련성 마비, 구루병	700~750mg
인(P)	골격, 치아 구성, 삼투압 조절, 신경자극 전달	유제품, 난황 육류, 채소류	결핍 : 골연화증, 치아 발육 부진	700mg
나트륨(Na)	산/알칼리의 평형을 유지, 삼투압을 조절, 수분균형 유지에 관여	소금	과잉 : 고혈압, 부종, 동맥경화	5g
염소(Cl)	위액의 산성 유지, 소화	소금	결핍 : 식욕부진	2g(충분섭취량★)
칼륨(K)	삼투압, pH을 조절	곡류, 채소	결핍 : 근육이완, 식욕상실	3.5g
마그네슘(Mg)	뼈, 치아의 구성성분, 단백질의 합성과정, 신경 흥분 억제	녹색채소, 견과, 대두	결핍 : 신경, 근육경련	280~350mg
철분(Fe)	헤모글로빈 구성성분, 효소 활성화	간, 난황, 곡류의 씨눈	결핍 : 빈혈 과잉 : 신부전증	여(8~14mg) 남자(9~10mg)
구리(Cu)	철분 흡수, 운반에 관여	홍차, 간, 호두	결핍 : 빈혈	800㎍
요오드(I)	기초대사를 촉진, 갑상선 호르몬 구성성분	해조류	결핍 : 갑상선 질환	150㎍
아연(Zn)	인슐린, 적혈구의 구성성분	육류, 해산물, 치즈, 땅콩	결핍 : 발육장애, 상처회복 지연	7~10mg
불소(F)	충치예방, 골격, 치아 강화	해조류, 어류	결핍 : 충치 과잉 : 반상치	0.8~1ppm
코발트(Co)	조혈작용에 관여	채소, 간, 어류	결핍 : 악성빈혈	극히 미량

3) 무기질의 기능과 특성

① 인체의 약 4%를 차지한다.
② 산과 알칼리 및 수분의 평형을 유지한다.
③ 필수적 신체 구성원으로 체조직의 성장에 관여하고, 근육의 수축성을 조절한다.
④ 생리적 작용의 촉매 역할을 한다.

06 비타민

1) 수용성 비타민

종류	기능	함유식품	결핍증
비타민 B_1 (티아민)	• 탄수화물의 대사에 중요 역할 • 마늘과 함께 섭취 시 흡수 촉진	곡류, 돼지고기	각기병, 신경염
비타민 B_2 (리보플라빈)	• 당질 · 단백질 · 지질의 산화환원 작용에 관여 • 열과 산 : 안정 , 알칼리 : 불안정	효모, 달걀, 우유, 녹색 채소	구각염, 설염
비타민 B_6 (피리독신)	• 아미노산 대사 관여 • 열과 산 : 안정, 알칼리 : 불안정	간, 효모, 곡류	피부염
비타민 B_{12} (시아노코발라민)	• 혈액 생성 관여 • 산과 알칼리 : 불안정 • 코발트(Co) 함유	생선, 간, 달걀	악성빈혈, 신경증상
나이아신	• 옥수수를 주식으로 하면 부족 • 펠라그라★의 원인	효모, 우유, 버섯	피부병
비타민 C (아스코르빅산)	• 피로회복, 칼슘과 철분의 흡수 촉진 • 산 : 안정, 알칼리와 열 : 불안정	풋고추, 딸기, 무청, 과일	괴혈병
비타민 P (루틴)	모세혈관 강화	메밀, 레몬껍질	피부에 보라색 반점

★ 펠라그라
옥수수를 주식으로 하면 나이아신, 단백질 제인과 트립토판의 함량이 적어 펠라그라에 걸릴 수 있으며 피부염이 생기고, 구강의 통증, 소화불량, 설사의 증상 등이 나타남

2) 지용성 비타민

종류	기능	함유식품	결핍증
비타민 A (레티놀)	• 피부, 점막을 보호 • 카로티노이드가 체내에서 비타민 A 작용(프로비타민 A) • 열 : 안정, 산과 빛 : 불안정	녹황색 채소, 간, 우유, 과일	야맹증
비타민 D (칼시페롤)	• 칼슘과 인의 흡수 촉진 • 에르고스테롤의 자외선 조사로 생성(프로비타민 D) • 열과 산소 : 안정	효모, 버섯, 간, 난황, 버터	구루병, 골연화증
비타민 E (토코페롤)	• 천연 항산화 작용 • 생식세포의 작용 정상 유지 • 열 : 안정, 알칼리 : 불안정	식물성 기름, 두류, 견과류	불임증, 생식불능
비타민 K (필로퀴논)	• 혈액의 응고에 관여 • 열 : 안정, 알칼리와 빛 : 불안정	양배추, 녹황색 채소, 달걀, 간	출혈 (과잉 : 황달)
비타민 F	• 피부 보호, 혈압 강화 • 필수불포화지방산	식물성 기름	성장정지, 피부염 및 건조

07 식품의 색

1) 식물성 색소

색소	산성	알칼리성
플라보노이드	안정	불안정
안토시안	안정	불안정
클로로필	불안정	안정
카로티노이드	안정	안정

① 플라보노이드(Flavonoid)

- 감자, 고구마, 양파, 연근, 우엉의 흰색이나 노란색이다.
- 산에 안정하여 연근을 식초물에 담그면 갈변되지 않아 흰색을 유지한다.
- 알칼리에 불안정하여 밀가루 반죽에 소다를 넣으면 황색으로 변한다.

② 안토시아닌(Anthocyan)

- 사과, 적채, 가지, 비트, 블루베리 등의 빨간색이나 보라색이다.
- 산에 안정하여 생강을 식초에 절이면 적색으로 변한다.
- 알칼리에 불안정하여 가지를 삶을 때 백반을 넣으면 청자색이 된다.

③ 클로로필(Chlorophyll)

- 시금치, 오이, 고추의 녹색 야채에 있는 마그네슘(Mg)을 함유한 엽록소 색소이다.
- 산에 불안정하여 식초를 사용하면 누런색으로 변한다.
- 알칼리에 안정해서 식소다를 사용하면 녹색을 유지한다.

④ 카로티노이드(Carotenoid)

- 당근, 호박, 감 등의 황색이나 주황색이다.
- 산, 알칼리, 열에 비교적 안정적이다.
- 공기 중의 산소나 산화효소에 의해 산화되거나 퇴색한다.

⑤ 라이코펜(리코펜, Lycopene)

- 토마토, 수박, 석류의 빨간색 색소이다.
- 카로티노이드계의 일종이다.

2) 동물성 색소

① 미오글로빈 : 철(Fe)을 함유한 붉은색 육류 및 가공품의 근육 색소이다.

② 헤모글로빈 : 철(Fe)을 함유한 붉은색의 혈색소이다.

③ 카로티노이드 : 달걀 노른자의 황색 색소이다.

④ 아스타잔틴 : 새우, 게, 가재의 흑색이 가열 및 부패에 의해 아스타신의 붉은색으로 변화한다.

⑤ 헤모시아닌 : 문어, 오징어의 무색, 청자색을 가열하면 적자색으로 변화한다.

⑥ 멜라닌 : 오징어의 먹물, 피부, 머리카락 등 동식물의 조직에서 볼 수 있는 흑갈색 또는 흑색의 색소이다.

08 식품의 갈변

1) 효소적 갈변

① 효소의 반응으로 식품이 산화되어 갈변되는 것을 말한다.

효소	원인	예
티로시나아제	티로신 → 멜라닌	사과, 감자, 바나나, 버섯 등의 갈변
폴리페놀옥시다아제, 페놀라아제	폴리페놀 → 퀴논	

② 효소적 갈변을 억제하는 방법에는 가열처리, 동결저장, 산 용액, 아황산가스, 아황산염 사용, 산소 제거 등이 있다.

2) 비효소적 갈변

구분	효소	원인	예
마이야르반응 (Maillard)	X	카르보닐화합물과 단백질 같은 질소 화합물의 반응	간장의 착색, 커피, 식빵의 풍미와 색 변화
카라멜화반응 (Caramelization)		당류를 180~200℃ 가열	과자류, 장류, 약식
아스코르브산 산화반응		아스코르브산의 산화에 의한 갈변	감귤류 갈색화

09 식품의 맛과 냄새

1) 식품의 맛

① 헤닝(Henning)의 4원미

- 단맛 : 포도당, 과당, 맥아당, 젖당, 설탕
- 신맛 : 구연산(과일 · 채소류), 사과산(과실), 주석산(포도), 식초, 호박산(청주 · 조개류)
- 짠맛 : 염화나트륨
- 쓴맛 : 커피, 초콜릿, 차, 맥주, 과일껍질, 신맛+아미노기($-NH_2$)

② 보조맛

- 매운맛 : 캡사이신, 시니그린, 알리신 등
- 맛난맛 : 이노신산, 글루타민산, 구아닌산, 시스테인, 리신, 호박산
- 떫은맛 : 탄닌
- 아린맛 : 죽순, 고사리, 우엉, 토란, 쓴맛+떫은맛
- 금속맛 : 수저, 식기

③ 온도에 따른 맛

- 30~40℃일 때는 쓴맛을 잘 느끼지 못한다.
- 50~60℃일 때는 매운맛을 잘 느낀다.
- 가장 예민한 온도는 30℃, 온도 저하에 따라 쓴맛의 감소가 심하다.

④ 음식에 알맞은 온도

종류	온도(℃)	종류	온도(℃)
전골	95	밥	40~45
홍차, 커피	70~80	맥주	8~12
국	70	사이다	15

⑤ 맛의 상호작용

- 맛의 대비(맛의 강화)
  - 서로 다른 맛 성분이 혼합되어 주된 맛 성분이 강화된다.
  - 팥죽 + 설탕 + 소금 = 단맛 강화
- 맛의 억제
  - 서로 다른 맛의 혼합으로 각각의 맛이 약화된다.
  - 쓴 커피 + 단 설탕 = 쓴맛 억제
- 맛의 상쇄
  - 두 가지 맛이 상쇄되어 한 가지 맛을 단독으로 나타내지 못하고 약화 또는 소멸된다.
  - 김치 숙성 → 짠맛 + 신맛
- 맛의 변조
  - 미맹*과는 다른 현상으로, 한 가지 맛을 느낀 후 다른 종류의 맛을 보면 정상적인 맛을 느낄 수 없는 현상이다.
  - 쓴맛의 약 + 물 = 쓴 약의 맛 변조

★ 미맹
페닐티오카르바마이드(PTC) 물질에 대해 쓴맛을 느끼지 못하는 증상

2) 식품의 냄새

① 식물성 식품의 냄새

- 알코올 및 알데히드류 : 주류, 바닐라향, 감자, 오이, 복숭아, 계피
- 에스테르류 : 복숭아, 사과, 배, 파인애플, 바나나
- 테르펜 : 녹차, 레몬, 오렌지
- 유황화합물 : 무, 파, 마늘, 양파, 간장

② 동물성 식품의 냄새

- 아민류, 암모니아류 : 수육, 어육
- 지방산, 카르보닐화합물 : 우유 및 유제품, 버터, 치즈

10 식품의 유독성분

종류	독성 물질
감자 싹	솔라닌(Solanine)
부패된 감자	셉신(Sepsine)
독미나리	시큐톡신(Cicutoxin)
청매, 살구씨	아미그달린(Amygdalin)
피마자	리신(Ricin)
목화씨(면실유)	고시풀(Gossypol)
독보리	테물린(Temuline)
맥각	에르고톡신(Erogotoxin)
미치광이풀	히요시아민(Hyoscyamine)
꽃무늬	리코린(Lycorine)
독버섯	무스카린, 무스카리딘, 팔린, 아마니타톡신, 필지오린
복어	테트로도톡신(Tetrodotoxin)
섭조개, 대합조개	삭시톡신(Saxitoxin)
모시조개, 굴, 바지락	베네루핀(Venerupin)

개념 체크

1 헤닝(Henning)의 4원미는 단맛, 신맛, 짠맛, 쓴맛이다. (O, X)

2 떫은맛은 쓴맛과 매운맛이 합쳐져서 난다. (O, X)

3 서로 다른 맛의 혼합으로 각각의 맛이 약화되는 현상을 맛의 상쇄라고 한다. (O, X)

4 탄산음료는 30℃ 정도의 온도에서 가장 맛을 잘 느낄 수 있다. (O, X)

5 감자의 싹에는 솔라닌(Solanine)이라는 독성 물질이 있다. (O, X)

1 O 2 X 3 X 4 X 5 O

SECTION 02

효소

출제빈도 상 중 하
반복학습 1 2 3

빈출 태그 ▶ 효소적 갈변 · 비효소적 갈변 · 분해효소

01 식품과 효소

★ 효소
화학반응에서 반응속도를 빠르게 하는 단백질로 만들어진 촉매

1) 가수분해효소

구분	효소★	작용	소재
탄수화물 분해효소	아밀라아제(Amylase)	전분 → 덱스트린 + 맥아당	타액, 췌장액
	수크라아제(sucrase)	설탕 → 포도당 + 과당	소장, 효모
	말타아제(Maltase)	맥아당 → 포도당 2분자	장액
	락타아제(Lactase)	젖당 → 포도당 + 갈락토오스	장액
단백질 분해효소	펩신(Pepsin)	단백질 → 펩톤	위액
	펩티다아제(Peptidase)	펩티드 → 아미노산	소화액
	트립신(Trypsin)	단백질 → 펩티드, 아미노산	췌액, 장액
지질 분해효소	리파아제(Lipase)	지방 → 글리세린 + 지방산	췌장액
응고효소	레닌(Renin)	응유효소, 치즈 제조	유아, 송아지의 위액

2) 산화환원효소

효소	작용	식품
티로시나아제	티로신 → 멜라닌	버섯, 감자, 사과의 갈변(효소적 갈변)
폴리페놀옥시다아제 페놀라아제	폴리페놀 → 퀴논	
아스코르빅 옥시다아제	비타민 C 산화	양배추, 오이, 당근(효소적 갈변)
리폭시다아제	불포화지방산의 변색, 변향	두류, 곡류

SECTION
03
식품과 영양

출제빈도 상 중 하
반복학습 1 2 3

빈출 태그 ▶ 식품 · 영양 · 영양소의 정의 · 칼로리

01 영양소의 기능 및 영양소 섭취기준

1) 식품

① 식품의 정의

- 모든 음식물(의약으로 섭취하는 것은 제외)을 말한다.
- 한 종류 이상의 영양소를 가지며, 유해물이 없는 천연물 또는 가공품을 말한다.

② 5가지 기초식품군

영양소	식품류	식품명
단백질	콩, 알, 생선류, 육류	소고기, 돼지고기, 닭고기, 달걀, 콩, 된장 등
칼슘	우유, 유제품, 뼈째 먹는 생선류	우유, 멸치, 뱅어포, 새우, 치즈 등
비타민 및 무기질	녹황색 채소류, 과일류, 해조류	당근, 배추, 사과, 토마토, 다시마, 파래 등
탄수화물	곡류, 서류, 전분류	쌀, 감자, 고구마, 설탕 등
유지	식물성, 동물성, 가공 유지	콩기름, 참기름, 마가린, 버터, 깨 등

③ 식품구성자전거

식품구성자전거에 따르면 균형 잡힌 '곡류', '고기 · 생선 · 달걀 · 콩류', '채소류', '과일류', '우유 · 유제품류'를 섭취하고 수분과 규칙적인 운동이 필요하다고 표현하였다.

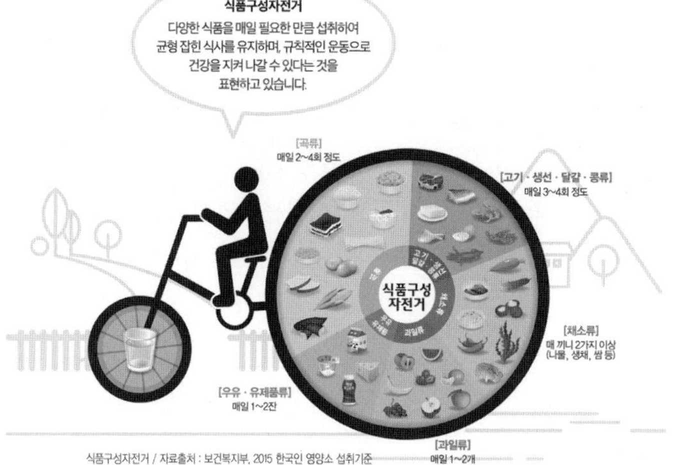

식품구성자전거 / 자료출처 : 보건복지부, 2015 한국인 영양소 섭취기준

④ 소비성에 의한 식품의 분류

- 즉석식품 : 시간과 수고가 들지 않고 극히 간단한 수법으로 조리하여 바로 먹을 수 있는 저장식품이다.
- 레토르트식품 : 알루미늄으로 만든 주머니나 봉지에 넣은 다음, 고압살균솥(레토르트)에서 고온으로 멸균하고 밀봉한 식품이다.
- 강화식품 : 천연식품에 원래 함유되지 않은 성분을 보충하고 영양 가치를 높이거나 손실된 영양성분을 첨가한 식품이다.

  예 강화미(비타민 B_1 강화), 마가린(비타민 A, D 강화)

⑤ 식품의 성분

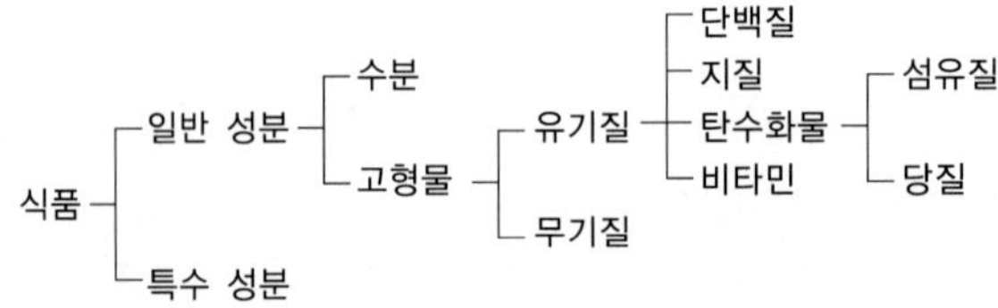

2) 영양의 정의

① 영양과 영양소의 정의

- 영양 : 생리작용을 유지하는 물질적인 현상이다.
- 영양소 : 영양을 유지하기 위해서 외부로부터 받아들이는 물질이다.

② 영양소의 기능

- 체조직 구성식품 : 단백질, 무기질
- 생리작용 조절식품 : 무기질, 비타민
- 3대 영양소 : 탄수화물, 단백질, 지질

5대 영양소
탄수화물, 단백질, 지방, 무기질, 비타민

6대 영양소
6대 영양소 + 물

③ 칼로리 계산

- 당질 : 4kcal/g
- 단백질 : 4kcal/g
- 지질 : 9kcal/g
- 알코올은 1g에 7kcal의 열량을 낸다.
- (당질 양×4)+(단백질 양×4)+(지질 양×9)

④ 영양소 섭취기준

- 성인남자의 기초대사량은 1,400~1,800kcal, 성인여자는 1,200~1,400kcal이다.
- 성인남자의 하루 권장섭취량은 2,400~2,800kcal, 성인여자는 1,800~2,200kcal이다.

⑤ 단백질 계산

- 조단백질 = 질소함량×6.25
- 질소계수 = 100÷질소함량(%)

CHAPTER

02

구매관리

식품을 구매하는 방법과 구매 기간 및 검수, 선입선출에 대한 재고관리에 대한 문제, 원가 계산 문제가 출제됩니다. 계산 문제는 많이 나오지는 않지만 공식만 외우면 간단하게 풀 수 있으니 포기하지 말고 꼭 연습해 보세요.

SECTION 01

시장조사 및 구매관리

출제빈도 상 중 하
반복학습 1 2 3

빈출 태그 ▶ 시장조사 • 식품의 구매 • 대치 식품

01 시장조사

1) 시장조사의 목적

① 구매예정가격의 결정
② 합리적인 구매계획의 수립
③ 신제품의 설계
④ 제품개량

2) 시장조사의 내용

품목, 품질, 수량, 가격, 시기, 구매거래처, 거래조건

3) 시장조사의 원칙

① 비용 경제성의 원칙
② 조사 적시성의 원칙
③ 조사 탄력성의 원칙
④ 조사 계획성의 원칙
⑤ 조사 정확성의 원칙

개념 체크

1 시장조사 시 품목, 품질, 수량, 가격 등을 조사한다. (O, X)
2 조사 경제성은 시장조사의 원칙에 포함된다. (O, X)

1 O 2 X

02 식품 구매관리

1) 식품의 구매 절차

수요예측 → 물품 구매량과 품질 검토 후 필요성 인식 → 물품 구매 → 구매 청구서 작성, 송부 → 재고량 조사 후 발주량 결정 → 구매명세서 작성 → 구매발주서 작성 → 공급업체 선정 → 주문 확인 전화 → 검수 → 입 · 출고 및 재고관리 → 납품대금 지불

2) 식품의 구매 시기

① 곡류, 건어물

부패성이 적어 1개월분을 한 번에 구입한다.

② 육류

중량과 부위별로 구입하고 냉장 시설이 갖추어져 있으면 1주일분을 구입한다.

③ 어류

신선도를 확인하고 필요에 따라 수시로 구입한다.

④ 과일류

산지별, 품종, 상자당 수량을 확인하고 필요에 따라 수시로 구입한다.

3) 식품의 구매 방법

① 수의계약

경매나 입찰 등의 경쟁을 통하지 않고 적당한 상대방을 임의로 선택하여 계약을 맺는 방법이다.

② 경쟁입찰

입찰 및 계약에 관한 사항을 공고하여 상호경쟁에서 낙찰자를 선정하는 방법이다.

③ 지명경쟁입찰

지명된 몇몇 특정인들로 하여금 경쟁입찰하는 방법이다.

4) 대치 식품

① 조리에 필요한 식품 대신 영양가가 같고 값도 저렴한 다른 식품을 선택한 경우, 그 값싼 식품을 '대치 식품'이라고 한다.

② 대치 식품량 = 원래 식품함량÷대치 식품함량×원래 식품량

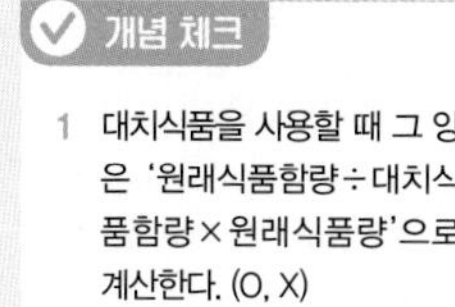

개념 체크

1 대치식품을 사용할 때 그 양은 '원래식품함량÷대치식품함량×원래식품량'으로 계산한다. (O, X)

1 O

03 식품 재고관리

1) 재고관리 방법

① 선입선출법(First-In, First-Out) : 재료의 구입 순서에 따라 먼저 구입한 재료를 나중에 입고된 품목들보다 먼저 사용한다.
② 후입선출법(Last-In, First-Out) : 나중에 구입한 재료부터 먼저 사용한다.
③ 이 외에 실제 구매가법, 총 평균법, 최종 구매가법 등이 있다.
④ 당기소비량 = (전기이월량+당기구입량)-기말재고량
⑤ 월중소비액 = (월초재고액+월중매입액)-월말재고액

2) 재고관리 주의사항

① 식재료의 원가를 계산하는 데 반드시 필요하다.
② 단체급식소에서는 재료관리상 적어도 월 1회는 필요하다.
③ 품목의 위치를 순서대로 정렬하고 이 저장 순서에 따라 품목명을 기록하여 시간을 절약하도록 한다.
④ 실사에 품목의 가격을 미리 기록한다.
⑤ 재고조사표를 작성한다.
⑥ 색상, 형태, 이미, 이취, 품질 상태, 유통기한 등도 함께 점검한다.
⑦ 재고조사 결과를 구매명세서에 작성한다.
⑧ 재고량을 고려하여 구매에 필요한 최적의 발주를 한다.
⑨ 구매명세서를 보고 구매발주서(주문서, 구매전표, 발주전표)를 작성한다.

개념 체크

1 재료의 구입 순서에 따라 먼저 구매한 것을 먼저 사용하는 방법을 선입선출법이라고 한다. (O, X)

2 단체급식소에서 재고관리는 일의 효율성을 위해 1년에 1회 실시한다. (O, X)

1 O 2 X

SECTION 02

출제빈도 상 중 하

반복학습 1 2 3

검수관리

빈출 태그 ▶ 신선한 식품 검수 • 조리기구

01 식재료의 품질 확인 및 선별

1) 식품의 검수 방법

① 검수 공간은 식품을 판별할 수 있도록 충분한 조도(540Lux 이상)가 확보되어야 한다.
② 계측기나 운반차 등을 구비해 두면 편리하다.
③ 저장 공간의 크기는 식품 반입 횟수, 저장 식품의 양 등을 고려하여야 한다.
④ 품질, 수량, 중량, 신선도, 냄새, 유통기한, 배송의 상태 등을 확인한다.
⑤ 구매주문서와 거래명세서의 수량과 단가가 일치하는지 확인한다.
⑥ 빠르고 정확하게 검수하여야 한다.
⑦ 검수가 끝나면 품질기준에 적합한 식자재를 즉시 보관창고로 이동하여 보관한다.

전수검사법
납품된 물품을 모두 검사하는 방법

발췌검사법
납품된 물품 중에서 일부의 시료를 뽑아서 검사하는 방법

2) 검수 시 준수사항

① 도착한 식자재는 바로 검수한다.
② 운반차량의 내부온도가 규정온도를 유지하였는지 자동온도기록지(타코메타)를 통해서 확인한다(냉장차량 0~10℃, 냉동차량 영하 18℃ 이하).
③ 포장 상태를 확인한다.
④ 검수하는 동안 검수품의 품질변화를 방지하기 위하여 냉동식품, 냉장식품, 채소류, 공산품의 순서로 한다.
⑤ 육류, 어류, 알류 등의 식품은 냉장 및 냉동상태로 운송되었는지 확인한다.
⑥ 가열하지 않은 육류, 가금류, 해산물 등 신선축산물은 입고검수 시 품질을 최대한 유지할 수 있도록 다른 완제품과 입고시간을 달리하여 검수한다.
⑦ 입고된 식자재는 청결한 장소에서 외포장지를 제거한 후 조리장과 사용 장소에 반입한다.
⑧ 입고 시 제거한 외포장지 라벨은 버리지 말고 해당 식자재를 모두 사용할 때까지 별도의 보관함에 보관하여 내용물과 표시사항이 일치하는지 추적이 가능하도록 하여야 한다.
⑨ 냉동식품은 녹은 흔적이 있는지 또는 얼렸다 녹았다를 반복했는지 주의 깊게 확인한다.
⑩ 유통기한, 제조일자 등을 확인한다.
⑪ 제조사나 원산지 표시가 없는 품목은 반품 조치한다.

3) 신선한 식품의 감별법

쌀	가공한 지가 오래되지 않아 쌀알에 흰 골이 생기지 않고 맑고 윤기가 있는 것
서류	병충해, 발아, 외상, 부패 등이 없는 것
생과일	성숙하고 신선하며 청결한 것
오이	색이 선명하고 가시가 있고 무거운 것
당근	둥글고 살찐 것으로 내부에 심이 없는 것
양파	둥글고 육질이 단단하고 건조가 잘 되어 있는 것
무	크고 균일하며 모양이 바르고 흠집이 없는 것
배추	알이 꽉 채워져 단단하고 푸른 잎이 붙어 있는 것
오징어	탄력이 있고 붉은색을 띠는 것
우유	물속에서 퍼지지 않고 가라앉는 것
동태	눈알이 튀어나오고 탄력이 있으며 아가미가 선홍색을 띠는 것
김	검고, 윤기가 나며 구우면 녹색을 띠는 것

02 조리기구 및 설비 특성과 품질 확인

기적의 TIP

식재료 보관실은 항상 정돈 상태를 유지하고, 식품보관 선반은 바닥으로부터 15cm 이상의 공간을 띄워 청소가 용이하도록 해야 해요.

① 조리대와 작업대 청소

매일 세제를 묻혀 세척한 뒤 건조한다.

② 바닥 청소

- 바닥은 건조 상태를 유지한다.
- 습기가 많으면 세균이 번식할 우려가 있으므로 물을 뿌려 세제로 1일 2회 청소한다.
- 기름때가 있을 경우 가성소다를 묻혀 1시간 후 솔로 닦고 헹군다.

③ 도마

- 매일 물로 세척하여 사용한다.
- 매일 사용 후 중성세제로 씻고, 살균 소독하여 보관한다.
- 영업 중에는 조리할 때마다 물로 씻어 사용한다.
- 특히 환절기에는 열탕소독은 필수이며, 사용 후 지정된 장소에 세워서 보관한다.

④ 식기

- 세정은 중성세제로 한다.
- 용기의 모퉁이는 주의 깊게 닦고, 세정 후 쓰레기, 먼지, 곤충으로부터 오염을 막기 위해 지정장소에 수납해야 한다.

⑤ 행주와 쓰레기통

- 행주는 사용 후 세제 세척을 하고, 삶은 후 건조하여 사용한다.
- 더러움이 심한 쓰레기통은 가성소다로 씻어 건조시키고, 일반적으로는 세제 청소 후 락스로 헹궈 건조시킨다.

⑥ 가스레인지와 주변
- 버너의 이물질을 제거한다.
- 가스레인지 위는 항상 청결을 유지해야 한다.
- 가스레인지 표면은 매일 전문세제 등을 사용하여 금속 수세미로 세척한다.
- 월 2회 식기를 놓는 선반을 세제로 세정하고 행주로 닦은 뒤 건조하여 사용한다.
- 선반에 깔려 있는 행주 등도 꺼내서 주 1회 정도 새것으로 교환한다.

⑦ 닥트와 환기팬
- 월 2회 가성소다를 이용하여 기름때를 청소한다.
- 닥트에서 기름 등이 떨어져 요리에 들어가는 것을 예방해야 한다.
- 필터는 싱크에 따뜻한 물을 담고 180cc 정도의 가성소다를 넣고 하루 정도 담가놓은 뒤 중성세제로 닦는다.

⑧ 식품
- 입고된 식품의 신신도, 품질, 양을 체크한다.
- 바닥에는 잡균이 있기 때문에 바닥에 직접 놓는 것은 금물이다.

⑨ 음식 보관
- 음식은 뚜껑을 덮거나 랩으로 씌워 냉장 보관한다.
- 반드시 유통기한을 확인하고, 스티커를 부착하여 보관한다.

⑩ 저울
- 저울은 중량(무게)을 측정하는 기구로 g, kg으로 나타낸다.
- 저울을 사용할 때는 평평한 곳에 수평으로 놓고 바늘이 '0'에 고정되어 있어야 한다.

⑪ 온도계
- 일반적으로 주방용 온도계는 비접촉식으로 표면 온도를 잴 수 있는 적외선 온도계를 사용한다.
- 기름이나 당액 같은 액체의 온도를 잴 때에는 200~300℃의 봉상 액체 온도계, 육류는 탐침하여 육류의 내부 온도를 측정할 수 있는 육류용 온도계를 사용한다.

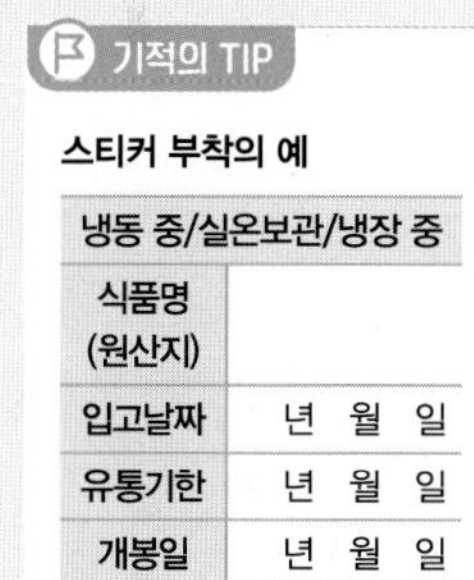
기적의 TIP

스티커 부착의 예

냉동 중/실온보관/냉장 중	
식품명 (원산지)	
입고날짜	년 월 일
유통기한	년 월 일
개봉일	년 월 일

03 검수를 위한 설비 및 장비 활용 방법

① 검수대 : 입고물품을 바닥에 내려놓거나 바닥과 직접 접촉해서는 안 된다.

② 조명 : 입고된 물품의 표시사항 및 품질 이상 유무 등을 확인할 수 있도록 540Lux 이상의 충분한 조도를 갖추어야 한다.

③ 저울 : 입고된 물품의 정확한 양을 측정하기 위하여 측정 가능한 범위의 저울을 구비한다. 저울의 정확성을 확인하기 위하여 최소 1년마다 주기적으로 검 · 교정하여야 한다. 검 · 교정한 결과 증빙서류를 보관하고 검 · 교정 확인필증을 저울에 부착한다.

④ 온도계 : 입고된 물품이 적정온도를 유지한 채 운반되었는지 확인할 수 있는 정확한 온도계를 구비한다. 온도계는 입고품목의 특성에 따라 접촉식 온도계와 비접촉식 온도계 등으로 나눌 수 있다.

⑤ 선반 : 입고물품을 검수하는 동안 올려놓을 수 있도록 청결한 선반을 구비한다.

⑥ 운반카트 : 검수가 완료되면 보관 장소로 즉시 운반할 수 있는 청결한 운반카트를 구비한다.

개념 체크

1 식재료의 검수는 공산품, 냉동식품, 냉장식품 순으로 한다. (O, X)

2 입고 시 제거한 외포장지 라벨은 위생관리를 위해 바로 버려야 한다. (O, X)

3 도마는 영업 중에는 세척하지 않고, 영업이 끝난 후 깨끗하게 세척하여 보관한다. (O, X)

4 가스레인지 위는 항상 청결해야 한다. (O, X)

5 저울을 사용할 때에는 평평한 곳에 수평으로 두고 사용해야 한다. (O, X)

1 X 2 X 3 X 4 O 5 O

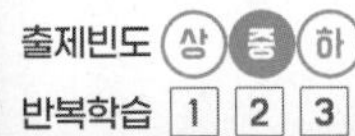

SECTION 03

원가

출제빈도 상 중 하
반복학습 1 2 3

빈출 태그 ▶ 원가 • 직접원가 • 제조원가 • 총원가 • 판매원가

01 원가의 의의 및 종류

1) 원가의 의의

① **원가의 개념** : 제품의 제조, 판매, 서비스 외에 제공을 위해 소비된 경제 가치이다.

② **원가계산의 목적**

- 가격결정의 목적 : 제품의 판매가격을 결정할 목적으로 원가를 계산한다.
- 원가관리의 목적 : 원가의 절감을 위한 원가관리의 기초자료를 제공한다.
- 예산편성의 목적 : 예산의 편성에 따른 자료를 제공하는 목적이다.
- 재무제표 작성의 목적 : 기업의 외부 이해 관계자에게 경영활동 결과를 보고하기 위한 재무제표를 작성하는데 기초자료 제공을 위하여 원가를 계산한다.

③ **원가계산의 기간** : 1개월에 한 번씩 실시하는 것을 원칙으로 하나, 경우에 따라서 3개월 또는 1년에 한 번씩 실시하기도 한다.

2) 원가의 종류

① **원가의 3요소**

- 재료비 : 제품의 제조를 위하여 소비되는 물품의 원가를 말한다.
  예 단체급식에서는 급식 재료비, 재료 구입비 등
- 노무비 : 제품의 제조를 위하여 소비되는 노동의 가치를 말한다.
  예 임금, 급료, 시간외 업무 수당, 임시직의 임금 등
- 경비 : 제품의 제조를 위하여 소비되는 재료비, 노무비 이외의 가치를 말한다.
  예 수도, 전력비, 보험료, 감가상각비 등

② **직접원가, 제조원가, 총원가, 판매원가**

구분				
직접원가	직접경비 + 직접노무비 + 직접재료비			
제조원가	직접원가	제조간접비★		
총원가	제조원가		판매관리비	
판매원가	총원가			이익

★ 제조간접비
간접경비 + 간접노무비 + 간접재료비

★ 직접비
특정 제품에 직접 부담시킬 수 있는 것

★ 간접비
여러 제품에 공통적으로 또는 간접적으로 소비되는 것

③ 원가계산의 시점과 방법의 차이에 따른 분류

• 실제원가 : 제품이 제조된 후에 실제로 소비된 원가를 산출한 것이다.

• 예정원가 : 제품의 제조 이전에 제조에 소비될 것으로 예상되는 원가를 예상한 것이다.

• 표준원가 : 기업이 이상적으로 제조활동을 할 경우에 예상되는 원가를 말한다. 효과적인 원가관리의 목적이다.

④ **고정비** : 일정한 기간 동안 조업도의 변동에 관계 없이 항상 일정액으로 발생하는 원가로 감가상각비, 노무비, 보험료, 제세공과 등이 포함된다.

02 원가분석 및 계산

1) 원가계산의 원칙

① 진실성의 원칙 : 실제로 발생한 원가를 진실되게 정확히 파악한다.

② 발생기준의 원칙 : 모든 비용과 수익의 계산은 그 발생시점을 기준으로 한다.

③ 계산경제성(중요성)의 원칙 : 원가계산을 할 때는 경제성을 고려한다.

④ 확실성의 원칙 : 여러 방법이 있을 경우에 가장 확실한 방법을 선택한다.

⑤ 정상성의 원칙 : 정상적으로 발생한 원가만을 계산한다.

⑥ 비교성의 원칙 : 다른 일정기간의 것과 또 다른 부문의 것과 비교할 수 있도록 실행한다.

⑦ 상호관리의 원칙 : 원가계산, 일반회계, 각 요소별, 부문별, 제품별 계산 간에 상호관리가 가능하도록 되어야 한다.

2) 원가계산의 구조

① [1단계] 요소별 원가계산 : 제품의 원가는 재료비, 노무비, 경비의 3가지 원가요소를 몇 가지 분류 방법에 따라 세분하여 각 원가요소별로 계산하게 된다.

② [2단계] 부문별 원가계산 : 전 단계에서 파악된 원가요소를 원가 부문별로 분류 집계하는 계산 절차이다.

③ [3단계] 제품별 원가계산 : 각 부문별로 집계한 원가를 제품별로 배분하여 최종적으로 각 제품의 제조원가를 계산하는 절차이다.

개념 체크

1 원가계산은 1개월에 한 번씩 실시하는 것을 원칙으로 한다. (O, X)

2 원가계산은 요소별 원가계산을 가장 먼저 해야 한다. (O, X)

3 총원가는 직접경비, 직접노무비, 직접재료비에 제조간접비를 더한 값이다. (O, X)

1 O 2 O 3 X

3) 원가 관리

① 원가관리의 개념 : 원가의 통제를 위하여 가능한 한 원가를 합리적으로 절감하려는 경영 기법이다. 일반적으로 표준원가 계산 방법을 이용한다.
② 표준원가 계산 : 과학적 및 통계적 방법에 의하여 미리 표준이 되는 원가를 설정하고 이를 실제원가와 분석하기 위해 실시하는 원가계산의 한 방법이다.
③ 표준원가의 설정 : 미리 표준이 되는 원가를 구분하고 설정하고 표준원가가 설정되면 실제원가와 비교하여 표준과 실제의 차이를 분석할 수 있게 된다.

4) 손익분기점

한 기간의 매출액이 당해 기간의 총비용(고정비+변동비)과 일치하는 점을 말한다.

5) 감가상각비

① 고정자산의 소모에 의한 가치의 감소를 연도에 따라 할당, 계산해 자산 가격을 감소시켜나가며 이때 감가된 금액을 말한다. 정액법★과 징률법★이 있다.
② 매년감가상각액 = (기초가격−잔존가격) ÷ 내용연수

★ 정액법
(취득원가 − 잔존가치)÷내용연수

★ 정률법
(취득원가 − 감가상각누계액)×감가상각률

PART

03

음식 조리

파트 소개

음식 조리를 하면서 사용하는 도구와 사용법, 조리 용어에 대한 설명이 있는 파트입니다. 조리의 원리를 생각하고 과학적으로 설명했습니다.

CHAPTER

01

기초 조리실무

학습 방향

기본적인 조리법과 칼 기술, 식재료 계량 방법, 식품의 조리원리와 관련해 출제됩니다. 소고기, 돼지고기 등 축산물의 조리와 가공에 대해서도 반드시 학습해야 합니다. 치즈를 포함한 유제품, 수산물의 조리 및 가공, 저장에 대해서도 자주 출제됩니다.

SECTION 01

조리준비

출제빈도 상 중 하
반복학습 1 2 3

빈출 태그 ▶ 습열 조리 • 건열 조리 • 복합 조리 • 계량 방법 • 조리장의 시설과 기구 • 폐기량과 정미량

01 조리의 정의 및 기본 조리조작

1) 조리의 정의

식재료를 다듬는 것부터 시작하여 찌고, 끓이고, 굽고, 볶고, 조미하는 등의 처리를 하여 사람이 먹기에 알맞고 소화되기 쉬운 상태로 만드는 가공 조작을 말한다.

2) 조리의 목적

① 기호성 : 식품의 외관을 좋게 하며 맛있게 하기 위함이다.
② 소화성 : 소화를 용이하게 하여 영양 효율을 높이기 위함이다.
③ 안전성 : 위생상 안전한 음식으로 만들기 위함이다.
④ 저장성 : 식품의 안전한 보관을 위해 저장성을 높이기 위함이다.

3) 조리와 물

기적의 TIP

- 얼음(0℃) ⇄ 물(0℃) (융해열(+80cal/g) / 응고열(−80cal/g))
- 물(0℃) ⇄ 물(100℃) (+100cal/g / −100cal/g)
- 물(100℃) ⇄ 수증기(100℃) (기화열(+539cal/g) / 응축열(−539cal/g))

① 비등점(끓는점)

- 물은 일정한 압력과 온도에서 끓으며 기화가 된다. 기화현상을 비등이라고 하고, 비등이 시작되는 온도를 비등점이라고 한다.
- 순수한 물은 1기압일 때 100℃에서 끓는다.
- 기압이 오르면 비등점도 높아지고, 기압이 낮아지면 비등점도 낮아진다.
- 용액의 농도가 높아지면 비등점은 상승된다.

② 빙점(어는점)

- 순수한 물은 0℃에서 얼게 된다.
- 용액의 농도가 높아지면 강하된다.

③ 잠열(잠재열)

- 물 또는 얼음이 증발, 융해할 때 외부의 열을 흡수하는 것을 잠열이라고 한다.
- 기화열
  - 액체가 기체로 변화할 때 사용되는 잠열을 기화열 또는 증발열이라고 한다.
  - 100℃의 물 1g이 수증기로 되기 위해 1g당 539cal의 열이 필요하다.
- 융해열
  - 고체가 액체로 변할 때 사용되는 잠열을 융해열이라고 한다.
  - 0℃의 얼음 1g이 0℃의 물로 녹기 위하여 80cal의 열을 흡수해야 한다.

④ 삼투압

- 농도가 낮은 쪽 액체에서 높은 쪽으로 빠져나오는 것을 말한다. 수분이 반투막을 빠져나오는 힘을 삼투압이라고 한다.
- 생선이나 채소 등의 세포막은 반투막이므로 소금을 뿌리면 안쪽의 물은 소금 쪽으로 이동하며 소금은 식품 내로 침투하게 된다.

⑤ 팽윤

건조된 것을 물에 불리면 몇 배로 불게 되는 현상이다.

⑥ 용출

재료 중의 성분이 용매 속에 나오는 현상으로, 온도가 높을수록 용출이 빠르다.

4) 조리와 열

① 전도

- 열이 물체를 따라 이동하는 상태이다.
- 열전도율이 크면 열이 전달되는 속도가 빠르다.
- 금속과 알루미늄은 열전도율이 크고, 유리나 도자기류는 열전도율이 적다.

② 대류

액체나 기체를 가열하여 밀도 차로 인해 가열한 물질이 이동하면서 열이 전해지는 것이다.

③ 복사

- 열원으로부터 중간매체 없이 열이 직접 전달되는 현상을 복사라고 한다.
- 전기, 가스레인지, 숯불, 연탄불 등에 음식을 직접 노출시켜 굽는 방법, 오븐을 사용하여 굽는 방법 등이 있다.

5) 기본 조리조작

① 재료의 세척

- 곡류 : 백미를 여러 번 씻으면 비타민 B_1의 손실이 있으므로 2~3번 가볍게 씻는다.
- 엽채류 : 중성세제 0.2% 용액으로 세척한 후 흐르는 물로 4~5회 씻는다.
- 근채류 : 뿌리채소는 부드러운 솔로 깨끗하게 비벼 씻는다.
- 건조식품 : 물에 가볍게 씻은 후 물에 담가 불린 후 사용한다.
- 건조식품의 부피 변화 : 쌀을 떡으로 만들 경우 1.4배, 밀가루를 빵으로 만들 경우 1.3배, 콩을 삶을 경우 3배, 건미역을 물에 불릴 경우 7~8배 부피가 커진다.

② 기타 조작

- 분쇄 : 건조식품을 가루로 만드는 것이다.
- 마쇄 : 갈거나 으깨어 체에 받쳐내는 것이다.
- 교반 : 재료를 골고루 섞는 것이다.
- 압착여과 : 고형물과 즙을 분리시키는 것이다.

③ 썰기

- 국 또는 구이 같은 고기를 저며 쓸 경우에는 섬유의 결을 직각으로 썰면 연해진다.
- 고기를 곱게 채썰 경우에는 고기의 결 방향대로 썰면 부서지지 않는다.

④ 조리 온도

• 청국장, 겨자의 발효 온도 : 40~45℃
• 식혜의 당화 온도 : 50~60℃
• 이스트의 빵 발효 온도 : 25~30℃

02 기본 조리법 및 대량 조리기술

1) 조리의 기초지식

① 기계적 조리

저울에 무게 재기, 씻기, 다듬기, 썰기, 갈기, 다지기, 치대기, 무치기, 담기 등

② 가열적 조리

• 습열 조리 : 끓이기(Boiling), 찌기(Steaming), 데치기(Blanching), 스튜(Stew)
• 건열 조리 : 굽기(Grilling, Roasting, Broiling), 튀기기(Frying), 베이킹(Baking)
• 전자레인지에 의한 조리 : 초단파(Microwave) 이용

③ 화학적 조리

효소(분해 작용), 알칼리(연화, 표백 작용), 알코올(탈취, 방부 작용), 금속염(응고 작용) 등

2) 기본 조리법

기적의 TIP

습열 조리와 건열 조리에 해당하는 조리법을 알아야 해요.

① 습열 조리

• 끓이기(Boiling)
  – 어떤 열원이라도 가능하고, 한 번에 많은 음식을 조리할 수 있다.
  – 가장 영양 손실이 심하지만 조미는 편리하다.
• 찜(Steaming)
  – 수증기의 잠열(1g당 539Cal)을 이용한 조리법으로 시간이 오래 걸리고 탈 염려가 적다.
  – 영양소 손실이 적고, 모양이 흩어지지 않는다.
  – 도중에 조미가 불가능하다.
• 스튜(Stew) : 고기나 야채 등을 적은 기름에 소테(Saute)한 다음 스톡(Stock)★을 넣어 뚜껑을 덮고 낮은 온도에서 뭉근히 걸쭉하게 끓이는 조리법이다.

★ 스톡(Stock)
육수

• 브레이징(Braising)
  – 육류의 조리 시 야채, 소스, 육즙을 넣은 다음 뚜껑을 덮고 낮은 온도에서 열을 가하여 조리하는 방법이다.
  – 질긴 육류의 조리법으로 알맞다.
• 시머링(Simmering) : 끓이지 않고 약한 불에서 조리하는 방법이다.
• 포칭(Poaching) : 끓는점 이하의 물에 달걀이나 생선을 잠깐 넣어 익히는 조리법이다.

② 건열 조리

- 구이
  - 열효율이 나쁘고 온도 조절이 어렵다.
  - 비교적 고온에서 가열되므로 성분의 변화가 심하다.
  - 당질의 캐러멜화가 일어나고, 식품 중의 단백질 응고로 인하여 수분이 침출된다.
  - 수용성 성분의 용출이 적고 식품 표면의 수분은 감소되며 독특한 풍미가 가해진다.
  - 직접 구이 : 석쇠구이, 숯불구이
  - 간접 구이 : 프라이팬, 오븐구이
- 튀김
  - 고온(160~180℃)에서 단시간 내에 조리하여 영양소 손실이 가장 적다.
  - 바삭한 튀김의 반죽은 박력분과 차가운 물로, 기름은 식물성 기름이 좋다.
  - 기름의 양은 재료의 2~5배가 좋고, 튀김 시 기름의 흡수량은 10~20%이다.
  - 기름의 비열★은 0.47로 열용량이 적어 온도의 변화가 심하다.
- 볶음
  - 구이와 튀김의 중간 조리법으로 고열에서 단시간 내에 조리하여 영양소 손실이 적고, 식품의 색이 보유된다.
  - 지용성 비타민의 흡수를 좋게 하며 감미가 증가하고, 당분은 캐러멜화된다.
- 소테(Saute) : 팬에 소량의 기름을 넣고 160~240℃에서 빠르게 조리하는 방법이다.
- 로스팅(Roasting) : 육류 또는 가금류 등을 통째로 오븐에서 굽는 방법으로 저온에서 장시간 구울수록 연하고 육즙의 손실이 없으므로 맛이 좋다.
- 그릴(Grill) : 간접적으로 가열된 금속의 표면에 굽는 방법이다.
- 브로일링(Broilling) : 석쇠 위에서 불로 굽는 직접 구이 조리법이다.
- 베이킹(Baking) : 오븐에서 건조열의 대류 현상을 이용하여 굽는 방법이다.

★ 비열
어떤 물질 1kg의 온도를 1℃ 높이는 데 필요한 열량

③ 복합 조리

- 전자레인지(Microwave)
  - 초단파를 이용하여 짧은 시간 내에 고열로 조리하는 방법이다.
  - 사용 적합한 용기 : 강화유리, 도자기, 내열성 플라스틱 등
  - 사용 부적합한 용기 : 알루미늄, 캔, 법랑, 금속 성분 등

3) 대량 조리

① 단체급식의 정의

- 1회에 50인 이상, 비영리 목적으로 계속적으로 식사를 제공한다.
- 공장, 사업장, 학교, 병원, 기숙사같이 특정 단체에 소속된 사람들을 대상으로 한다.
- 단체급식에서는 조리사와 영양사를 두어야 한다.

② 단체급식의 목적

- 학교 급식의 목적
  - 올바른 식생활 습관 형성으로 식생활 관리를 한다.
  - 영양적인 식사를 제공하고 건강을 유지, 증진시킨다.
  - 식량의 분배, 소비 등에 관하여 바른 이해력을 길러준다.

- 산업체 급식의 목적
  - 연령, 성별, 노동 정도에 따라 적정한 영양이 급식되므로 영양필요량을 충족시킨다.
  - 동일한 장소에서 함께 식사를 하므로 동료 간 대화를 통해 원만한 인간관계를 형성한다.
- 병원 급식의 목적
  - 간접적인 치료 방법이라는 사실을 생각하여 환자에 따라 적정한 식사를 제공한다.
  - 질병의 치유와 병상의 회복과 촉진을 도모한다.

③ 단체급식의 문제점

- 영양 : 잘못된 영양 산출, 대량 조리로 인한 영양 저하 현상
- 위생 : 비위생적인 환경에서 단체 식중독 발생 우려
- 비용 : 재료비, 인건비, 시설비 절감으로 인한 급식의 질 저하
- 심리 : 개인의 기호, 식습관 고려가 힘들고 획일화된 단일 식단

★ 직영급식
기관 따위에서 식사를 공급하는 일을 남에게 맡기지 않고 직접 관리함

★ 위탁급식
산업체, 병원, 학교 등지에서 급식을 전문 업체에 맡겨 운영하게 하는 일

④ 직영급식★의 장단점

- 장점 : 정해진 예산을 효과적으로 활용, 고객의 필요와 요구 만족
- 단점 : 직원들의 직무 부담, 인력관리

⑤ 위탁급식★의 장단점

- 장점 : 급식 예산의 보장, 인건비 절감, 식재료비 절감(대량구입), 노무관리 편리
- 단점 : 지나친 이윤 추구로 영양관리와 위생관리 소홀, 원가 상승, 단체의 권한 축소

⑥ 식단의 작성 순서

- 영양 기준량 산출 : 성별, 연령, 노동의 강도에 따라 영양량을 산출한다.
- 섭취 기준량 산출 : 다섯 가지 식품군이 골고루 포함되게 산출한다.
- 3식 배분 : 주식은 아침:점심:저녁을 1:1:1로 부식은 1:1:2 등으로 하여 음식수를 결정한다.
- 음식수, 요리명 결정 : 음식수와 요리 방법을 결정한다.
- 식단 주기 결정 : 1주일, 10일, 1개월분 중에서 결정한다.
- 식량 배분 계획 : 성인 남자 1인 1일분의 식량 구성량에 평균 성인 환산치와 날짜를 곱해 산출한다.
- 식단표 작성 : 요리명, 식품명, 중량, 대치 식품, 단가 등을 기재한다.

⑦ 식단 작성의 유의점

- 영양성 : 다섯 가지 기초 식품군을 고루 이용하도록 한다.
- 경제성 : 신선하고 값이 싼 식품, 제철 식품을 이용한다.
- 기호성 : 조미료 사용을 줄이고 짜지 않도록 한다.
- 지역성 : 지역의 식생활과 조화될 수 있는 식단을 연구한다.
- 능률성 : 주방의 시설, 기구 등을 고려하고 음식의 종류와 조리법을 선택한다.

03 기본 칼 기술 습득

1) 기본 칼질법 익히기

① 칼등 말아 잡기(칼날의 양면을 잡는 방법)★ : 일반적인 식재료 자르기와 슬라이스를 할 때 가장 많이 사용하는 방법이다. 날을 잡아주는 것은 칼날이 옆으로 젖혀지는 것을 방지할 수 있어 손잡이만 잡고 하는 방법보다 훨씬 안전하다.

② 검지 걸어 잡기 : 후려썰기에 적당한 방법이다.

③ 손잡이 말아 잡기(칼 손잡이만 잡는 방법) : 칼의 손잡이만을 잡는 방법으로 힘을 가하지 않고 칼을 사용할 수 있다. 밀어썰기, 후려썰기할 때 사용하는 방법이다. 손잡이만 잡는 방법도 많이 사용하기는 하지만 썰다가 칼이 돌아가 다치는 경우도 있기 때문에 좋은 방법은 아니다.

④ 엄지 눌러 잡기(칼등 쪽에 엄지를 얹고 잡는 방법) : 힘이 많이 필요한 딱딱한 재료나 냉동되었던 재료를 썰 때, 뼈를 부러뜨릴 때 손목에 무리가 가지 않도록 잡는 방법이다.

⑤ 검지 펴서 잡기(칼등 쪽에 검지를 얹고 잡는 방법) : 정교한 작업을 할 때 칼의 끝 쪽을 사용하기 위해 잡는 방법이다. 칼의 폭이 좁아 손가락을 말아 잡기 어렵거나 칼의 움직임이 클 때, 칼을 뉘어 포를 뜨는 경우에 많이 사용하는 방법이다. 대부분의 일식 조리사들이 잡는 방법이다.

⑥ 칼 바닥 잡기 : 재료에 칼집을 넣을 때 사용하는 방법이다.

★ 칼등 말아 잡기

04 조리기구의 종류와 용도

조리기구	용도
그라인더(Grinder)	고기를 다질 때 사용하는 기구
필러(Peeler)	당근, 감자, 무 등의 껍질을 벗기는 기구
슬라이서(Slicer)	육류, 햄 등을 일정한 두께로 저미는 기구
차퍼(Chopper)	육류, 채소 등 식품을 다지는 기구
믹서(Mixer)	골고루 섞거나 반죽할 때 사용(블랜더, 쥬서)하는 기구
휘퍼(Whipper)	달걀을 거품내거나 반죽할 때 사용하는 기구
살라만더(Salamander)	구이용으로 겉 표면을 색깔을 나타내는데 주로 사용하는 기구
스쿠퍼(Scooper)	아이스크림이나 채소를 동그랗게 뜰 때 사용하는 기구
그릴러(Griller)	굵은 석쇠나 철판 형태의 굽는 기구(브로일러)
세미기	주로 단체급식에서 쌀을 씻는 기기

05 식재료 계량 방법

1) 계량 단위

① 1C = 컵 = Cup = 200cc = 200mL(미국은 240mL)

② 1TS = 큰술 = Table Spoon = 15cc = 15mL = 3ts

③ 1ts = 작은술 = Tea Spoon = 5cc = 5mL

④ 1Pound = 파운드 = 453.6g

⑤ 1Pint = 파인트 = 473mL = 16oz

⑥ 1Quart = 쿼터 = 960mL = 32oz

⑦ 1Gallon = 갤런 = 128oz

2) 계량법

① 밀가루 : 체로 쳐서 수북하게 담고 평평하게 깎아 측정한다. 이때 밀가루를 누르거나 흔들지 않는다.

② 지방 : 버터, 마가린과 같은 지방은 저울로 계량하는 것이 바람직하나 컵이나 스푼으로 계량할 때는 실온에서 계량컵에 꼭꼭 눌러 담아 깎아서 계량한다.

③ 설탕 : 흑설탕은 꼭꼭 눌러서 잰다.

④ 액체 : 물엿, 꿀과 같이 점성이 큰 것은 큰 계량컵을 사용하고 눈금과 액체 표면의 아래 부분을 눈과 같은 높이로 맞춰 계량한다.

3) 폐기량과 정미량

> 기적의 TIP
> 폐기율, 정미율, 발주량을 구하는 계산 문제가 나와요.

① 식품 조리 시 버려지는 비가식 부위를 폐기량이라 하고, 폐기량을 제외한 가식 부위를 정미량이라고 한다.

② 폐기율(%) = (폐기량 ÷ 전체 중량) × 100

③ 발주량 = {정미주량 ÷ (100 − 폐기율)} × 인원수 × 100

④ 출고계수 = 1 ÷ 정미율 × 100

06 조리장의 시설 및 설비 관리

1) 조리장 조건

> 기적의 TIP
> 조리장의 3원칙 중에 가장 우선시 되는 것은 '위생'이에요.

① 조리장의 3원칙

- 위생성
- 능률성
- 경제성

② 조리장의 위치
• 통풍과 채광이 좋고 급수와 배수가 용이하여야 한다.
• 객실 및 객석의 구분이 명확하고 식품의 구입과 반출이 용이한 곳이 좋다.

③ 조리장의 면적
• 식당의 면적은 취식자 1인당 $1m^2$를 필요로 한다.
• 조리장의 면적은 식당 넓이의 1/3이 기준으로 되어 있다.
• 일반 급식소의 경우 1인당 $0.1m^2$가 기준이다.

2) 조리장의 설비

① 바닥
• 조리장은 개방식 구조로 한다.
• 바닥과 내벽 1m까지의 물청소가 용이한 내수성 자재를 사용한다.
• 미끄럽지 않고 산, 염, 유기용액에 강해야 한다.

② 배수시설
• 주방의 중앙과 물을 많이 사용하는 곳에 트렌치를 설치하여 배수효과를 높인다.
• 하수도로부터 악취, 방서, 방충의 목적으로 트랩을 설치하는 것이 좋다.
• 찌꺼기가 많은 경우에는 수조형 트랩이, 유지가 많은 경우에는 그리스 트랩이 효과적이다.
• 곡선형 트랩 : S자형, P자형, U자형 트랩
• 수조형 트랩 : 관 트랩, 드럼 트랩, 그리스 트랩, 실형 트랩
• 배수를 위한 물매(기울기)는 1/100 정도로 한다.

③ 작업대
• 작업대의 높이는 신장의 52% 가량이며, 55~60cm의 너비인 것이 효율적이다.
• 작업대와 뒤 선반의 간격은 최소한 150cm 이상이어야 한다.
• 작업 순서에 따른 기기 배치 : 준비대 → 개수대 → 조리대 → 가열대 → 배선대
• 작업대의 종류
  – ㄷ자형 : 동선이 짧으며 넓은 조리장에서 가장 효율적이다.
  – ㄴ자형 : 조리장이 좁은 경우에 사용된다.
  – 병렬형 : 180° 회전을 해야 해서 피로가 빨리 온다.
  – 일렬형 : 작업동선이 길고 비능률적이지만 조리장이 굽은 경우에 사용한다.

④ 벽, 창문
• 벽의 마감재로는 자기타일, 모자이크타일, 금속판, 내수합판 등이 좋다.
• 창문은 직사광선을 막을 수 있도록 설계하고, 밀폐할 수 있는 고정식으로 하며, 해충의 침입을 막을 수 있도록 방충망을 설치한다.

⑤ 환기
• 환기설비의 후드의 경사각은 30°로, 후드의 형태는 4방개방형이 가장 효율적이다.
• 후드장치는 가열기구의 설치범위보다 넓어야 흡입하는 효율성이 높다.
• 청소하기 쉬운 구조로 되어 있어야 하고, 녹슬지 않는 재질이어야 한다.

SECTION 02

출제빈도 상 중 하

반복학습 1 2 3

식품의 조리원리

빈출 태그 ▶ 농산물 · 축산물 · 수산물 · 냉동 · 유지의 조리 · 가공 · 저장 · 특성 · 조미료 · 향신료

01 농산물의 조리 및 가공 · 저장

1) 전분의 조리

① 전분의 구조

- 곡류의 주성분은 탄수화물이고 탄수화물 대부분이 전분이다.
- 멥쌀은 아밀로오스 20%, 아밀로펙틴 80%로 구성되어 있다.

아밀로오스(Amylose)	아밀로펙틴(Amylopectin)
• 500~2000개의 글루코오스가 중합 • α-1,4 결합 • 직쇄 구조 • 엉키는 성질	• 100~수십만 개의 글루코오스가 중합 • α-1,4 결합과 α-1,6 결합 • 직쇄 구조에 가지로 연결 • 끈기 있는 성질

- 찰옥수수, 찰보리, 찹쌀 등의 곡류는 대부분이 아밀로펙틴으로 구성되어 있다.
- 요오드 반응에 찹쌀은 적갈색, 멥쌀은 보라색을 띤다.

기적의 TIP

전분의 호화, 노화, 호정화를 구분할 수 있어야 하고 조리에 따른 변화를 익혀야 해요.

② 전분의 호화(α화)

- 전분이 날것인 상태를 베타전분(β전분)이라고 한다. 이 베타전분을 물로 가열하면 분자에 금이 가며 물 분자가 전분으로 들어가서 팽윤한 상태가 되고 점성이 높은 반투명의 콜로이드 상태가 되는데 이것을 전분의 호화라고 한다(예 쌀이 밥이나 떡이 되는 것).
- 전분의 호화에 영향을 끼치는 인자
  - 가열 온도가 높을수록
  - 쌀의 도정률이 클수록
  - 수침 시간이 길수록
  - 밥물이 알칼리성일수록
  - 전분의 입자가 클수록

③ 전분의 노화(β화)

- 호화된 알파전분(α전분)을 실온이나 냉장 온도에 오래 방치하면 생전분의 구조로 변화하는데 이것을 전분의 노화라고 한다(예 밥이나 떡이 굳어지는 것).
- 전분이 노화되기 쉬운 조건
  - 수분이 30~60%일 때
  - 온도가 0~5℃일 때
  - 전분 분자 중 아밀로오스의 함량이 많을수록
- 노화의 방지책

- 수분함량을 15% 이하로 한다.
- 0℃ 이하로 동결시키거나 60℃ 이상으로 온장시킨다.
- 유화제를 첨가한다.
- 설탕을 첨가한다.

④ 전분의 호정화(Dextrin화)

- 전분을 160℃ 이상의 건열로 가열하여 여러 단계의 가용성 전분을 거쳐 덱스트린으로 분해하는 과정이다.
- 물에 잘 녹고 오래 저장할 수 있다.
- 예 뻥튀기, 미숫가루, 팝콘, 강냉이, 냉동빵 등

⑤ 전분의 당화

- 전분에 묽은 산을 넣고 가열하여 최적온도를 유지하면 포도당으로 가수분해된다.
- 예 식혜, 엿

기적의 TIP

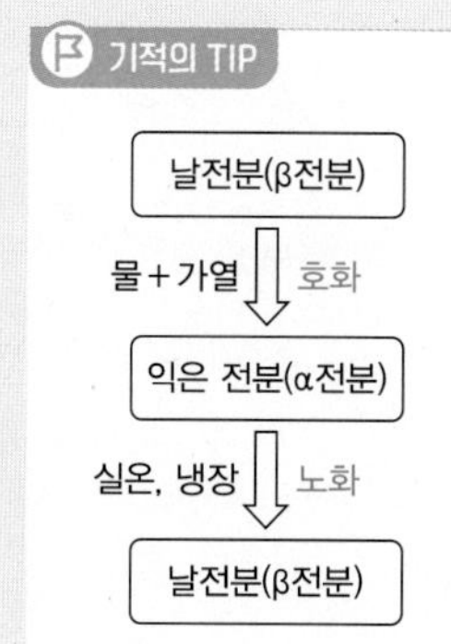

2) 밀가루의 조리

① 밀가루의 특성

- 밀가루의 단백질인 글리아딘(Gliadin)과 글루테닌(Glutenin)이 물과 결합하면 점탄성의 글루텐(Gluten)을 형성한다.
- 반죽을 오래할수록 질기고 점성이 강한 글루텐이 형성된다.

② 밀가루의 종류와 용도

종류	글루텐 함량	용도
강력분	13% 이상	빵, 마카로니, 스파게티
중력분	10~13%	칼국수면, 만두피
박력분	10% 이하	튀김옷, 케이크, 쿠키, 도너츠

③ 밀가루 제품 성분과 특징

- 팽창제 : CO_2, 공기, 증기 등을 제공하여 제품을 부풀게 한다.
  - 이스트(효모, Yeast) : 밀가루의 1~3%가 적당하다. 최적온도는 25~30℃이다.
  - 베이킹파우더(B · P) : 밀가루 1컵에 1작은술이 적당하다.
  - 중조(중탄산수소나트륨) : 중조를 넣으면 제품이 황색으로 변하는 단점이 있다.
- 지방 : 글루텐 형성을 방해하여 부드럽고 바삭한 질감을 주는데 이를 연화작용이라고 한다. 가열 시 표면에 갈색 반응이 일어난다.
- 달걀 : 구조 형성, 팽화제, 유화성, 액체원이 되며 색과 풍미를 준다. 지나치게 사용하면 제품이 질겨진다.
- 설탕 : 고온에 의해 캐러멜화로 인해 갈색 반응이 일어나고 연화 작용을 한다.
- 소금 : 맛을 향상시키고 이스트의 발효 작용을 지연시키며 글루텐의 강도를 높여준다.

기적의 TIP

- 글루텐의 형성에 도움을 주는 물질 : 액체, 달걀, 소금, 물, 우유
- 글루텐의 형성을 방해하는 물질 : 지방, 설탕

④ 제빵

- 빵의 제조 시 반죽온도는 25~30℃이고, 오븐의 굽는 온도는 200~250℃로 한다.
- 반죽이 부푸는 것은 팽창제가 탄산가스(CO_2)를 생성하기 때문이다.

3) 서류의 조리

① 감자의 성분

- 감자는 수분이 70~80%, 당질이 15~16% 함량으로 높다.
- 주성분이 당질로 그 대부분이 전분으로 구성되어 있어 열량원으로 이용된다.
- 비타민 B, C군도 많아 겨울철에 비타민의 공급원으로 중요한 역할을 한다.
- 칼륨(K)은 나트륨(Na)과의 길항작용으로 소금을 체외로 배설시켜 체내 균형을 유지한다.

② 감자의 종류

- 점질감자
  - 찌거나 구울 때 부서지지 않고 쫄깃하며 노란색이다.
  - 찜, 조림, 볶음, 샐러드, 삶기에 적당하다.
- 분질감자
  - 부서지는 성질이 있고 흰색이다.
  - 매쉬드 포테이토, 오븐 요리에 적합하다.

③ 감자의 유독성분

- 솔라닌(Solanine) : 외피의 발아부에 많고 두통, 복통, 어지럼증, 위장장애를 유발한다.
- 셉신(Sepsin) : 부패된 감자에서 생기는 독성물질이다.

④ 고구마의 성분

- 고구마는 수분이 71~77%, 당질 23%이다.
- 주성분이 당질로 열량 식품이다.
- 무기질 K가 많아 알칼리성 식품이다.

⑤ 고구마의 당화작용

- 고구마의 전분이 β-amylase에 의하여 맥아당으로 전환되면서 단맛이 증가한다.
- 이 효소는 55℃가 최적 온도이다.

> **기적의 TIP**
> - 고단백 저탄수화물류 : 대두(콩), 낙화생 등
> - 저단백 고탄수화물류 : 팥, 녹두, 완두, 강낭콩 등

4) 두류의 조리

① 대두의 성분

- 콩은 질적으로 우수한 고단백질 식품으로 단백질의 대부분이 글리시닌(Glycinin)이다.
- 아미노산 조성이 우수하며 필수아미노산 라이신(Lysine)과 트립토판(Tryptophan)이 풍부하다.
- 대두유에는 리놀렌산(Linoleic Acid), 올레인산(Oleic Acid)이 많다.
- 메티오닌, 시스테인 등의 함황아미노산은 부족한 편이다.

② 두류의 특수 성분

- 안티트립신(Antitrypsin) : 생 대두에 소화를 저해하는 트립신 저해 물질로 가열에 의하여 파괴된다.
- 사포닌(Saponin) : 기포성과 용혈 작용이 있는데 가열 시 파괴된다.

③ 두류의 색

- 대두, 동부의 황색 : 플라보노이드(Flavonoid)계, 카로티노이드(Carotenoid)계 색소
- 강낭콩의 검은색 : 안토시아닌(Anthocyanin)계 색소
- 완두나 녹두의 푸른색 : 클로로필(Chlorophyll)계 색소

④ 두부의 조리

- 소화율이 95%로 콩 가공 식품이다.
- 대두단백질 글리시닌이 두부응고제와 열에 응고되는데 이 성질을 이용하여 두부를 만든다.
- 두부를 가열할 때 소금을 첨가하면 부드러워진다.
- 두부응고제 : 황산칼슘($CaSO_4$), 염화마그네슘($MgCl_2$), 염화칼슘($CaCl_2$) 등

⑤ 두류의 조리

- 두류에 식용 소다를 첨가하면 빨리 무르지만, 비타민 B_1이 손실된다.
- 팥은 흡수시간이 너무 길어 물에 불리지 않고 바로 가열한다.
- 완두콩 통조림을 가열해도 녹색이 유지되는 것은 구리클로로필 색소 때문이다.
- 콩을 삶고 코지균으로 발효시킨 메주를 이용하여 간장을 만든다.
- 두류의 수분 흡수율 : 대두 〉 검정콩 〉 강낭콩 〉 팥

5) 채소의 조리

① 채소의 성분

- 채소의 대부분은 수분이 85~95%, 탄수화물 2~10%이고, 탄수화물은 주로 전분, 당분, 섬유질이다. 비타민과 무기질을 다량 함유하고 있다.
- 무와 당근에는 비타민 C를 파괴하는 아스코르비나아제(Ascorbic Acid Oxy-dase)가 있어 오이와 함께 섭취하면 비타민 C의 손실이 있다. 열, 산 처리하면 불활성화된다.

> 기적의 TIP
>
> 채소 및 과일류는 다량의 비타민, 무기질 Na, K, Ca, Mg를 함유하고 있어 알칼리성 식품에 속해요.

② 채소의 종류

- 엽채류 : 배추, 양배추, 시금치, 아욱, 부추, 미나리 등
- 근채류 : 연근, 무, 우엉, 감자, 당근, 비트 등
- 과채류 : 딸기, 참외, 오이, 호박, 토마토, 고추 등
- 화채류 : 브로콜리, 컬리플라워, 아티초크 등
- 경채류 : 아스파라거스, 샐러리 등

③ 채소의 보관

- 채소는 보관 중에 호흡 작용에 의해 선도가 저하되므로, 될 수 있으면 신선할 때 먹는다.
- 어둡고 온도가 낮은 곳에 보관한다.

④ 녹색채소의 데치기

- 삶는 물의 양은 재료의 5배가 좋고 끓는 물에 넣어 단시간 내 데친 다음 찬물로 헹군다.
- 수산(옥살산)을 제거하기 위해 뚜껑을 열고 데친다. 수산은 체내에서 칼슘의 흡수를 방해하여 신장결석을 일으킨다.
- 중탄산소다를 넣으면 색이 선명해지나, 비타민의 파괴와 조직의 연화가 있다.
- 1%의 식염수에 데치면 색이 선명해지고 물러지지 않으며 조직이 파괴되지 않는다.

⑤ 채소의 갈변 현상

- 비효소적(산, 가열) 갈변 : 산이나 가열에 의해 엽록소가 페오피틴(Pheophytin)으로 변해서 갈색으로 바뀌므로 식초는 먹기 직전에 첨가하고, 채소를 데칠 때는 뚜껑을 열어 유기산을 휘발시키고 찬물로 빨리 헹구어 낸다.
- 효소적 갈변 : 감자, 우엉 등의 껍질을 벗기면 갈색으로 변한다. 그러나 껍질을 벗긴 후 식초물에 담그면 갈변을 방지할 수 있다.
- 갈변 현상을 방지하는 방법
  - 열 처리 : 효소의 활성을 파괴한다.
  - 진공 처리 : 산소와의 접촉을 차단한다.
  - 산 처리 : pH3 이하에서 효소작용이 억제된다.

6) 과일의 조리

기적의 TIP

과일의 특징을 이용해서 먹을 수 있는 잼, 토마토 가공식품을 알아두세요.

① 과일의 성분

- 수분이 85~90%, 탄수화물이 10~12% 등으로, 탄수화물은 당분과 섬유질이 대부분이다.
- 비타민과 무기질이 풍부하고 무기질은 K, Ca이 많아 알칼리성 식품이다.

② 과일의 효소에 의한 갈변 방지법

- 고농도의 설탕 용액에 담근다.
- 저농도의 소금물에 담근다.
- 레몬즙이나 구연산 등으로 산성 처리한다.

③ 과일의 조리

- 젤리(Jelly) : 펙틴 1~1.5%, 유기산 3%를 함유한 과즙에 설탕 60% 이상을 첨가해 설탕이 펙틴을 침전시켜 형성되는 것이다. 투명하고 빛깔이 있다.
- 프리저브(Preserve) : 과일의 형태를 남게 하여 과육을 시럽에 넣고 조리하여 연하고 투명하게 만든다.
- 잼(Jam) : 과육을 잘게 썰거나 으깬 것에 설탕을 넣어 농축한 것이다. 펙틴과 산이 많은 감귤, 사과, 살구, 자두, 딸기가 잼을 만들기에 적당하다.
- 마멀레이드(Marmalade) : 젤리 속에 과편이나 과일의 껍질이 들어 있다.

④ 토마토의 가공

- 토마토 퓨레 : 토마토를 파쇄하여 씨와 껍질 제거 후 과육과 과즙을 농축한 것이다.
- 토마토 페이스트 : 토마토를 농축하여 고형물 함량을 25% 이상이 되도록 한 것이다.
- 토마토 케첩 : 토마토 페이스트에 향신료, 식염, 설탕, 식초 등을 넣어 만든 것이다.

⑤ 과일의 보관

- 냉장 보관 : 사과, 배, 귤, 참외, 수박, 딸기
- 익기 전 실온 보관, 익은 후 냉장 보관 : 멜론, 오렌지, 복숭아, 자몽
- 실온 보관 : 바나나, 파인애플, 토마토, 망고, 아보카도, 파파야

⑥ 과일의 당 지수(DI)

- 당 지수는 식품의 섭취 후 혈당상승 반응을 수치로 나타낸 값이다.
- 당 지수가 낮은 식품이 당 지수가 높은 식품에 비해 혈당을 천천히 상승시키므로 혈당조절에 도움이 된다.

과일	당 지수	과일	당 지수
수박	72	사과	36
파인애플	66	키위	35
바나나	55	블루베리	34
포도	50	배	32
망고	49	오렌지	31
멜론	41	딸기	29
복숭아	41	아보카도	27

02 축산물의 조리 및 가공 · 저장

1) 육류의 가공

① 육류의 사후경직과 숙성

- 사후경직(사후강직)
  - 육류는 도살된 후 약알칼리성에서 산성으로 변하면서 사후경직이 생긴다.
  - 소고기는 사후 12~24시간, 닭고기는 6~12시간, 돼지고기는 2~3일이 최대 경직기이다.
  - 사후경직이 되면 젖산(Lactic acid) 생성, Ca 활성화, pH 저하, ATPase 활성화, ATP 분해, 액토미오신(Actomyosin) 합성, 보수성 저하가 된다.
- 숙성
  - 사후경직이 완료되면 서서히 경직이 풀려 사후경직 해제와 동시에 숙성이 일어난다.
  - 소고기는 4~7℃에서 7~10일, 2℃에서 2주간 숙성한다.

② 육류의 연화법

- 도살 후 숙성 기간을 거쳐 근육 조직을 연화한다.
- 고기를 섬유의 반대 방향으로 썰거나 두들기거나 칼집을 넣어준다.
- 1.3~1.5%의 소금은 보수성을 증가시키고 중량 손실량을 적게 한다. 그러나 15% 이상은 질겨지게 한다.
- 파파야의 파파인(Papain), 파인애플의 브로멜린(Bromelin), 무화과의 피신(Ficin), 배의 프로테아제(Protease) 등의 효소를 첨가한다.

> ★ 콜라겐
> 육류의 결합조직의 대부분을 차지하는 교원 섬유

- 장시간 물에 끓이면 콜라겐★이 가수분해 되어 연해진다.
- 냉동하면 단백질이 변성되어 녹였을 때 고기가 연해진다.
- 설탕을 넣으면 연해진다.

③ 소고기 등급

- 육질등급 : 근내지방도, 육색, 지방색, 조직감, 성숙도에 따라 1+, 1, 2, 3등급으로 육질등급을 매긴다.
- 육량등급 : 등지방두께, 배최장근단면적, 도체의 중량을 측정하여 산정된 육량지수에 따라 A, B, C 등급으로 육량등급을 매긴다.

④ 돼지고기 등급 : 돼지고기는 육색, 지방색과 질, 조직감, 지방침착도, 삼겹살상태, 결합의 상태로 등급을 판정한다.

2) 육류의 조리

① 가열에 의한 변화

- 단백질이 응고되면서 수축, 분해된다.
- 결합조직의 콜라겐이 젤라틴★화 되면서 조직이 부드러워진다.
- 중량이 감소되고 육단백질의 보수성이 감소된다.
- 색과 풍미가 좋아지고 지방이 융해된다.

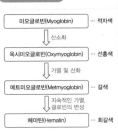

> ★ 젤라틴
> 콜라겐을 가열하면 분해하고 변성되어서 얻어지는 단백질

> **기적의 TIP**
>
> 미오글로빈(Myoglobin) … 적자색
> ↓ 산소화
> 옥시미오글로빈(Oxymyoglobin) … 선홍색
> ↓ 가열 및 산화
> 메트미오글로빈(Metmyoglobin) … 갈색
> ↓ 지속적인 가열, 글로빈의 변성
> 헤마틴(Hematin) … 회갈색

> ★ 미오글로빈
> 육류의 육색소
> ★ 헤모글로빈
> 육류의 혈색소

② 소고기의 부위별 조리법

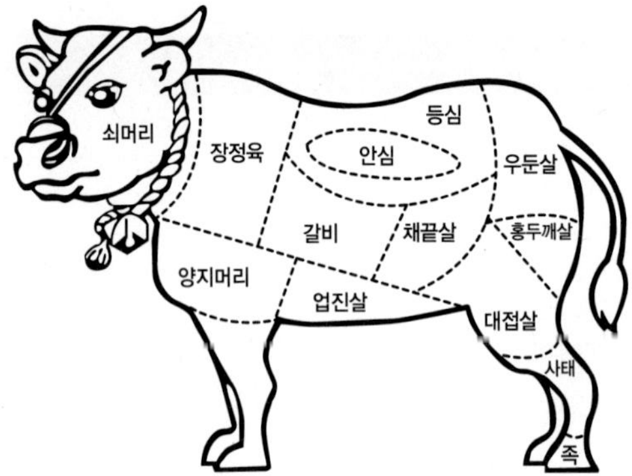

- 소머리 : 편육, 찜
- 장정 : 구이, 전골, 편육, 조림
- 양지 : 구이, 전골, 편육, 탕
- 등심, 안심 : 전골, 구이, 볶음
- 갈비 : 구이, 찜, 탕
- 채끝살 : 구이, 전골, 찜, 찌개, 조림
- 업진 : 편육, 탕, 조림, 육수
- 홍두깨살 : 조림, 탕
- 우둔, 대접 : 구이, 조림, 포, 산적, 육회
- 사태 : 찜, 탕, 조림, 편육
- 족 : 족편, 탕

> **기적의 TIP**
>
> 소, 돼지의 그림을 보고 결체조직이 많은 다리 쪽은 편육, 국거리, 육수용으로 먹고 부드러운 등, 배쪽은 구워 먹고 비교적 기름이 적은 엉덩이 쪽은 잡채용, 장조림용으로 먹는다고 이해하면 쉬워요.

③ 돼지고기의 부위별 조리법

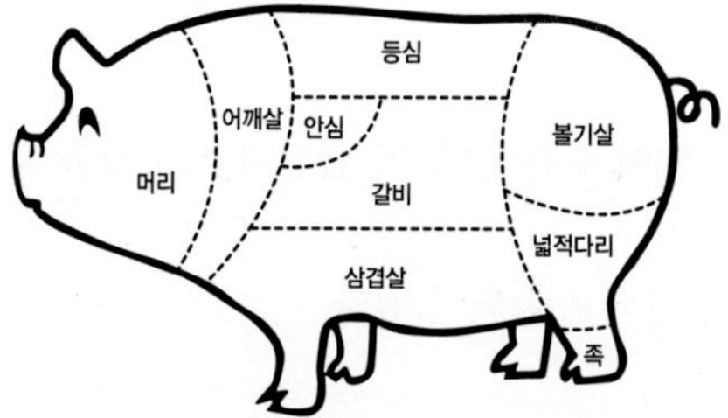

- 머리 : 편육
- 어깨살, 등심, 갈비 : 구이, 찜, 찌개
- 안심 : 구이, 찜
- 삼겹살 : 편육, 구이, 조림
- 볼기살 : 조림, 편육
- 넓적다리 : 구이, 편육
- 족 : 탕, 찜

④ 조리법

- 탕
  - 결합조직이 많은 양지, 사태, 꼬리 등을 사용한다.
  - 고기의 성분이 충분히 용출되어야 맛이 좋으므로 찬물부터 고기를 넣고 끓인다.
  - 냄새 제거를 위해 양파, 무, 마늘, 생강 등의 향신료를 넣어 같이 끓이면 좋다.
- 장조림
  - 지방의 함량이 적은 홍두깨, 우둔, 대접살 등을 사용한다.
  - 고기에 물만 넣어 끓이다가 나중에 간장과 설탕을 넣어야 한다. 처음부터 간장과 설탕을 넣으면 콜라겐이 젤라틴화되기 전에 고기 내의 수분이 빠져나오면서 근육 섬유가 수축하므로 단단해진다.
- 편육
  - 소고기는 양지, 사태, 우설 등을 사용하고, 돼지고기는 삼겹살, 돼지머리 등을 사용한다.
  - 편육은 고기의 맛 성분이 많이 용출되지 않도록 끓는 물에 고기를 넣어 만든다. 끓는 물에 넣으면 고기의 표면이 먼저 응고하여 내부 성분의 용출이 느려진다.
  - 생강은 단백질이 응고된 후 방취 효과가 발휘되므로 고기가 익은 후에 생강을 넣는다.
- 구이
  - 지방의 마블링이 잘 된 등심, 안심, 갈비 등을 사용한다.
  - 양면이 갈색이 되도록 지진 후 약한 불로 내부까지 익힌다.

⑤ 젤라틴

- 동물의 가죽, 뼈에 다량 존재하는 콜라겐을 가수분해하여 얻어진 유도단백질이다.
- 식품의 3~4% 정도를 사용한다.
- 13℃ 이하에서 응고한다.
- 설탕의 증가는 겔 강도를 감소시켜 부드러운 젤리를 형성한다.
- 젤리, 아이스크림, 푸딩의 제조에 사용된다.

3) 난류의 구조와 성분

① 달걀의 구조

- 달걀은 난각, 난각막, 난백, 난황으로 이루어져 있다.
- 난각은 96%의 탄산칼슘으로서 작은 기공이 있어 수분의 증발, 탄산가스의 배출 및 세균의 침입이 일어난다.
- 난백은 농도와 점조성에 따라 농후난백, 수양난백으로 되어 있다.

② 달걀의 성분

- 달걀은 영양소를 완전히 함유한 식품이다.
- 난황의 유화성은 주로 레시틴(Lecithin)에 의한다.
- 난백 단백질의 약 60%는 오브알부민(Ovalbumin)이고 콘알부민, 오보뮤코이드, 오보뮤신 등이 있다.
- 난황의 단백질은 리포프로테인(Lipoprotein), 뮤신(Mucin), 케라틴(Keratin), 콜라겐(Collagen) 등이 있다.
- 달걀의 아미노산 조성은 필수 아미노산을 모두 가지고 있어 영양가가 우수한 편이다.
- 난황의 색소 카로티노이드는 불포화지방산으로부터 보호하는 역할을 한다.

③ 달걀의 신선도에 따른 변화

- 시간이 경과함에 따라 달걀의 수분함량은 감소하고 기실은 커진다.
- 난각의 구멍을 통하여 탄산가스가 증산해버리며 pH가 상승한다.
- 농후난백보다 수양난백이 많은 달걀은 오래된 달걀이다.
- 풍미의 악변 현상이 심해진다.

④ 신선도 측정법

- 달걀을 깨뜨려 측정하는 방법으로 신선도가 떨어질수록 수치가 낮다.
- 난백계수가 신선하면 약 0.16, 오래된 달걀은 0.1 이하가 된다.
- 난황계수가 신선한 것은 0.4내외이며, 오래된 것은 0.3 이하가 된다.
- 난백계수 $= \dfrac{\text{농후난백의 높이}}{\text{농후난백의 직경}}$
- 난황계수 $= \dfrac{\text{난황의 높이}}{\text{난황의 직경}}$
- 비중법 : 6%의 소금물에 달걀을 넣어 가라앉으면 신선한 것이고 위로 뜨면 오래된 것이다.

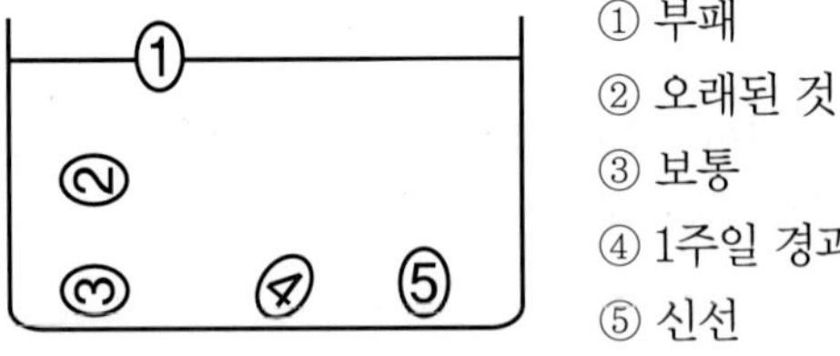

① 부패
② 오래된 것
③ 보통
④ 1주일 경과
⑤ 신선

4) 달걀의 특성

① 응고성

- 난백의 응고온도는 60~65℃, 난황은 65~70℃이다.
- 달걀을 삶을 때 소금과 식초를 넣으면 응고 작용을 돕는다.
- 달걀을 3~5분 삶으면 반숙이 되고, 10~15분 삶으면 완숙이 된다.

② 녹변 현상

- 15분 이상 가열 시 난황 주의가 암녹색으로 변한다.
- 난백의 황화수소(H_2S)와 난황의 철(Fe)이 결합하여 황화철(FeS)을 생성한다.
- 가열 온도가 높으면, 삶는 시간이 길면, 오래된 계란이면, 찬물에 바로 안 넣으면 녹변 현상이 생긴다.

③ 기포성

- 난백의 기포성에 관여하는 단백질은 글로불린(Globulin)이다.
- 난백을 잘 저으면 공기가 들어가 거품이 일어난다.
- 튀김옷, 스폰지케이크, 머랭 등의 요리에 사용한다.
- 오래된 계란일수록 기포가 잘 생기지만 안정성과 점성은 적다.
- 30℃에서 거품이 잘 일어나므로 달걀을 실온에 미리 꺼내어 두고 거품을 내는 것이 좋다.
- 산(식초, 레몬즙)에서 기포가 더 잘 일어난다.
- 설탕, 우유, 기름은 기포의 발생을 저해한다.

④ 유화성

- 난황의 레시틴(Lecithin)은 기름에 유화되는 것을 촉진시킨다.
- 대표적인 유화식품으로 마요네즈, 수프, 케이크 반죽 등이 있다.

5) 달걀의 조리

① **피단(송화단)** : 중국 음식으로, 난류를 염류 및 알칼리에 침투시켜 내용물을 응고시키고 숙성하면 암모니아와 황화수소가 발생하여 독특한 풍미와 단단한 조직을 갖게 되는데, 주로 오리알을 이용하여 만들지만 달걀을 사용해도 무관하다.

② **마요네즈** : 신선한 난황에 기름을 소량씩 첨가하며 한 방향으로 빠르게 충분히 저어준다. 마지막에 식초, 소금, 향신료를 첨가한다.

③ **머랭** : 설탕과 흰자에 향료를 넣고 거품이 나게 섞은 후, 낮은 온도의 오븐에서 굽는다.

6) 우유의 조리

① 우유의 성분

- 우유는 동물성 단백질과 칼슘의 공급원으로 대표적인 완전식품이다.
- 단백질, 비타민 B_2, 칼슘(Ca), 인(P) 등의 영양소가 풍부하게 함유되어 있다.
- 우유의 단백질은 산에 의해 침전하는 카세인(Casein)과 침전되지 않는 락토글로불린(Lactoglobulin)과 락트알부민(Lactalbumin)으로 구성되어 있다.
- 우유의 탄수화물은 대부분이 유당이고, 그 밖에 미량의 글루코오즈, 갈락토오즈가 있다.

기적의 TIP

식품의 단백질

- 밀가루 : 글루테닌, 글리아딘, 글루텐
- 두류 : 글리시닌
- 달걀 난황 : 레시틴
- 달걀 난백 : 글로불린
- 우유 : 카세인
- 육류 : 콜라겐, 미오글로빈
- 어류 : 미오신

기적의 TIP

우유의 카세인 문제나 산, 가열에 의한 변화 문제가 많이 나와요.

② 카세인(Casein)의 특징
- 주요 단백질의 80%이며 칼슘과 결합된 형태로 존재하며 인단백질이다.
- 우유를 20℃에서 산(Acid)을 가하여 pH4.6으로 조절하면 침전된다.
- 우유는 응고효소 레닌(Renin)에 의해 파라카세인(paracasein)으로 응고된다.
- 열에는 응고되지 않는다.
- 이 원리를 이용하여 치즈나 요구르트를 만든다.

③ 우유의 조리
- 조리식품의 색을 희게 한다.
- 매끄러운 감촉과 우유 특유의 유연한 맛과 방향을 준다.
- 단백질 겔의 강도를 높인다.
- 식품에 마이야르 갈색화 반응을 일으킨다.
- 생선의 비린내를 흡착, 제거한다.

④ 우유의 가열에 의한 변화
- 60~65℃ 이상으로 가열하면 냄새가 나고 표면에 피막이 생긴다.
- 우유 중의 지방구가 단백질과 엉겨 표면에 뜨기 때문에 수분이 증발하면 피막이 형성된다.
- 우유를 뚜껑을 열고 약한 불에서 저어가며 끓이거나 뚜껑을 닫고 약한 불에서 은근히 끓이면 방지할 수 있다.

⑤ 우유를 응고시키는 요인
- 카세인(Casein) : 산(식초, 레몬즙), 응유효소(레닌), 알코올, 염류(염석)
- 유청 단백질(락토글로불린, 락트알부민) : 열

⑥ 유제품의 종류
- 연유 : 우유를 1/3로 농축시킨 무당연유와, 설탕을 첨가하고 농축시킨 가당연유가 있다.
- 탈지유 : 우유를 원심분리기로 처리하고 지방을 빼서 유지가 0.5% 이하인 것을 말한다.
- 요구르트 : 탈지유를 농축시키고 설탕을 첨가, 가열, 살균, 발효시킨 것이다.
- 분유 : 탈지유를 건조 분말한 것이다.
- 크림 : 탈지유에서 빠진 크림으로 지방 함량이 35%이다.
- 사워크림 : 생크림(유지방)을 발효한다.
- 버터 : 크림을 가열, 살균, 발효, 가염, 냉장시킨 것으로 지방 함량이 80%이다.
- 치즈 : 카세인을 레닌으로 응고시킨 것이다.

지방의 함량
- 크림의 지방 함량 : 35%
- 우유의 유지방 함량 : 3% 이상
- 저지방 우유의 유지방 함량 : 1~2%

⑦ 우유의 균질화(Homogenization)
- 우유 지방 성분에 물리적 충격을 가하여 크기를 작게 분쇄하는 작업으로 지방의 분리를 방지하기 위한 방법이다.
- 우유의 지방은 큰 덩어리 상태로 존재하기 때문에 균질화를 하지 않으면 우유 표면에 지방층이 생길 수 있다.

⑧ 치즈의 종류

- 자연치즈 : 원유, 탈지유, 크림, 버터 등을 유산균에 의하여 발효하고, 효소에 의하여 응고시킨 후 수분을 제거하여 만든 치즈
- 가공치즈 : 자연 치즈를 주 원료로 유화제와 함께 85℃에서 가열 살균하고 용해하여 균질하게 가공한 치즈

경도	수분 함량	종류
연질치즈	45~50%	리코타, 모짜렐라, 마스카포네, 까망베르, 크림치즈
반경질	40~45%	고르곤졸라, 브라, 폰티나
경질치즈	30~40%	에멘탈치즈, 체더치즈
초경질치즈	25~30%	빠르미지아노 레지아노, 그라나 빠다

03 수산물의 조리 및 가공 · 저장

1) 어류의 구조와 성분

① 어류의 종류

- 서식지에 따라 해수어와 담수어로 나눈다.
  - 해수어는 바닷물고기, 담수어는 강, 호수, 저수지 등에 사는 민물고기이다.
  - 해수어는 담수어보다 지방 함량이 많고 맛이 좋다.
- 지방이 5% 미만인 흰 살 생선과 5~20%의 지방을 함유하고 있는 붉은 살 생선이 있다.

② 어류의 성분

- 단백질
  - 단백질의 함량은 16~25%, 문어와 오징어 등은 약 10%가 들어있다.
  - 근원섬유(섬유상) 단백질은 미오신(Myosin), 액틴(Actin) 등이다.
  - 어패류 단백질의 아미노산 조성은 라이신(Lysine)을 많이 함유하고 있다.
- 지방
  - 주성분은 중성지방이며 구성 지방산으로 불포화지방산을 85% 함유하고 있다.
  - 제철생선과 산란 1~2개월 전에는 지방 함량이 높다.
  - 산란 후에는 지방과 단백질 함량이 낮고 수분 함량이 증가하여 맛이 없어진다.
- 무기질 및 비타민
  - 무기질은 1~2% 가량 함유하고, 주로 인(P)과 황(S)이 많다.
  - 비타민 A는 어유와 간유에 많다.

③ 어류의 특징

- 어류는 사후 1~4시간에서 최대강직현상을 보인다.
- 생선은 자기소화과정 중 글루타민산(Glutamic Acid)과 IMP가 생성되어 맛이 좋아진다.

- 생선 비린내의 주요 성분은 트리메틸아민(TMA=Trimethylamine)이며 수용성이다.
- 생선 육질이 소고기보다 연한 것은 콜라겐(Collagen)의 함량이 적기 때문이다.
- 새우나 게같은 갑각류의 색소는 가열하면 회색인 아스타잔틴(Astaxanthin)에서 적색의 아스타신(Astacin)이 된다.

④ 어류의 영양

- 전복의 영양 : 전복의 감칠맛은 글루탐산과 아데닐산, 단맛은 아르기닌, 글리신, 베타인 때문이다. 생전복은 콜라겐과 엘라스틴같은 단단한 단백질이 많아서 살이 오독오독한 질감을 준다.
- 새우의 영양 : 보리새우는 글리신, 아르기닌 및 타우린의 함량이 높아 단맛이 나며 비타민 E와 나이아신이 풍부하다. 젓갈용 새우는 몸이 분홍색이나 흰색을 띠며 암컷이 수컷보다 크다.
- 참치의 영양 : 참치의 적색육 부위는 지질이 1% 수준으로 낮고, 머리와 배쪽 부위는 지방이 25~40% 수준으로 높다. 철분 함량은 소고기와 유사한 수준으로 높으며, 셀레늄이 많아 항산화작용과 발암 억제작용을 한다.

⑤ 오징어의 특징

- 오징어의 근육은 직경 5μ의 가늘고 가로로 형성되어 있는 평활 근섬유로 구성되어 있다. 그래서 말린 오징어는 가로로 잘 찢어진다.
- 질긴 껍질이 얇은 4층으로 되어 있고 가장 안쪽에 있는 진피의 섬유만 세로 방향으로 되어 있다.
- 신선한 오징어는 무색투명하며, 껍질에는 짙은 적갈색의 색소포가 있다.
- 오징어나 문어의 먹물은 멜라닌(Melanin) 색소이다.

2) 어류의 신선도

① 어류의 부패

- 신선도가 떨어지면 pH5.5에서 중성으로 변하면서 수화성이 증가되어 부패되기 쉽다.
- 세균의 번식으로 TMA나 암모니아 같은 휘발성 염기물질 등이 생성된다.
- 세균수가 10^5/g이면 신선한 때로 보고, 10^7~10^8/g이면 초기 부패, 1.5×10^7/g 이상이면 부패된 상태로 본다.
- 부패과정에서 생성된 히스티딘이 탈탄산작용에 의해 히스타민(Histamine)으로 바뀌어 함량이 많아진다.
- 사후 경직이 풀리면서 신선도가 저하된다.

② 신선한 어류

- 육질이 단단하고 탄력이 있는 것이 신선하다.
- 아가미의 색이 붉고, 눈이 투명하고 튀어나오면 신선하다.
- 비늘은 광택이 있고, 점액이 별로 없다.

③ 어취의 제거 방법

- TMA는 수용성이므로 물에 씻어 비린내를 제거할 수 있다.
- 산(레몬즙, 식초)을 첨가하면 비린내가 감소하고 생선가시가 연해진다.
- 마늘, 파, 양파는 황 화합물을 함유하고 있어 비린내를 감소시킨다.
- 된장, 간장은 비린내 억제 효과가 있다.
- 우유의 콜로이드 상태는 흡착력이 강하여 비린내 제거 효과가 있다.
- 알코올은 생선의 어취를 없애고 맛의 향상에 도움을 준다.
- 흰 살 생선에 밀가루와 계란물을 묻혀 전유어를 만드는 조리법은 어취해소에 효과적이다.

3) 어류의 조리법

① 구이

- 생선을 조리할 때 소금을 1~2% 첨가하면 생선살이 단단해지고 탄력있어진다.
- 처음에는 고온에서 표면을 응고시켜 단백질이 빠져나가지 않도록 하고 점차적으로 불을 약하게 하여 속까지 익힌다.
- 잘라서 절인 생선을 구울 때는 살 쪽을 먼저 구워야 모양을 제대로 유지할 수 있다.

② 탕, 찌개

- 물을 끓인 다음 생선을 넣어주면 국물이 맑고 생선살도 풀어지지 않고 비린내도 덜하다.
- 비린내 감소를 위해 생강을 넣을 때는 생선이 익은 후 넣어야 탈취 효과가 있다.
- 뚜껑을 열고 가열해야 비린내를 제거할 수 있다.
- 가열시간이 길어지면 염분에 의한 삼투압 작용으로 살이 굳어지면서 맛이 없어진다.

③ 젓갈

- 어패류에 20% 내외의 소금을 넣어 부패를 억제하면서 미생물의 작용으로 분해, 발효 숙성시켜 젓갈을 만든다.

④ 어묵

- 섬유상 단백질의 미오신의 함량은 가용성 단백질의 60%를 차지하고 소금에 녹는 성질이 있어 어묵의 형성에 이용된다.
- 점탄성을 부여하기 위해 전분을 첨가한다.

⑤ 어류의 건조식품

건제품	가공법	식품
소건품	어류를 그대로 건조	마른 오징어, 한치, 미역, 김
자건품	삶은 후 건조	마른 멸치, 마른 전복
배건품	불에 쬐어 건조	오징어, 정어리
훈건품	염지, 훈연하여 건조	연어, 청어
염건품	소금에 절여 건조	굴비, 고등어
동건품	얼렸다 녹았다 하며 건조	북어, 황태, 한천

4) 해조류

① 해조류의 성분

- 주성분은 탄수화물이며 대부분이 비소화성으로 소화율은 낮다.
- 대부분의 필수 아미노산이 많아 단백가도 높은 편이다.
- 비타민 A, 무기질 요오드의 함량이 높고 다시마와 미역에는 칼슘, 파래에는 철분이 많다.
- 김은 단백질이 40% 정도로 해조류 중 클로렐라 다음으로 단백질 함량이 높다.

② 해조류의 종류

- 녹조류 : 파래, 청각, 모자반
- 갈조류 : 다시마, 미역, 톳, 감태
- 홍조류 : 김, 우뭇가사리

③ 해조류의 조리

- 끓는 물에 단시간 내에 데쳐서 수용성 성분의 손실을 줄인다.
- 김을 여러 장 겹쳐서 굽게 되면 비타민 A의 손실을 감소시킨다.

④ 한천

- 우뭇가사리 등의 홍조류를 삶아서 얻은 액을 냉각, 동결, 건조한 것이다.
- 주성분은 갈락탄(Galactan)이고 갈락토오스와 아가로오스, 아가로펙틴으로 이루어져 있다.
- 체내에서 소화되지 않으나 물을 흡수, 팽창해서 장을 자극하여 변비를 예방한다.
- 식품의 0.5~3% 정도를 사용한다.
- 한천의 용해온도는 80~100℃이고 38~40℃에서 응고된다.
- 설탕의 첨가량이 많으면 겔의 강도가 높아진다.
- 산과 우유는 겔의 강도를 약하게 한다.
- 양갱의 제조에 사용된다.

기적의 TIP

한천은 식물성 식품으로 양갱 제조에 사용되고, 젤라틴은 동물성 식품으로 젤리나 아이스크림 제조 시 사용되는 식품이에요.

04 유지 및 유지 가공품

1) 유지의 성분과 특성

① 유지의 성분

- 상온에서 액체인 것을 유(油, Oil), 고체인 것을 지(脂, Fat)라고 한다.
- 식물성 유지는 액체 상태가 많고 불포화지방산이 많이 함유되어 있다.
- 동물성 유지는 고체 상태가 많고 포화지방산이 많이 함유되어 있다.

② 유지의 성질

- 융점 : 포화지방산과 고급지방산이 많을수록 융점이 높아진다.
- 가소성 : 버터, 마가린 등은 힘을 가하고 제거했을 때 원상태로 회복되지 않는 성질이 있다.
- 연화 작용 : 비스킷, 케이크 등을 만들 때 글루텐의 형성을 방해하고 연한 상태로 만든다.
- 쇼트닝력 : 유지가 글루텐을 짧게 한다는 뜻에서 연화 작용을 나타내는 능력을 쇼트닝력(Shortenig Power)이라고 한다.
- 유화성 : 친수성기와 소수성기를 갖고 있어 우유, 마요네즈, 마가린, 버터의 제조에 쓰인다.

③ 유지의 종류

- 동물성 유지 : 우지, 라드, 어유
- 식물성 유지 : 면실유, 옥수수유, 유채유, 참기름, 대두유, 팜유
- 가공유지 : 마가린, 쇼트닝

2) 유지의 발연점

① 발연점과 아크롤레인

- 발연점 : 유지를 가열하면 표면에서 푸른 연기가 발생하는데 이때의 온도를 발연점이라고 한다.
- 아크롤레인 : 발연점에 도달한 경우에는 청백색의 연기와 자극적인 냄새가 나는데 이것은 아크롤레인이 생성되기 때문이다.

② 유지의 발연점에 영향을 미치는 요인

- 1회 사용할 때마다 발연점이 10~15℃씩 저하된다.
- 유리지방산의 함량이 많을수록 발연점이 낮아진다.
- 기름에 이물질이 많으면 발연점이 낮아진다.
- 그릇의 표면적이 1인치 넓을수록 발연점이 2℃씩 저하된다.

> **기적의 TIP**
>
> 쇼트닝력(Shortenig Power)이 큰 순서대로 기억해 두세요.
> 라드(Lard) 〉 쇼트닝(Shortening) 〉 버터(Butter) 〉 마가린(Magarine)

> **기적의 TIP**
>
> **가공유지와 트랜스지방**
> 마가린과 쇼트닝은 버터와 라드의 대용품으로 식물성 유지에 수소를 첨가하고 니켈을 촉매제로 사용하여 결정화시킨 가공유지입니다. 이 과정 중에 수소화된 불포화지방산인 트랜스지방이 발생하고 다량 섭취하게 되면 비만, 혈관계 질환이 생길 수 있습니다.

③ 유지의 발연점

- 포도씨유 : 250℃
- 옥수수유 : 240℃
- 버터 : 208℃
- 라드 : 190℃
- 올리브유 : 175℃

3) 유지의 산패

① 산패의 반응

- 불쾌한 냄새가 발생하고 착색이 되며 맛이 나쁘게 되는 품질저하 현상을 산패라고 한다.
- 비중과 점성이 커진다.
- 저급, 유리지방산의 함량이 많아진다.
- 색이 암색으로 착색된다.
- 독성이 있다.
- 기름의 피로 현상이 나타나 거품이 발생한다.

② 유지의 산패에 영향을 끼치는 인자

- 온도가 높을수록 반응속도가 증가한다.
- 광선 및 자외선은 산패를 촉진한다.
- 수분이 많으면 촉매작용이 강해진다.
- 금속류는 유지의 산화를 촉진한다.
- 불포화도가 심하면 유지의 산패가 일어난다.

③ 유지의 산패를 방지하는 법

- 천연 항산화제가 있는 식물성 기름을 사용한다.
- 차갑고 어두운 곳에 밀폐시켜서 보관한다.
- 유리나 플라스틱 제품에 보관한다.

④ 유지의 반응

- 중합반응 : 유지를 가열하면 점차 점도가 증가하는 반응
- 산화반응 : 산소와의 결합, 수소가 빠져나가는 반응. 지방의 산화에 의한 알데히드류에 단백질의 분해물인 염기성 물질이 반응하여 착색물이 생기는 것
- 열분해반응 : 열에 의해 결합이 끊어지고 새로운 물질을 만드는 반응
- 가수분해 반응 : 에스테르 결합부에 물이 부가되어 글리세린과 지방산이 생기는 분해 반응

4) 유지의 조리

① 유지 조리의 장점

- 향과 맛이 향상되고 부드러워진다.
- 고온으로 단시간 내에 조리하므로 영양가 손실이 적은 조리법이다.
- 용기나 재료가 부착되는 것을 방지시켜 준다.
- 연화, 크림, 유화, 가소성의 특징이 있어 다양하게 조리할 수 있다.

② 튀김의 조리

- 튀김의 적정한 온도는 160~180℃이다.
- 밀가루는 박력분을 사용하는 것이 바삭하다.
- 달걀을 넣으면 튀김옷이 단단하게 변하지만 시간이 지나면 흡습하여 맛이 떨어진다.
- 밀가루의 0.2% 정도 중조를 넣으면 탄산가스가 발생하여 양질의 튀김물이 된다.
- 튀김 반죽을 할 때 차가운 물이나 얼음물을 사용하면 바삭한 튀김이 된다.
- 튀김 반죽을 많이 저으면 질겨진다.

③ 샐러드유의 동유 처리

- 샐러드유로 쓰이는 기름은 냉장고에 보관하는데, 굳지 않고 부드러운 상태가 유지되어야 한다.
- 유지는 냉장고에서 보관하면 굳는 성질이 있으므로 온도를 낮추어 고체화시키고 여과하여 샐러드유로 적합하게 만든다.

05 냉동식품의 조리

1) 냉동식품의 정의

① 전처리를 하고 −18℃ 이하가 되도록 급속 동결한 다음 소비자에게 판매하는 목적으로 포장된 식품을 말한다.
② 미생물은 10℃ 이하에서 발육이 억제되고, 반응 속도가 느려진다.
③ 0℃ 이하에서는 거의 작용을 하지 못한다.

2) 냉동방법

① 식품을 서서히 얼리면 얼음 결정이 크게 되어 조직을 상하게 하므로 품질의 저하를 막기 위해서는 −40℃의 급속 동결법이나 −194℃의 액체 질소를 이용한 냉동법을 사용하는 것이 좋다.
② 온도조절은 '강'으로 하여 급속 냉동한다.
③ 야채류는 데친 후(블랜칭★) 차게 식혀 동결시킨다.
④ 밀폐하여 냉동한다.
⑤ 재료는 신선한 것으로 선택한다.
⑥ 재냉동은 하지 않는다.
⑦ 날짜와 식품명을 기입한다.

★ 블랜칭(Blanching)
재료와 물 또는 기름을 1:10 정도의 비율로 하여 끓는 물에 순간적으로 넣었다가 건져내어 흐르는 찬물에 헹구어 조리하는 방법

기적의 TIP

채소를 냉동시키기 전에 블랜칭(Blanching)하는 이유
- 효소의 불활성화
- 미생물의 살균
- 조직의 연화
- 부피의 감소

3) 냉동 중의 변화

① 조직 중의 빙결정의 수가 줄고, 대형의 빙결정이 생긴다.
② 근섬유가 손상을 받아 해동을 해도 수분이 흡수되지 못하고 유출되어 구멍이 생긴다.
③ 드립 중 수용성 단백질, 염류, 비타민류 등의 영양분의 손실이 있다.
④ 중량, 풍미, 식미가 감소된다.
⑤ 동결육의 건조에 의한 지방의 산화로 변색, 변성이 되는 동결화상이 생길 수 있다.

4) 냉동식품의 해동 방법

① 육류, 어류
- 높은 온도에서 해동하면 조직 세포가 손상되고 단백질의 변성이 생겨 드립(Drip) 현상★이 생기므로 냉장고(5℃)에서 완만 해동하는 것이 좋다.
- 단시간 해동은 필름에 싸서 흐르는 수돗물에서 해동하거나 전자레인지를 사용한다.

★ 드립(Drip) 현상
해동할 때 가용성 물질이 분리되어 나오는 것

② 채소류
- 조리할 때 단시간에 조리한다.
- 볶거나 찌거나 삶을 때 동결된 채로 조리한다.

③ 과일류
- 해동은 먹기 직전에 포장된 채로 냉장고 또는 실온에서 하고 열탕을 하지 않는다.
- 주스로 할 경우 동결된 상태에서 그대로 믹서에 넣는다.

④ 튀김류
빵가루를 입힌 제품은 높은 온도의 기름에서 튀긴다.

06 조미료와 향신료

1) 조미료의 종류

① 4가지 기본적인 맛 : 단맛, 신맛, 짠맛, 쓴맛
- 단맛 : 설탕, 물엿, 꿀, 올리고당, 인공감미료
- 신맛 : 식초, 빙초산, 구연산, 주석산
- 짠맛 : 소금, 간장, 된장
- 쓴맛 : 호프, 카페인

② 지미(맛난맛) : 멸치, 된장, 가다랑어포, 화학조미료
③ 매운맛 : 고추, 후추, 겨자, 고추냉이
④ 아린맛 : 감자, 죽순, 가지

2) 조미의 효과

① 조미료 자체의 맛이 음식에 가미된다.
② 식품이 지닌 좋은 맛은 증가하고 좋지 않은 맛은 감소된다.
③ 식품의 맛과 합해져 새로운 맛이 생성된다.

3) 조미료의 사용 순서

설탕 → 술 → 소금 → 식초 → 간장 → 된장 → 고추장 → 화학조미료

4) 소금의 종류

① 천일염 : 절이는 용도로 많이 사용하는 가공되지 않고 굵은 소금
② 자염 : 갯벌 흙을 해수로 투과시켜 만든 함수를 끓여서 제조한 소금
③ 정제염 : 해수를 이온교환수지방식으로 불순물과 중금속을 제거한 순도 높은 소금
④ 재제염 : 소금을 물에 녹여 불순물을 제거한 일명 꽃소금
⑤ 가공염 : 볶음, 태움 등의 방법으로 원형을 변형하거나 식품첨가물을 더하여 가공한 소금
⑥ 식탁염 : 식성에 따라 간을 맞추어 먹도록 식탁 위에 놓는 고운 소금

5) 향신료의 작용

① 특수한 향기와 맛으로 음식에 풍미를 주고 식욕을 촉진시킨다.
② 육류나 생선의 좋지 못한 냄새를 완화시킨다.
③ 곰팡이, 효모의 발생, 부패균의 증식을 억제한다.
④ 소화효소 등의 작용을 활성화하고, 정장제로서의 작용을 한다.

6) 향신료의 종류

① 생강 : 특수성분은 진저롤(Gingerol)이고 육류와 생선의 냄새를 없애고, 식욕 증진과 연육 작용을 한다. 생강은 식품이 익은 후에 넣는 것이 냄새를 제거하는 데 효과적이다.
② 고추 : 매운맛의 캡사이신(Capsaicin)은 소화의 촉진제 역할을 한다.
③ 후추 : 특수 성분은 캐비신(Chavicine)이고 육류와 어류의 살균작용을 한다.
④ 마늘 : 매운 성분은 알리신(Allicin)이고 강한 살균력을 갖고 있으며, 체내에서 비타민 B_1의 흡수를 돕는다.
⑤ 파 : 매운맛은 황화아릴이고, 자극적인 방향과 매운맛이 있다.
⑥ 계피 : 방향, 쓴맛, 매운맛을 갖고 있다.
⑦ 월계수잎 : 특이한 향미가 있고, 서양요리의 육수, 소스 등에 다양하게 쓰인다.
⑧ 타임★ : 스튜, 생선수프, 토마토 음식에 많이 이용되고 살균, 방부 효과가 있다.
⑨ 정향★ : 식욕 증진에 도움을 주고 고기의 냄새를 제거한다.
⑩ 바질★ : 토마토소스와 잘 어울리며 스파게티, 피자, 샐러드에 이용된다.

기적의 TIP

조미료의 사용 순서는 조금씩 다를 수 있어요. '식초→간장'의 순서가 기출문제에서는 '간장→식초'로 출제되기도 해요.

기적의 TIP

조리 과정 중에 음식에 따라 다르게 쓸 수 있는 소금을 이해하도록 해요.

★ 타임

★ 정향

★ 바질

07 식품의 저장

1) 식품 가공 및 저장 목적

① 영양과 맛을 개선한다.
② 수송과 저장이 간편하다.
③ 날것으로 이용이 불충분한 것의 이용범위를 높임과 동시에 식품의 가치를 높인다.
④ 식품의 이용기간을 연장시킬 수 있다.

2) 물리적 처리

① 냉장법

- 0~4℃로 저장하는 방법이다.
- 채소, 과일, 육류 등을 저장한다.

② 냉동법

- −40℃에서 급속 냉동, −20℃ 이하에서 냉동하여 저장하는 방법이다.
- 완만 냉각의 경우 조직 속의 드립(drip) 형성이 커서 모양 품질 변화가 있다.
- −2℃ 이하에서는 미생물이 번식하지 못하므로 미생물 생육과 효소 작용이 억제된다.
- 냉풍냉각, 진공냉각, 냉수냉각

③ 움 저장법

- 10℃로 유지되도록 움 속에 저장하는 방법이다.
- 고구마, 감자, 무, 배추 등을 저장한다.

기적의 TIP

건조하기 전에 데치기(블랜칭, Blanching)를 하는 이유
- 부피 감소
- 선명한 색
- 저장성 용이
- 조직의 연화
- 불순물 제거

④ 가열 건조법(탈수법)

종류	내용	식품
일광 건조법	햇빛을 이용하여 식품을 건조시킴	건어물, 해산물, 고추
열풍 건조법	열풍을 보내서 식품을 건조시킴	육류, 어류, 달걀류
배건법	직화로 건조시킴	녹차, 커피콩, 담배
감압 건조법	감압하여 저온에서 건조시킴	채소, 분말 달걀
냉동 건조법	단백질 응고, 지방 산화를 방지	당면, 건조두부, 한천
증발 건조법	농축시켜 무게와 부피를 줄임	엿, 연유, 과즙
분무 건조법	액체를 분무하여 열풍 건조시킴	분유

⑤ 가열 살균법

- 저온살균법 : 61~65℃, 30분간
- 고온순간살균법 : 70~75℃, 15~20초
- 초고온순간살균법 : 130~140℃, 2초
- 주로 우유를 살균하는 방법이다.

3) 화학적 처리

① 염장법

- 미생물은 10% 정도의 소금 농도에서 발육이 억제된다.
- 해산물, 채소 등 소금에 넣어 절이는 방법이다.
- 물간법 : 물에 식염을 넣어 간하는 방법이다.
- 마른간법 : 식품에 식염을 직접 뿌리는 방법이다.
- 압착 염장법 : 압착하여 절이는 방법이다.

② 당장법

- 설탕 농도 50% 이상을 넣어 저장하는 방법이다.
- 예 잼, 젤리, 마멀레이드, 가당연유, 과일

③ 산저장법

- pH가 낮은 초산, 젖산을 이용하여 식품을 저장하는 방법이다.
- 예 피클, 장아찌

4) 발효 처리

① 세균, 효모 : 치즈, 주류, 요구르트, 발효식품
② 곰팡이 : 청국장, 된장, 메주

5) 종합적 처리

① 훈연법

- 냉훈법 : 25℃ 이하의 저온에서 3~4주일 걸려 훈연 건조하는 방법
- 온훈법
  - 25~80℃의 온도로 3~12시간 동안 4~5일 훈연 건조하는 방법
  - 연어 · 청어 등을 짜지 않게 소금에 절인 다음 물기를 빼고 바람에 말려 50~70℃에서 5~20시간 정도 훈연
  - 보존성이 약해 냉장 보관
- 배훈법 : 95~120℃에서 2~4시간 훈연하는 방법
- 열훈법 : 120℃ 고온에서 훈연하는 방법
- 액훈법 : 훈제액에 재료를 담근 후 건조하는 방법
- 베이컨 : 돼지의 삼겹살 부위를 소금에 절인 후 훈연시킨 가공품
- 소시지 : 육류를 곱게 갈아, 소금, 향신료 등을 혼합하여 창자 또는 인조(인공) 케이싱★에 채워 가열이나 훈연 또는 발효시킨 가공품
- 훈제 나무 : 사과나무, 참나무, 피칸나무, 체리나무, 단풍나무, 히코리, 벚나무, 떡갈나무, 향나무

★ 케이싱
- **천연 케이싱** : 우장, 돈장, 양장
- **인조 케이싱** : 콜라겐, 셀룰로오스, 파이브로오스, 플라스틱

② CA 저장(Controlled Atmosphere 저장, 가스 저장)

- 산소와 탄산가스의 농도를 조절하여 과일, 난류를 저장하는 방법이다.
- 식품마다 다르지만 미생물이 번식할 수 없는 0℃, 습도는 80~85%가 적당하다.
- 사과 : 산소 15%, 탄산가스 10~15%, 혼합기체 12℃로 저장한다.
- 토마토 : 산소와 탄산가스를 각각 5%의 혼합기체로 하여 12℃에서 저장한다.
- 달걀 : 흰자의 수양화가 지연된다.

③ 조사 살균법

- 자외선 살균법
  - 식품 내부에 있는 세균에는 효과가 없다.
  - 단백질 공존 시 살균효과가 떨어진다.
- 방사선 조사법
  - 감자의 저장에 이용된다(0.05 ~ 0.15kGy조사).
  - 감자, 양파, 마늘 등 싹 트는 식품, 된장, 고추장 분말과 고춧가루와 홍삼 등에 허용된다.
  - 우주용 식품에도 방사선 조사를 한다.

④ 통조림, 병조림

- 제조 공정 중 탈기하여 호기성 세균의 침입을 맞는다.
- 선별 → 수세 → 탈피 → 조리 · 훈연 → 담기 → 탈기 → 밀봉 → 살균 → 냉각

⑤ 필름 포장

- 과일, 채소의 호흡을 억제하여 후숙을 방지한다.

CHAPTER

02

양식 조리

양식의 스톡, 전채요리, 샐러드, 샌드위치, 조식, 수프, 육류, 파스타, 소스 등에 대한 설명과 종류를 정리하였습니다. 일상생활에서 많이 접하는 음식이므로 어렵지 않게 풀 수 있을 것으로 기대합니다.

SECTION
01

양식 기초 조리실무

출제빈도 상 중 하
반복학습 1 2 3

빈출 태그 ▶ 기본 썰기 방법

01 기본 썰기

1) 막대 모양으로 썰기(Cutting Stick)

① 쥘리엔느(Julienne) : 0.3×0.3×2.5~5cm 막대 모양으로 써는 방법
② 바토네(Batonnet) : 0.64×0.64×5~6.4cm 크기의 막대 모양으로 써는 방법
③ 퐁뇌프(Pont-neuf) : 1.27×1.27×7.6cm 크기의 막대 모양으로 써는 방법
④ 쉬포나드(Chiffonade) : 실처럼 가늘게 채써는 방법(얇은 잎을 둥글게 말아서 써는 방법)

2) 주사위 모양 썰기(Dice)

① 브뤼누아즈(Brunoise) : 가로와 세로 0.3cm 정육면체 모양으로 써는 방법
② 큐브(Cube) : 가로와 세로 1.5cm 정육면체 모양으로 써는 방법
③ 다이스 스몰(Dice Small) : 0.6×0.6×0.6cm 정육면체 모양으로 써는 방법
④ 다이스 미디엄(Dice Medium) : 1.2×1.2×1.2cm으로 써는 방법
⑤ 콩카세(Concassere) : 0.5cm의 정육면체 모양으로 써는 방법

3) 얇게 썰기(Slice)

① 론델(Rodelles) : 둥글고 얇게 써는 방법
② 디아고날(Diagonals) : 어슷하게 써는 방법

4) 기타 모양으로 썰기

① 샤토(Chateau) : 5cm 길이의 타원형 모양으로 써는 방법
② 에멩세(Emincer) : 얇게 저며 써는 방법(양파, 버섯 등)
③ 아세(Hacher) : 잘게 다지는 방법(양파, 당근, 고기)
④ 민스(Mince) : 야채나 고기를 잘게 다지는 방법
⑤ 올리베트(Olivette) : 올리브 모양으로 써는 방법
⑥ 파리지엔(Parisienne) : 둥글게 모양을 내어 뜬 것

SECTION
02 스톡 조리

출제빈도 (상)(중)(하)
반복학습 1 2 3

빈출 태그 ▶ 부케가르니 • 미르포아 • 뼈 • 화이트 스톡 • 브라운 스톡 • 피쉬 스톡 • 쿠르부용

01 스톡 재료 준비하기

1) 부케가르니(Bouquet Garni)

① 통후추, 월계수 잎, 타임, 파슬리 줄기, 마늘 등의 향을 추출하기 위해 사용한다.
② 사세 데피스(Sachet D'epices) : 작은 향신료를 면포에 싸서 향을 우려낸다.

2) 미르포아(Mirepoix)

① 양파, 당근, 셀러리의 혼합물이다.
② 50%의 양파, 25%의 당근, 25%의 셀러리 비율로 사용한다.
③ 짧은 시간이 요구되는 스톡은 작게, 오랜 시간이 요구되는 스톡은 크게 자른다.
④ 비프 스톡은 2.5~5cm로 자르고 피쉬 스톡, 치킨 스톡, 야채 육수는 1.2cm로 자른다.

3) 뼈(Bone)

① 소뼈와 송아지 뼈
- 비프 스톡(Beef Stock)은 소뼈, 빌 스톡(Veal Stock)은 송아지 뼈를 이용한 육수이다.
- 소고기나 송아지의 뼈는 6~8시간 정도 끓여 육수를 만든다.
- 풍부한 단백질과 무기질을 함유하고 있다.

② 닭 뼈
- 닭 뼈는 가격이 저렴하고 맛이 좋아 사용 빈도가 높은 편이다.
- 닭 뼈는 5~6시간 정도 끓인다.

③ 생선 뼈
- 생선은 넙치, 가자미와 같은 기름기가 적은 뼈가 육수를 끓이기에 훌륭하다.
- 연어, 참치와 같은 기름이 많은 생선 뼈는 그 자체 내에 독특한 향을 가지고 있어서 좋은 육수를 생산할 수 없다.
- 생선 뼈는 자른 후 찬물에 담가서 피나 불순물을 제거하고 사용한다.

④ 기타 잡뼈(Other bones)
- 양(Lamb), 칠면조(Turkey), 가금류(Poultry), 햄 뼈(Ham Bone) 등을 화이트(White) 또는 브라운 스톡(Brown Stock)으로 사용할 수 있다.
- 허브(Herb)와 스파이스(Spice)를 곁들여 특유의 냄새를 줄일 수 있다.

기적의 TIP

스톡의 정의
육류, 가금류, 해산물, 야채류의 주재료와 향신료 그리고 양파, 당근, 셀러리 같은 미르포아로 만든 육수입니다. 화이트 스톡과 브라운 스톡으로 구분되며, 소스나 수프에서 베이스로 사용하는 국물입니다. 스톡은 국물에 맛있는 맛이 용출될 수 있도록 찬물부터 재료를 넣고 끓여야 합니다.

02 스톡의 종류

1) 화이트 스톡(White Stock)

① 화이트 스톡은 뼈, 미르포아, 부케가르니를 넣어 색이 나지 않도록 은근히 끓인다.
② 화이트 비프 스톡, 화이트 피시 스톡, 화이트 치킨 스톡, 화이트 베지터블 스톡 등이 있다.

2) 브라운 스톡(Brown Stock)

① 브라운 스톡은 뼈와 미르포아를 고온으로 캐러멜화★를 하고 토마토나 토마토 가공품, 부케가르니를 넣어 은근히 끓여(Simmering) 만든다. 오븐이나 석쇠로 재료를 로스팅하기 때문에 갈색이 나고 진한 육즙과 풍부한 맛이 난다.
② 브라운 비프 스톡, 브라운 빌 스톡, 브라운 게임 스톡, 브라운 치킨 스톡 등이 있다.

★ 캐러멜화
160도 이상의 고온에서 색을 낼 때 재료에 함유된 당질이 열에 의해 갈색으로 변하는 과정

3) 생선 육수(Fish Stock)

① 생선뼈나 갑각류의 껍질, 미르포아, 부케가르니로 만든다.
② 대략 1시간 이내의 짧은 시간에 조리한다.

4) 쿠르부용(Court Bouillon)

① 미르포아, 부케가르니, 식초나 와인 등의 산성 액체를 넣어 은근히 끓여서 만든다.
② 야채나 해산물을 포칭하는 데 사용하며 미트부용, 베지터블부용 등이 있다.

나지(Nage)
생선뼈나 갑각류의 껍데기를 쿠르부용에 넣어서 끓이는 것

포칭(Poaching)
끓는 점 이하의 온도에서 천천히 조리하여 재료를 부드럽게 익히는 방법

생선 퓌메(Fish Fumet)
생선 육수에 화이트 와인과 레몬주스를 첨가한 것

03 스톡 조리

1) 찬물에서 스톡 조리를 시작하기

① 재료가 충분히 잠길 정도의 찬물을 넣어 스톡을 조리한다.
② 찬물에서 맛, 향 등 재료의 성분이 용출이 잘 된다.
③ 뜨거운 물로 스톡을 끓이면 불순물이 굳어지고 뼛속에 있는 맛이 우러나지 못하여, 스톡이 혼탁해진다.

2) 90℃로 스톡을 조리하기

① 스톡이 끓기 시작하면 불의 세기를 조절하여 약 90℃ 정도로 은근히 끓여준다.
② 은근하게 끓여야 스톡이 맑게 생산된다.

3) 거품 및 불순물 제거

① 표면 위로 떠오르는 불순물은 스키머(Skimmer)로 제거한다.
② 일정한 시간을 두고 계속적으로 불순물을 제거해야 스톡이 탁해지지 않는다.

4) 간을 하지 않기

① 스톡은 농축 사용, 다른 주방으로 공급, 다양한 용도 등의 이유로 소금을 첨가하지 않는다.
② 스톡이 사용될 조리 단계에서 소금을 첨가한다.

04 스톡 완성

1) 스톡 거르기

스톡 표면 위에 기름기가 떠 있을 경우, 국자나 흡수지를 이용하고 체와 면포를 통과시켜 깨끗한 스톡을 만든다.

2) 스톡 냉각 시키기

① 스톡을 다 끓인 후, 식기 전에는 뚜껑을 덮지 않는다.
② 스톡이 식은 후 기름이 굳으면 딱딱해진 기름을 제거한다.
③ 21℃로 2시간 이내로 냉각 후 4시간 동안 5℃ 이하로 냉각시키는 것이 안전하다.

3) 스톡 보관하기

① 스톡을 담은 용기 뚜껑에는 만든 날짜와 시간을 기록하여 스톡의 생산 시기를 알 수 있게 한다.
② 스톡을 좀 더 오래 저장하고자 할 때는 냉동시켜 보관한다.
③ 냉장 보관된 스톡은 3~4일 내에 사용하고, 냉동 보관된 스톡은 5~6개월까지도 보관이 가능하다.
④ 냉장한 스톡은 3~4일 간격으로 다시 끓여 보관해야 맛이 변하지 않는다.

4) 완성된 스톡 평가하기

본체(Body), 향(Flavor), 투명도(Clarity), 색(Color) 등 4가지 특성으로 평가한다.

SECTION
03

전채 조리

출제빈도 (상)(중)(하)
반복학습 1 2 3

빈출 태그 ▶ 플레인 • 드레스드 • 올리브유 • 콩디망 • 조리도구 • 플레이트

01 전채 요리의 분류 및 종류

1) 전채 요리의 분류

① 플레인(Plain)

- 형태와 맛이 유지된 것
- 햄 카나페(Ham Canape), 생굴(Oystcr), 캐비아(Caviar), 올리브(Olive), 토마토(Tomato), 렐리시(Relish), 살라미(Salami), 소시지(Sausage), 새우 카나페(Shrimp Canape), 안초비(Anchovies), 치즈(Cheese), 과일(Fruits), 거위 간(Foie Gras), 연어(Salmon) 등

② 드레스드(Dressed)

- 요리사의 아이디어와 기술로 가공되어 맛이 유지된 것
- 과일 주스(Fruits Juice), 칵테일(Cocktail), 육류 카나페(Meat Canape), 게살카나페(Crab Meat Canape), 소시지 말이(Sausage Roll), 구운 굴(Grilled Oyster), 스터프트 에그(Stuffed Egg) 등

2) 전채 요리의 종류

① 오르되브르(Hors D'oeuvre) : 식전에 나오는 모든 요리의 총칭이다. 에피타이저, 전채요리라고 한다.

② 칵테일(Cocktail) : 칵테일은 보통 해산물이 주재료이고 크기를 작게 한다. 과일을 많이 이용하고 차갑게 제공한다.

③ 카나페(Canape) : 카나페는 빵이나 크래커 위에 버터를 바르고 그 위에 여러 가지 재료를 올려 만든다.

④ 렐리시(Relishes) : 셀러리, 무, 올리브, 피클, 채소 등을 예쁘게 다듬어 마요네즈 등과 같은 소스를 곁들어 주는 것을 말한다.

02 전채 요리의 양념

> 기적의 TIP
>
> **콩디망(Condiments)**
> 전채요리에 사용하는 양념을 지칭하는 용어로 소금, 식초, 올리브유와 겨자, 마요네즈 등을 말합니다.

① 소금(Salt)
② 식초(Vinegar)
③ 올리브유(Olive Oil)

종류	추출	산도	이용법
엑스트라 버진 올리브유 (Extra virgin olive oil)	압착 과정을 한번 거쳐 추출	1%	생으로 이용하는 샐러드에 적합
버진 올리브유 (Virgin olive oil)		1~1.5%	
퓨어 올리브유 (Pure virgin olive oil)	올리브 열매로부터 3~4번째에 나오는 오일	2%	가열하는 요리에 적합

03 전채에 사용되는 재료의 특성과 용도

1) 전채에 사용되는 육류

부드러운 안심이나 등심 부위, 생고기를 염지한 파르마햄(Parma Ham), 소고기를 양념해서 말린 에어 드라이 비프(Air Dry Beef), 간, 송아지 목젖 등을 사용한다.

2) 전채에 사용되는 가금류

① 오리, 거위, 닭, 간, 메추리, 꿩 등을 사용한다.
② 로스트(Roasted)하거나 테린(Terrine), 훈제(Smoked), 갈라틴(Galantine) 같은 조리 방법을 사용한다.

3) 전채에 사용되는 생선류

① 바다생선 : 도미, 광어, 우럭
② 민물생선 : 잉어, 붕어, 메기, 뱀장어, 은어, 가물치, 미꾸라지
③ 극피동물 : 성게, 해삼류
④ 갑각류 : 새우, 게, 가재, 대하
⑤ 연체동물 : 오징어, 문어, 낙지, 소라, 굴, 조개, 가리비 등

04 전채에 사용되는 채소류의 특성

채소류	영양 성분	특성
양상추	수분 94~95%, 탄수화물, 조단백질, 조섬유, 비타민 C 등	락투세린(Lactucerin), 락투신(Lactucin) : 진정 효과, 졸음
당근	비타민 A, 비타민 C	샐러드나 스튜 등 다양하게 사용
셀러리	비타민 B_1, B_2, 비타민 C, 무기질	쓴맛이 강하고, 전체에 향 부여
양파	비타민 B_1, B_2, 칼륨 (양파 냄새 성분 : 이황화프로필, 황화알릴)	샐러드, 수프, 고기 요리와 향신료 용도로 사용
로메인	비타민 C	성질이 차고 쌉쌀한 맛

05 전채에 필요한 조리도구

조리도구	사용
소스 냄비(Sauce Pan)	• 소스를 끓일 때 사용 • 달걀을 삶거나 생선을 데칠 때 사용
짤 주머니(Pastry Bag)	• 생크림 등을 넣고 모양을 내어 짤 때 사용 • 전채 요리 중 스터프트 에그(Stuffed egg)를 만들 때 사용
고운 체(Fine Skimmer)	• 음식을 거를 때 사용하는 도구(고운 것, 거친 것) • 용도에 맞게 사용
달걀 절단기(Egg Slicer)	달걀을 삶아 껍질을 벗긴 후 일정한 모양으로 써는 조리도구
프라이팬(Fry Pan)	음식물을 볶거나 튀길 때 사용하는 조리도구
꼬치(Skewer)	• 꼬치는 조리 시 모양이 흐트러지지 않도록 사용 • 새우 내장을 제거할 때 사용

06 전채 요리의 조리 특징

① 적당한 신맛과 짠맛으로 만든다.
② 전채 요리는 소량으로 만든다.
③ 전채 요리는 식사의 시작으로 모양과 색채, 맛이 어우러져 예술작품을 만든다.
④ 계절감, 지역별 식재료 사용을 한다.
⑤ 주요리에 사용되는 재료와 반복된 조리법을 사용하지 않는다.

07 전채 요리의 조리 방법

① 데침(Blanching) : 끓는 물에 단시간 내에 재료를 익히고 찬물에 헹구어 내는 조리법으로, 보통 10배의 물을 넣는다.
② 포칭(Poaching) : 식품을 물, 스톡, 쿠르부용에 잠기도록 하여 뚜껑을 덮지 않고 70~80℃에 익히는 조리법이다.
③ 삶기(Boiling) : 찬물이나 끓는 물에 넣고 비등점 가까이에서 끓이는 방법이다.
④ 튀김(Deep Fat Frying) : 영양 손실이 가장 적은 조리법으로 160~180℃의 기름에서 튀기는 방법이다.
⑤ 볶음(Saute) : 팬에 소량의 버터나 식용유를 넣고 200℃ 정도의 고온에서 살짝 볶는 방법이다.
⑥ 굽기(Baking) : 오븐 안에서 건조 열로 굽는 방법으로 육류나 채소 조리에 많이 사용된다.
⑦ 석쇠에 굽기(Grilling) : 직접 열을 이용한 조리 방법으로, 석쇠나 그릴에서 굽고 오븐에서 익힌다.
⑧ 그라탱(Gratin) : 식품에 치즈, 크림, 혹은 달걀 등을 살라만더★에 올려 요리 윗면이 황금색을 내게 하는 조리법이다.

★ 살라만더(Salamandre)
윗면에서 열을 방사하는 전기 또는 가스 조리기구

08 전채 요리의 접시 담기

1) 접시(Plate)의 종류

① 원형 접시 : 완전함, 부드럽고 친밀감으로 인해 진부한 느낌
② 삼각형 접시 : 날카롭고 빠른 이미지, 코믹한 분위기의 요리에 사용
③ 사각형 접시 : 안정되고 세련된 느낌, 모던하고 개성이 강하고 독특한 이미지
④ 타원형 접시 : 여성적인 기품과 우아함, 원만한 느낌
⑤ 마름모형 접시 : 정돈되고 안정된 느낌, 움직임과 속도감

2) 핑거볼(Finger Bowl)

① 식후에 손가락을 씻는 그릇으로 작은 그릇에 꽃잎이나 레몬을 띄운다.
② 핑거 푸드나 과일 등을 손으로 먹을 경우 손을 씻을 수 있도록 왼쪽에 놓는다.
③ 음료수로 착각해서 먹는 경우가 있느니 주의해야 한다.

3) 전채 요리 접시 담기

① 고객의 편리성
② 적당한 공간
③ 내원을 벗어나지 않도록 배치
④ 일정한 간격과 질서
⑤ 적당한 소스의 양

기적의 TIP

전채 요리의 접시 담기에 필요한 요소 : 모양, 균형, 색상, 향, 크기, 질감

⑥ 중복된 가니쉬 피하기
⑦ 전채 요리의 양과 크기가 주요리보다 크거나 많지 않게 주의
⑧ 전채 요리의 색깔과 맛, 풍미, 온도에 유의

4) 전채 요리에 적합한 콩디망(Condiments) 제공하기

① 오일 비네그레트(Oil Vinaigrette)

- 오일과 식초를 3:1의 비율로 섞고 소금과 후추로 간을 해서 만든다.
- 해산물이나 채소 요리에 어울린다.

② 베지터블 비네그레트(Vegetable Vinaigrette)

- 오일과 식초를 3:1의 비율로 섞고 소금과 후추로 간을 하고 양파, 홍피망, 청피망, 노란 파프리카, 마늘, 파슬리 등을 작은 주사위 모양으로 자른 채소와 섞는다.
- 해산물 요리에 사용한다.

③ 토마토 살사(Tomato Salsa)

- 토마토를 작은 주사위 모양으로 잘라 다진 양파, 올리브유, 적포도주 식초, 파슬리 다진 것을 섞고 소금과 후추로 간을 해서 만든다.
- 만들기도 간단하고 상큼한 맛이 일품이다.

④ 마요네즈(Mayonnaise)

- 정제된 식물성 유지와 달걀 노른자를 유화시켜 반고체 식품으로 만든 소스이다.
- 채소와 같이 먹거나 무쳐서 사용한다.

⑤ 발사믹 소스(Balsamic Sauce)

- 포도주 식초의 일종이다.
- 발사믹 식초★를 반으로 졸여 올리브유와 소금, 후추로 간을 해서 사용한다.

★ 발사믹 식초
- 단맛이 강한 포도즙을 오크통에서 숙성시킨 포도주 식초의 일종
- 레드 발사믹 식초는 떫은맛이 있으며 깊은 맛을 내 드레싱이나 조림용 소스로 사용하고, 화이트 발사믹 식초는 산뜻한 맛이 강하고 깔끔하고 가벼워 생선 요리에 사용함

SECTION 04

샐러드 조리

출제빈도 상 중 하
반복학습 1 2 3

빈출 태그 ▶ 단순 샐러드 • 복합 샐러드 • 드레싱 • 비네그레트 • 마요네즈 • 유화

01 샐러드의 기본 구성

1) 바탕(Base)

① 일반적으로 잎 상추, 로메인 상추와 같은 샐러드 채소로 구성된다.
② 그릇을 채워주는 역할과 사용된 본체와의 색 대비를 이루는 것이 목적이다.

2) 본체(Body)

① 본체는 샐러드의 중요한 부분으로, 좋은 샐러드를 만들기 위해 지켜져야만 하는 법칙들을 준수하여 요리해야 한다.
② 샐러드의 종류는 사용된 재료의 종류에 따라 결정된다.

3) 드레싱(Dressing)

① 드레싱은 일반적으로 모든 종류의 샐러드와 함께 곁들인다.
② 드레싱은 요리의 성공 여부에 매우 중요한 역할을 한다.
③ 맛을 증가시키고 가치를 돋보이게 하며 소화를 도와줄 뿐만 아니라 경우에 따라 곁들임의 역할도 한다.

4) 가니쉬(Garnish)

① 곁들임의 주목적은 완성된 제품을 아름답게 보이도록 하는 것이다.
② 때에 따라 형태를 개선하고 맛을 증가시키기는 역할도 한다.

기적의 TIP

샐러드의 어원
라틴어의 'Herba Salate' 즉, '소금을 뿌린 향초'

기적의 TIP

샐러드의 정의
메인 요리가 제공되기 전 채소, 과일 등을 드레싱과 함께 제공되는 요리

02 샐러드의 분류

1) 순수 샐러드(Simple Salad)

생 채소에 드레싱을 곁들여 단순하게 구성한다. 곁들임 요리 또는 세트 메뉴에 코스용 샐러드로 사용한다.

2) 혼합 샐러드(Compound Salad)

각종 식재료, 향신료, 소금, 후추 등이 혼합되어 그대로 제공할 수 있는 완전한 상태 만들어진 샐러드를 말한다. 애피타이저나 뷔페에 사용한다.

3) 더운 샐러드(Warm Salad)

낮은 불에서 드레싱을 데워 샐러드 재료와 버무려 만드는 샐러드이다.

4) 그린 샐러드(Green Salad)

한 가지 또는 그 이상의 샐러드를 드레싱과 곁들이는 형태로, 가든 샐러드라고도 한다.

03 샐러드용 채소 손질

1) 채소 세척(Clean)

① 충분한 물로 야채에 묻어 있는 흙이나 모래를 깨끗이 씻어낸다.
② 흐르는 물에 야채를 씻는 것이 효과적이다.
③ 씻은 채소는 3~5℃ 정도의 차가운 물에 30분 정도 담가 놓는다.
④ 어린잎, 여린 채소들은 상온의 물에 담가 사용하는 것이 좋다.

2) 채소 정선(Cutting)

① 샐러드의 용도에 따라 칼로 자르거나 손으로 뜯어서 사용한다.
② 고탄소 스테인리스강 칼로 채소를 자르는 경우 갈변이 생기지 않는다.
③ 채소가 가진 모양을 살려서 자른다.
④ 채소의 사이즈는 한입 사이즈로 하고, 겉잎보다는 속잎을 사용하며, 줄기보다는 잎 쪽을 사용한다.

3) 채소의 수분 제거(Dry)

① 스피너를 이용해서 채소의 수분을 제거한다.
② 샐러드 드레싱은 잘 마른 야채에 가장 잘 달라붙는다.
③ 물기를 제거한 채소는 그렇지 않은 채소보다 오래 저장할 수 있다.

4) 채소를 용기에 보관하기(Store)

① 넓은 통에 젖은 행주를 깔고 채소를 넣은 후 다시 젖은 행주를 덮어서 보관한다.
② 채소를 높게 보관하면 무게 때문에 속에 있는 채소가 눌리거나 상하므로 통의 2/3만 차도록 한다.

04 샐러드의 기본 재료

샐러드의 기본 재료	종류
육류(Meat)	쇠고기(안심, 등심), 돼지고기(삼겹살), 양고기(등심, 갈빗살), 햄, 베이컨 등
해산물류(Seafood)	광어, 농어, 도미, 우럭, 참치, 연어, 가리비, 홍합, 바지락, 대합, 중합, 모시조개, 바닷가재, 새우, 문어, 낙지, 주꾸미, 오징어, 한치 등
채소류(Vegetable)	엽채류, 경채류, 근채류, 과채류, 종실류, 화채류, 새싹류, 허브류 등
가금류(Poultry)	닭가슴살, 닭다리살, 오리 훈제 가슴살 등

05 드레싱(Dressing)

1) 드레싱의 개요

① 샐러드의 맛을 향상시키고 소화를 돕기 위한 액체 형태의 재료를 말한다.

② 신맛을 가지고 있어야 하고 샐러드와 조화가 이루어져야 한다.

③ 드레싱이란, 드레스가 부드럽게 입혀지는 것처럼 채소에 옷을 입힌다는 뜻이다.

2) 드레싱의 종류

① 차가운 유화 소스류

- 비네그레트(Vinaigrettes) : 오일과 식초를 3:1로 하고, 소금, 후추를 넣고 빠르게 섞어 유화시킨다. 식초의 종류에 따라 레드와인 비네그레트, 발사믹 비네그레트, 셰리와인 비네그레트 등 그 이름이 달라진다.
- 마요네즈(Mayonnaise) : 난황에 오일, 머스터드, 소금, 식초, 설탕을 넣고 잘 섞어서 유화작용에 의해 분리되지 않게 만든 차가운 드레싱을 말한다.

② 유제품 기초 소스류

- 샐러드 드레싱 혹은 디핑 소스(Dipping Sauce)로 사용된다.
- 주재료가 우유나 생크림, 사워크림, 치즈 등의 유제품으로 만들며 바질이나 딜 같은 허브류를 다져서 만들 수 있다.

③ 살사, 쿨리, 퓌레

- 살사(Salsa) : 익지 않은 과일, 야채에 감귤류의 주스, 식초, 혹은 포도주와 같은 산을 넣어 만든다.
- 쿨리(Coulie) : 채소나 갑각류를 끓여 얻은 액체 상태의 진하고 농축된 소스를 말한다.
- 퓌레(Puree) : 과일이나 채소를 갈아 부드러운 질감의 액체 형태 음식을 말한다.

3) 드레싱의 기본 재료

① 오일(Oil) : 올리브오일★, 옥수수기름, 카놀라유, 포도씨유, 호두기름, 땅콩기름, 면실유, 헤이즐넛 오일, 바질 오일, 아몬드 오일, 코코넛 오일, 아르간 오일, 아보카도 오일 등이 있다.

② 식초(Vinegar) : 사이다 식초, 발사믹 식초, 와인 식초, 셰리 식초, 레몬 식초, 현미 식초, 라스베리 식초 등이 있다.

③ 달걀 노른자(Egg Yolk) : 마요네즈나 다른 드레싱의 유화제로 절대적인 재료로 꼭 신선한 달걀을 사용해야 한다.

④ 소금(Salt) : 가장 중요한 재료로 가능한 한 순수한 소금만을 사용한다.

⑤ 후추(Pepper) : 후추 향은 비린내를 제거하는 효과가 있어 오일이나 달걀의 비린 맛을 잡아줄 수 있다.

⑥ 설탕(Sugar) : 설탕 대신 올리고당, 꿀, 포도당, 메이플시럽 등이 대체 재료로 사용되고 있다.

⑦ 레몬(Lemon) : 드레싱이 완성된 후 마지막으로 생 레몬의 즙을 짜서 넣으면, 레몬 향이 드레싱 전체를 감싸면서 좀 더 상큼한 드레싱이 완성된다.

★ 올리브오일
산도가 낮은 엑스트라 버진 올리브오일이 가장 많이 쓰인다.

4) 드레싱의 사용 목적

① 차가운 온도의 드레싱은 샐러드의 맛을 한층 더 증가시킨다.
② 맛이 강한 샐러드를 더욱 부드럽게 해준다.
③ 맛이 순한 샐러드에는 향과 풍미를 충분하게 제공한다.
④ 음식을 섭취할 때 입에서 즐기는 질감을 높일 수 있다.
⑤ 신맛의 드레싱으로 소화를 촉진시켜 준다.
⑥ 상큼한 맛으로 식욕을 촉진시킨다.

기적의 TIP

샐러드와 드레싱의 조화
- 식재료 간 궁합이 잘 맞아야 한다.
- 반복되는 맛과 색은 지양한다.
- 식재료 간 맛의 상승작용을 고려해서 만든다.
- 접시에 플레이팅할 때는 음식의 질감과 색감을 잘 맞혀서 배열한다.

5) 유화★ 드레싱

① 유화 드레싱 조리 방법
- 비네그레트 만들기 : 믹싱볼에 향신료, 양념을 넣고 식초를 조금씩 부어가며 거품기로 빠르게 섞는다. 천천히 오일을 넣으며 빠르게 젓는다.
- 마요네즈 만들기 : 믹싱볼에 향신료, 양념을 넣고 거품기로 빠르게 혼합한다. 재료가 골고루 섞이면 기름을 조금씩 넣어가며 마요네즈를 만든다. 되직한 질감이 되면 식초를 조금씩 부어가며 농도를 조절한다.

② 유화 드레싱 유분리 현상
- 기름이 한 번에 많이 첨가될 때
- 소스의 농도가 너무 진할 때
- 소스가 만들어지는 과정에서 너무 차거나 따뜻하게 되었을 때

③ 유화 드레싱이 분리되었을 때 복원 방법
- 멸균 처리된 달걀 노른자를 거품이 일어날 정도로 젓는다.
- 유분리된 마요네즈를 조금씩 부어가면서 다시 드레싱을 만든다.

★ 유화(Emulsion)
상호 용해하지 않는 두 액체의 한 쪽이 미립자가 되어 다른 쪽 액체 중에 분산하여 혼합되는 현상

06 샐러드 완성하기

① 채소의 물기를 제거한다.
② 주재료와 부재료의 크기를 생각하고 부재료가 주재료를 가리지 않게 담는다.
③ 주재료와 부재료의 모양과 색상, 식감은 다르게 준비한다.
④ 드레싱의 양이 샐러드의 양보다 많지 않게 담는다.
⑤ 드레싱의 농도가 너무 묽지 않게 한다.
⑥ 드레싱은 미리 뿌리지 말고 제공할 때 뿌린다.
⑦ 샐러드를 미리 만들면 덮개를 씌워서 채소가 마르는 일이 없도록 한다.
⑧ 가니쉬는 중복해서 사용하지 말아야 한다.

SECTION
05
출제빈도 상 중 하
반복학습 1 2 3

샌드위치 조리

빈출 태그 ▶ 핫 샌드위치 • 콜드 샌드위치 • 오픈 샌드위치 • 클로즈드 샌드위치 • 핑거 샌드위치 • 빵의 종류 • 스프레드 • 속재료 • 가니쉬

01 샌드위치의 종류

1) 온도에 따른 분류

① 핫 샌드위치 : 빵 사이에 고기 패티, 어패류 패티, 그릴 야채 등 뜨거운 재료를 넣어 만든 샌드위치이다.

② 콜드 샌드위치 : 빵 사이에 마요네즈에 버무린 야채, 참치캔, 파스트라미, 살라미, 프로슈트, 하몽 등 차가운 속재료를 넣어 만든 샌드위치이다.

2) 형태에 따른 분류

① 오픈 샌드위치(Open Sandwich) : 얇게 썬 빵에 재료를 올리고 빵을 덮지 않고 오픈해 놓는 종류의 샌드위치로 브루스케타(Bruschetta), 카나페(Canape) 등이 있다.

② 클로즈드 샌드위치(Closed Sandwich) : 얇게 썬 빵에 속재료를 넣고 위와 아래에 빵을 덮는 형태의 샌드위치이다.

③ 핑거 샌드위치(Finger Sandwich) : 일반 식빵을 클로즈드 샌드위치로 만들어 손가락 모양으로 길게 3~6등분으로 썰어 제공하는 형태의 샌드위치이다.

④ 롤 샌드위치(Roll Sandwich) : 빵을 넓고 길게 잘라 재료를 넣고 둥글게 말아 썰어 제공하는 형태의 샌드위치이다. 또르띠야, 딸기, 단호박, 게살 롤 샌드위치 등이 있다.

기적의 TIP

샌드위치의 유래
도박을 좋아했던 샌드위치 백작 4세인 존 몬테규(John Montague)가 카드게임을 멈추지 못하고 허기를 충분히 만족시킬 수 있는 음식을 만들기 위해 오랫동안 고민하여 만든 음식입니다.

02 샌드위치의 구성

1) 빵(Bread)

① 단맛이 덜하고 보기 좋게 썰 수 있는 조직을 갖고 있어야 한다.

② 샌드위치 빵에 사용되는 것은 부드러운 빵이 주로 사용된다. 부드러운 빵에 수분이 많은 속재료를 넣었을 때에 오히려 쉽게 눅눅해지지 않고, 거친 빵보다 상하는 속도가 느리다.

③ 샌드위치에 사용되는 빵의 적당한 두께는 식빵은 1.2~1.3cm, 오픈 샌드위치일 경우 바게트 빵은 1.5cm 정도가 적당하다.

④ 식빵(White Pan Bread), 포카치아(Focaccia), 바게트(Barquette), 햄버거번(Hamburger Buns), 피타(Pita), 치아바타(Ciabatta), 피자도우(Pizza Dough), 난(Nan Bread). 크루아상(Croissant), 베이글(Bagel) 등이 있다.

2) 스프레드(Spread)

① 스프레드를 사용하는 이유

- 빵이 눅눅해지는 것을 방지하는 코팅제 역할
- 접착제 역할
- 맛의 향상 및 개성
- 빵과 속재료, 가니쉬의 맛이 잘 어우러짐
- 샌드위치의 촉촉한 감촉

② 스프레드 사용 재료

- 유지가 들어간 마요네즈, 버터, 땅콩버터
- 단맛인 잼, 꿀, 발사믹 크림
- 유제품인 크림 치즈, 리코타 치즈
- 매운맛의 머스터드
- 블랙 올리브 등을 다져 올리브오일에 절인 타페나드(Tapanade) 등

③ 샌드위치 스프레드의 종류

- 단순 스프레드(Simple Spread) : 마요네즈, 잼, 버터, 머스터드, 크림치즈, 리코타 치즈, 발사믹 크림, 땅콩버터 자체로 이용
- 복합 스프레드(Compound Spread) : 두 가지 이상의 재료를 혼합하여 사용

복합 스프레드	
머스터드	+ 버터 또는 마요네즈
안초비	
사워	
과류	
레몬즙	
허브	+ 크림치즈 또는 사워크림
딜	
바질 퓌레	+ 올리브오일
올리브, 안초비, 케이퍼	
참치, 오렌지, 망고 퓌레, 아보카도 퓌레	

3) 주재료(Main Ingredients)로서의 속재료(Filling)

① 핫 샌드위치 = 뜨거운 빵 + 핫(Hot) 속재료

구분	핫(Hot) 속재료
육류	육류 패티(Patty) + 그릴한 야채 + 살라만더한 치즈
생선	생선 패티(Patty) + 그릴한 야채 + 살라만더한 치즈
야채	그릴한 야채
기타	루벤 샌드위치★, 햄버거 샌드위치

② 콜드 샌드위치 = 상온의 빵 + 콜드(Cold) 속재료

구분	콜드(Cold) 속재료
육류	파스트라미★, 살라미, 프로슈토, 하몽, 본레스 햄, 소세지
생선	훈제 연어, 훈제 송어, 훈제 참치, 캔 참치, 게살
야채	훈제 치즈, 에멘탈 치즈, 아메리칸 치즈, 브리 치즈, 모짜렐라
기타	마요네즈에 버무린 재료, 유제품(사워크림, 플레인 요플레)에 버무린 견과류, 야채, 과일

★ 루벤 샌드위치(Reuben sandwich)
호밀빵에 얇게 썬 그릴한 콘드비프 + 그릴한 토마토 + 뜨거운 사워크라우트 + 스위스 치즈

★ 파스트라미(Pastrami)
소고기의 지방이 없는 우둔, 설도 등의 부위를 진하게 양념해 말리거나 훈제한 것

4) 부재료(Vegetables & Herb)로서의 가니쉬(Garnish)

① 오이 피클

- 오이 피클은 침샘을 자극하여 샌드위치와 같이 퍽퍽한 음식과 궁합이 잘 맞는다.
- 샌드위치에 빠질 수 없는 식재료이다.

② 토마토(Tomato)

- 영양이 풍부한 토마토는 샌드위치에 부족할 수 있는 영양성분을 공급해 준다.
- 샌드위치의 색감을 예쁘게 하는 역할을 한다.

기적의 TIP

가니쉬는 야채류, 싹류, 과일 등으로 만들며, 샌드위치를 보기 좋게 하는 요소로 상품성 있게 만드는 필수적인 구성요소입니다.

③ 양상추(Lettuce)

- 아삭한 맛으로 샌드위치에서는 수분이 빵에 흡수되는 것을 막아주는 역할을 한다.
- 샐러드에 많이 쓰이는 양상추는 영양소도 풍부하게 함유하고 있다.

5) 양념(Condiment)

① 조미료나 음식의 소스 혹은 드레싱을 의미한다.
② 음식에 짠맛, 단맛, 맛, 쓴맛, 매운맛을 제공한다.
③ 재료의 맛이 개성있게 표현될 수 있게 하는 역할을 한다.

03 샌드위치 완성하기

① 재료 자체가 가지고 있는 고유의 색감과 질감을 잘 표현한다.
② 전체적으로 심플하고 청결하며 깔끔하게 담아야 한다.
③ 요리의 알맞은 양을 균형감 있게 담아야 한다.
④ 고객이 먹기 편하도록 플레이팅이 이루어져야 한다.
⑤ 요리에 맞게 음식과 접시 온도에 신경을 써야 한다.
⑥ 식재료의 조합으로 인한 다양한 맛과 향이 공존하도록 플레이팅을 한다.

SECTION

06 조식 조리

출제빈도 (상)(중)(하)
반복학습 1 2 3

빈출 태그 ▶ 서니 사이드 업 • 오버 이지 • 오버 하드 • 스크램블 에그 • 오믈렛 • 보일드 에그 • 프렌치 토스트 • 에그 베네딕트 • 시리얼

01 조식의 종류

1) 유럽식 아침 식사(Continental Breakfast)

각종 주스류와 조식용 빵과 커피나 홍차로 구성된 간단한 아침 식사이다.

2) 미국식 아침 식사(American Breakfast)

'유럽식 아침 식사 + 달걀 요리'가 제공되며, 감자 요리와 햄, 베이컨, 소시지가 고객의 취향에 따라 제공된다.

3) 영국식 아침 식사(English Breakfast)

빵과 주스 등 미국식 조찬과 같이 제공되나 달걀과 감자 요리에 육류 요리나 생선 요리가 제공되며, 조식 요리 중 가장 무겁게 느껴지는 아침 식사이다.

> 기적의 TIP
>
> 조식(Breakfast)은 서양에서 아침 식사를 의미합니다. '깨다(Break) + 금식(Fast)으로 금식을 깨다, 긴 밤 동안 단식을 깬다'라는 의미가 있습니다.

02 달걀 요리

1) 습식열을 이용한 달걀 요리의 종류

① 포치드 에그(Poached Egg) : 90℃ 정도의 물에 식초를 넣고 껍질을 제거한 달걀을 넣어 익히는 방법이다.

② 보일드 에그(Boiled Egg) : 삶은 달걀이라고 하며, 섭씨 100℃ 이상의 끓는 물에 달걀을 넣고 익히는 것을 말한다.

- 코들드 에그(Coddled Egg) : 100℃ 끓는 물에 넣고 30초 정도 살짝 삶아진 것
- 반숙 달걀(Soft Boiled Egg) : 100℃ 끓는 물에 넣고 3~4분간 삶아 노른자가 1/3 정도 익은 것
- 중반숙 달걀(Medium Boiled Egg) : 100℃ 끓는 물에 넣고 5~7분간 삶아 노른자가 반 정도 익은 것
- 완숙 달걀(Hard Boiled Egg) : 100℃ 끓는 물에 넣고 10~14분간 삶아 노른자가 완전히 익은 것

2) 건식열을 이용한 달걀 요리의 종류

① 달걀 프라이(Fried Egg) : 프라이팬을 이용하여 조리한 달걀을 말한다. 달걀의 뒤집기와 노른자의 익은 상태에 따라 분류할 수 있다.

- 서니 사이드 업(Sunny Side Up) : 달걀의 한쪽 면만 익힌 상태이다, 달걀 노른자 위가 마치 떠오르는 태양과 같다고 해서 붙여진 이름이다
- 오버 이지(Over Easy Egg) : 달걀의 양쪽 흰자는 익고 노른자는 익지 않아야 한다.
- 오버 미디엄(Over Medium Egg) : 오버 이지와 같은 방법으로 조리하며, 달걀 노른자가 반 정도 익어야 한다.
- 오버 하드(Over Hard Egg) : 프라이팬에 버터나 식용유를 두르고 달걀을 넣어 양쪽으로 흰자, 노른자 완전히 익힌다.

② 스크램블 에그(Scrambled Egg) : 달걀을 깨서 팬에 버터나 식용유를 두르고 넣어 빠르게 휘저어 만든 달걀 요리이다.

③ 오믈렛(Omelet) : 스크램블 에그로 만들고 오믈렛 팬을 이용하여 럭비공 모양으로 만든 달걀 요리이다.

④ 에그 베네딕트(Egg Benedictine) : 구운 잉글리시 머핀에 햄, 포치드 에그(Poached Egg)를 얹고 홀랜다이즈 소스(Hollandaise Sauce)를 올린 미국의 대표적 요리이다.

03 조식 빵의 종류

1) 아침 식사용 빵의 종류

토스트 브레드(Toast Bread), 데니시 페이스트리(Danish Pastry), 크루아상(Croissant), 베이글(Bagel), 잉글리시 머핀(English Muffin), 프렌치 브레드(French Bread : Bagutte), 호밀 빵(Rye Bread), 브리오슈(Brioche), 스위트 롤(Sweet Roll), 하드 롤(Hard Roll), 소프트 롤(Soft Roll) 등이다.

2) 조식 조리용 빵의 종류

① 프렌치토스트(French Toast) : 빵을 달걀과 계핏가루, 설탕, 우유에 그리고 팬에 버터를 두르고 구워 잼과 시럽을 곁들인다.

② 팬케이크(Pancake) : 팬케이크는 뜨거울 때 먹으면 맛있어서 핫케이크라고도 한다. 달걀, 물 등으로 만들어 프라이팬에 구워 버터와 메이플 시럽을 뿌려 먹는다.

③ 와플(Waffle) : 미국식 와플은 베이킹파우더를 넣어 반죽하고 설탕을 많이 넣어 달게 먹는 것이 특징이며, 벨기에식 와플은 이스트를 넣어 발효시킨 반죽에 달걀 흰자를 거품 내어 반죽해서 구워 먹는다. 반죽 자체는 달지 않아 과일이나 휘핑크림을 얹어서 먹는다.

3) 조식용 빵에 곁들이는 소스

딸기 잼(Strawberry Jam), 블루베리 잼(Blueberry Jam), 오렌지 마멀레이드(Orange Marmalade), 버터(Butter), 메이플 시럽(Maple Syrup), 꿀(Honey) 등이다.

04 시리얼류

1) 차가운 시리얼(Cold cereals)

① 가열하지 않고 우유나 주스를 넣어 아침 식사로 먹는다.
② 콘플레이크(Cornflakes), 올 브랜(All Bran)★, 라이스 크리스피(Rice Crispy), 레이진 브랜(Raisin Bran)★, 쉬레디드 휘트(Shredded Wheat)★, 버처 뮤즐리(Bircher Muesli)★ 등이다.

2) 더운 시리얼(Hot Cereals)

오트밀(Oatmeal) : 귀리를 볶은 다음 거칠게 부수거나 납작하게 누른 것으로 육수나 우유를 넣고 죽처럼 조리해서 먹는다.

3) 시리얼의 부재료

① 생과일(Fresh Fruits) : 바나나, 사과, 딸기
② 건조 과일(Dry Fruits) : 블루베리, 건포도, 건살구
③ 견과류(Nut) : 호두, 마카다미아 너트, 아몬드

★ 올 브랜
밀기울을 으깨어 가공한 것
★ 레이진 브렌
구운 밀기울 조각에 달콤한 건포도를 넣은 것
★ 쉬레디드 휘트
밀을 조각내고 으깨어 사각형 모양으로 만든 비스킷 형태
★ 버처 뮤즐리
오트밀에 견과류, 과일 등 넣은 것

SECTION 07

수프 조리

출제빈도 상 중 하
반복학습 1 2 3

빈출 태그 ▶ 농후제 • 스톡 • 가니쉬 • 맑은 수프 • 진한 수프 • 차가운 수프 • 따뜻한 수프 • 나라별 수프

01 수프의 구성 요소

1) 육수(Stock)

생선, 소고기, 닭고기, 채소로 맛을 낸 육수로 수프 본연의 맛이 나야 한다.

2) 루(Roux) 등의 농후제

버터, 뵈르 마니에(Beurre Manie), 달걀 노른자, 크림, 쌀 등도 농후제의 일종인데, 가장 일반적으로 수프에 사용하는 것은 바로 루(Roux)이다.

3) 곁들임(Garnish)

토마토 콩카세(Tomato Concasse), 크루통(Crouton), 파슬리, 달걀 요리, 덤플링(Dumpling), 휘핑크림(Whipping Cream) 등의 다양한 재료가 사용되고 있다.

4) 허브와 향신료

통째로 또는 가루로 만들거나 신선한 형태로 사용한다.

02 수프의 종류

> 기적의 TIP
>
> **수프의 분류**
> - 농도별 분류 : 맑은 수프(Clear Soup), 진한 수프(Thick Soup)
> - 온도별 분류 : 뜨거운 수프(Hot Soup), 차가운 수프(Cold Soup)
> - 재료별 분류 : 육류, 생선, 야채 수프

1) 맑은 수프(Clear Soup)

① 수프의 색깔이 깔끔하며 투명한 색을 지니고 있다.
② 맑은 스톡을 사용하며 농축하지 않는다.
③ 프렌치 어니언 수프가 그 예로 그뤼에르 치즈와 바게트를 함께 곁들여 먹는다.
④ 콩소메(Consomme) : 소고기, 닭, 생선
⑤ 맑은 채소 수프 : 미네스트로니(Minestrone)

2) 진한 수프(Thick Soup)

① 크림(Cream)
- 베샤멜(Bechamel) : 화이트 루(White Roux)에 우유를 넣고 만든 수프이다.
- 벨루테(Veloute) : 블론드 루(Blond Roux)에 닭 육수를 넣고 만든 수프이다.

② 포타주(Potage) : 리에종을 사용하지 않고 콩을 사용해 재료 자체의 녹말 성분을 이용하여 걸쭉하게 만든 수프이다.

③ 퓌레(Puree) : 야채를 잘게 분쇄한 것을 퓌레(Puree)라 하며, 부용(Bouillon)과 결합하여 수프를 만든다.
④ 차우더(Chowder) : 게살, 감자, 우유를 이용한 크림 수프이다.
⑤ 비스크(Bisque) : 바닷가재, 새우 등의 갑각류를 이용한 부드러운 수프로 크림의 맛과 농도를 조절한다.

3) 차가운 수프(Cold Soup)

① 가스파초(Gazpacho) : 오이, 토마토, 양파, 피망, 빵가루에 올리브유와 마늘을 곁들여 얼음과 함께 제공한다.
② 비시스와즈(Vichyssoise) : 감자퓌레에 대파의 흰 부분과 함께 볶아 물이나 육수(Stock)를 넣고 끓인 다음 크림, 소금, 후추로 간을 하여 식혀 먹는 차가운 수프이다.

4) 스페셜 수프(Special Soup)

① 나라별, 지역별로 특색 있게 개발되어 전통적으로 전해 내려오는 수프이다.
② 이탈리아의 미네스트로니 수프, 프랑스의 어니언 수프와 부야베스, 헝가리의 굴라쉬 수프, 러시아와 폴란드의 보르스치 수프, 영국의 옥스테일 수프 등이 있다.

03 수프 요리 완성하기

1) 수프 요리 담기

① 재료 자체의 색상과 질감을 잘 표현한다.
② 청결하며 깔끔하게 담아야 한다.
③ 요리에 적절한 양을 균형감 있게 담는다.
④ 고객이 먹기 편하게 플레이팅을 한다.
⑤ 음식과 접시의 온도에 유의한다.
⑥ 식재료의 조합으로 인한 다양한 맛과 향이 공존하도록 담는다.

2) 수프 가니쉬 담기

① 수프에 첨가되는 형태(Garnish) : 콩소메의 경우 채소, 국수, 달걀지단, 버섯, 라비올리 등
② 수프에 어울리는 형태(Topping) : 거품을 올린 크림, 크루통, 잘게 썬 차이브 등
③ 수프에 따로 제공되는 형태(Accompaniment) : 빵이나 달걀, 토마토 콩카세 등은 손님의 취향에 의해 분리해서 제공

SECTION 08

육류 조리

출제빈도 상 중 하
반복학습 1 2 3

빈출 태그 ▶ 육류의 종류 • 가금류 • 향신료 • 조리도구 • 마리네이드 • 조리법 • 습열식 조리 • 건열식 조리

01 육류 재료 준비하기

1) 육류의 종류

① 소고기(Beef)

- 잘 비육된 암소와 거세된 소의 고기는 선홍색이고 광택이 나고, 근섬유는 결이 잘고 탄력이 크며 마블링이 좋다.
- 살을 찌운 소는 지방이 연하고 황색을 띠고, 늙은 소나 황소의 고기는 암적색이고 지방은 황색을 띠며 마블링의 양도 적다.

② 송아지 고기(Veal)

- 송아지 고기는 담적색이고 지방이 섞여 있지 않다.
- 근섬유는 가늘고 수분이 많아서 연하지만, 육즙이 적어 풍미는 덜하다.
- 연하여 숙성할 필요가 없으나 변패되기 쉽고 보존성이 짧다.

③ 돼지고기(Pork)

- 7개월에서 1년의 어린 돼지고기를 식육으로 사용한다.
- 부위별로 색깔이 다르고 담홍색, 회적색, 암적색을 띤다.
- 지방 함량이 많아 육질이 연하고 근섬유는 가늘며, 지방은 순백색이고 고기 사이에 적절하게 분포되어 있으며, 두꺼운 지방층을 형성한다.

④ 양고기(Lamb)

- 생후 12개월 이하의 어린 양고기는 램(Lamb), 그 이상을 머튼(Mutton)으로 구분한다.
- 근육 섬유가 가늘고 점조성이 풍부하여 우수하지만, 지방이 많고 부티르산이 많아 특유의 누린내가 있어 향신료를 이용하여 조리한다.
- 어린 양고기는 육질이 연하고 부드러우며 냄새가 없다.

⑤ 닭고기(Chicken)

- 닭은 용도에 따라 육용종, 난용종과 육란 겸용종으로 구분한다.
- 닭고기는 소고기에 비해 미오글로빈의 함량이 적어 색이 연하고 지방 함량이 적어서 맛이 담백하다.
- 근섬유의 길이가 짧고 두께가 얇아 연하며, 지방 함량이 낮은 편이고 단백질 함량이 높다.
- 닭가슴살은 지방 함량이 거의 없고 단백질 함량은 23.3%로 풍부하고 닭다리에 비해 철, 구리, 아연, 칼륨은 적게 함유하고 있다.

⑥ 오리고기(Duck)

- 오리는 부드럽고 풍미가 있다.
- 오리고기는 불포화지방산을 많이 함유하고 있고, 혈액순환을 돕는다.

⑦ 거위고기(Goose)

- 야생 기러기를 길들여 식육용으로 개량한 가금이다.
- 서양 요리에 많이 사용되며, 특유의 누린내가 있고 선홍색을 띠고 있다.
- 지방이 적고, 강알칼리성이고 필수지방산인 올레산이나 리놀레산을 함유하고 있다.
- 거위 간에는 양질의 단백질, 지질, 비타민 A, 비타민 E, 철, 구리 등이 풍부하다.

⑧ 칠면조고기(Turkey)

- 미국, 멕시코에서 주로 많이 사육되며 육질이 부드럽고 독특한 향이 있다.
- 소화율이 높아 통째로 굽는 요리를 많이 한다. 다른 육류에 비해 단백질 함량이 높고 저칼로리 식품이다.
- 서양에서는 크리스마스나 추수감사제 및 결혼식 때 많이 사용된다.

기적의 TIP

서양 요리의 세계 3대 진미
철갑상어알(캐비어), 송로버섯(트러플), 거위 간(푸아그라)

2) 육류의 마리네이드(Marinade, 밑간)

① 고기를 조리하기 전에 간을 배이게 한다.
② 누린내를 제거하고 맛을 내게 한다.
③ 육질이 질긴 고기를 부드럽게 한다.
④ 향미와 수분을 주어 맛이 좋아진다.
⑤ 마리네이드는 액체★ 또는 마른 재료로 할 수 있다.
⑥ 식초나 레몬주스는 질긴 고기를 연하게 만드는 작용을 한다.

★ 마르네이드에 사용하는 액체
식용유, 올리브유, 레몬주스, 식초, 와인, 갈아진 과일, 향신료 등

3) 부재료와 소스

- 부재료에는 곡류, 서류, 두류, 채소류, 버섯류, 과일 등이 있다.
- 육류 요리에는 소스가 사용된다.

4) 향신료

① 사용 용도에 따른 분류

분류	특징과 종류
향초계(Herb)	• 생잎을 사용하여 육류의 잡내를 제거하고, 음식의 장식으로 사용한다. • 로즈마리, 바질, 세이지, 파슬리, 타임 등이 있다.
종자계(Seed)	• 과실이나 씨앗을 건조시켜 사용하고, 육류에 많이 사용하며 브레이징이나 스튜에 첨가한다. • 캐러웨이 시드, 셀러리 시드, 큐민 시드 등이 있다.
향신계(Spice)	• 특유의 강한 맛과 매운맛을 이용한다. • 후추, 너트메그(육두구), 마늘, 겨자, 양겨자, 산초 등이 있다.
착색계(Coloring)	• 음식에 색을 내고, 특유의 향은 있지만 맛과 향은 강하지 않다. • 파프리카, 샤프란, 터메릭 등이 있다.

② 사용 부위에 따른 분류

분류	종류
잎(Leaf)	바질, 세이지, 처빌, 타임, 코리안더, 민트, 오레가노, 마조람, 파슬리, 스테비아, 타라곤, 레몬밤, 로즈마리, 라벤더, 월계수 잎, 딜 등
씨앗(Seed)	넛멕, 캐러웨이 씨, 큐민, 코리안더 씨, 머스터드 씨, 딜 씨, 휀넬 씨, 아니스 씨, 양귀비 씨, 메이스 등
열매(Fruit)	검은 후추, 파프리카, 카다몬, 주니퍼 베리, 카옌 페퍼, 올스파이스(Allspice), 스타 아니스(팔각), 바닐라 등
꽃(Flower)	사프론, 정향, 케이퍼 등
줄기와 껍질(Stalk and skin)	레몬그라스, 차이브, 계피 등
뿌리(Root)	터메릭, 겨자(고추냉이), 생강, 호스래디시 등

5) 육류의 부위별 특징과 조리법

① 소고기

부위명	특징	용도	조리법
목살(Chuck)	지방이 적고 결합 조직이 많아 육질이 질김	미트볼, 햄버거 패티, 스튜	브레이징
등심(Loin)	근육결이 가늘고 지방이 있어 맛이 좋음	스테이크	그릴링, 브로일링, 로스팅
안심(Tenderloin)	지방이 적고 부드럽고 연함	스테이크	그릴링, 브로일링
양지(Brisket)	근섬유 다발이 굵어 질김	미트볼, 햄버거 패티, 콘비프 스튜	브레이징, 보일
우둔(Round)	지방이 적음	스테이크	브로일링, 로스팅, 그릴링
갈비(Rib)	마블링이 있고 약간 질김	스테이크	브로일링, 로스팅, 그릴링
채끝살(Striploin)	지방이 적당함	스테이크	브로일링, 로스팅, 그릴링

② 돼지고기

부위명	특징	용도	조리법
어깨(Shoulder)	근육 사이에 지방이 있어서 맛이 진함	패티, 소시지	브레이징, 로스팅
등심(Loin)	살이 풍부하고 연하고 결이 섬세함	스테이크	로스팅, 프라잉
안심(Tenderloin)	지방이 약간 있어 부드러움	스테이크	로스팅, 프라잉
갈비(Rib)	근육 내 지방이 소량 함유	바비큐, 스테이크	브로일링, 로스팅
다리(Leg)	육색이 짙고 지방이 적음	꼬치, 바비큐	로스팅, 스튜잉
삼겹살(Belly)	복부에 위치 근육과 지방이 있어 풍미가 좋음	바비큐, 베이컨	로스팅, 브레이징, 그릴링

6) 육류의 조리도구(칼)

이름	용도
French/Chef's Knife(프렌치 칼)	일반적으로 많이 사용하고 있는 칼
Utility Knife(다용도 칼)	다목적 칼로 무게가 적어 여성 요리사들이 즐겨 사용
Boning Knife(뼈 칼)	육류 손질 시 뼈와 살을 분리하기 위한 칼
Salami Knife(살라미 칼)	살라미를 썰 때 사용
Cleaver Knife(도끼 칼)	칼 두께가 두꺼우며 무거워 닭, 오리, 생선 뼈를 토막낼 때 사용
Carving Knife(카빙 칼)	햄이나 두꺼운 육류를 얇게 썰기 위한 칼
Butcher Knife(부처 칼)	부처(정육점)에서 생고기를 자를 때 많이 사용하므로 부처 나이프라고 함
Tomato Knife(토마토 칼)	토마토를 썰 때 사용
Zester(제스터)	귤, 레몬, 오렌지, 라임 등의 껍질을 벗겨 요리의 재료로 사용
Whetstone(숫돌)★	칼날을 날카롭게 하기 위한 돌의 일종
Ham Slicer(햄 슬라이서)	햄을 얇게 썰 때 사용
Narrow Slicer(좁은 칼)	작고 정교하게 썰 때 사용
Meat/Kitchen Fork(고기 포크)	뜨겁거나 덩어리 고기를 썰 때 사용
Sharpening Steel(칼갈이 봉)	칼날을 날카롭게 하기 위한 쇠봉
Sausage Knife(소시지 칼)	소시지를 썰 때 사용
Steak Knife(스테이크 칼)	스테이크를 자를 때 사용

★ 숫돌

숫돌은 입자의 크기에 따라서 5000방, 1000방, 500방 등으로 나눌 수 있음

02 육류 요리 조리하기

1) 건열식 조리 방법(Dry Heat Cooking)

① Broilling(윗불 구이) : 열원이 위에 있어 불 밑에서 음식을 넣어 익히는 방법
② Grilling(석쇠 구이) : 열원이 아래에 있으며, 직접 불로 굽는 방법
③ Roasting(로스팅) : 육류 또는 가금류 등을 통째로 오븐에 넣어 굽는 방법
④ Baking(굽기) : 오븐에서 대류작용을 이용하여 굽는 방법
⑤ Sauteing(소테, 볶기) : 소테 팬이나 프라이팬에 소량의 버터나 기름을 넣고 160~240℃에서 짧은 시간에 조리하는 방법
⑥ Frying(튀김) : 기름에 음식을 튀겨내는 방법
⑦ Gratinating(그레티네이팅) : 조리한 재료 위에 버터, 치즈, 크림, 소스, 크러스트(Crust), 설탕 등을 올려 샐러맨더(Salamander), 브로일러(Broiler)나 오븐 등에서 뜨거운 열을 가해 색깔을 내는 방법
⑧ Searing(시어링) : 팬에 강한 열을 가하여 짧은 시간에 육류나 가금류의 겉만 갈색이 나게 지지는 방법

2) 습열식 조리 방법(Moist Heat Cooking)

① Poaching(포칭)★ : 비등점 이하 65~92℃의 온도에서 물, 스톡, 와인 등의 액체 등에 육류, 가금류, 달걀, 생선, 야채 등을 잠깐 넣어 익히는 것
② Boiling(삶기, 끓이기) : 물이나 육수 등의 액체에 재료를 끓이거나 삶는 방법

★ 샬로우 포칭 (Shallow Poaching)
물이나 액체를 적게 넣어 조리하는 방법으로 생선이나 가금류 밑에 다진 양파나 샬롯을 깔고 익히는 방법

★ 서브머지 포칭 (Submerge Poaching)
많은 양의 물이나 스톡 액체 등에 육류, 달걀, 가금류, 해산물 등을 넣고 서서히 익히는 방법

③ Simmering(시머링) : 뜨겁게 끓이지 않고 식지 않을 정도의 60~90℃ 액체의 약한 불에서 조리하는 것으로, 소스(Sauce)나 스톡(Stock)을 끓일 때 하는 방법
④ Steaming(증기찜) : 물을 끓여 수증기의 대류작용을 이용하여 조리하는 방법
⑤ Blanching(데치기) : 많은 양의 끓는 물이나 기름에 재료를 짧게 데쳐 찬물에 식히는 조리 방법
⑥ Glazing(글레이징) : 버터나 과일의 즙, 육즙 등과 꿀, 설탕을 졸여서 재료에 입혀 코팅시키는 조리 방법

> **기적의 3초컷**
>
> **수비드(Sous Vide)**
> 수비드는 프랑스어로 진공 저온, 영어로 Under Vacuum이라고 합니다. 완전 밀폐와 가열 처리가 가능한 위생 플라스틱 비닐 속에 재료와 부가적인 조미료나 양념을 넣은 상태로 진공 포장한 후 일반적인 조리 온도보다 상대적으로 낮은 온도(55~65℃)에서 장시간 조리하여 맛과 향, 수분, 질감, 영양소를 보존하며 조리하는 방법입니다.

3) 복합 조리 방법(Combination Cooking)

① 건열식, 습열식 조리 방법을 모두 이용하여 조리하는 것이다.
② 브레이징, 스튜잉이 해당된다.

4) 육류의 익힘 정도

① 돼지고기나 송아지 고기 : 내부온도가 68℃ 이상으로 높게 하여 다 익힌다.
② 소고기와 양고기 : 온도를 조절하여 익힘 정도를 조절하여 굽는다.
③ 육류를 구울 때는 먼저 팬을 가열한 후 겉면을 익혀 색을 낸 후 익히는 것이 육류 속의 향, 맛과 육즙이 새어 나오는 것을 방지할 수 있다.
④ 고기의 익힘 정도 : 레어(Rare), 미디엄 레어(Medium Rare), 미디엄(Medium), 미디엄 웰던(Medium Well-Done), 웰던(Well-Done)

03 육류 요리 담기

1) 육류 요리 플레이팅의 원칙

① 재료 자체가 가지고 있는 고유의 색감과 질감을 잘 표현한다.
② 전체적으로 심플하고 청결하며 깔끔하게 담아야 한다.
③ 요리의 알맞은 양을 균형감 있게 담아야 한다.
④ 고객이 먹기 편하게 플레이팅이 이루어져야 한다.
⑤ 요리에 맞게 음식과 접시 온도에 신경 써야 한다.
⑥ 식재료의 조합으로 인한 다양한 맛과 향이 공존하도록 플레이팅을 한다.

2) 육류 요리 플레이팅의 구성 요소

① 육류, 가금류 등의 단백질 파트
② 감자쌀, 파스타 등의 탄수화물 파트
③ 브로콜리, 콜리플라워, 아스파라거스와 같은 채소 등의 비타민 파트
④ 육류와 조화를 이루는 소스 파트
⑤ 가니쉬 파트

SECTION 09

파스타 조리

출제빈도 상 중 하
반복학습 1 2 3

빈출 태그 ▶ 듀럼 밀 • 파스타의 종류 • 파스타의 소스 • 향초 • 토마토 • 치즈

01 파스타 재료 준비하기

1) 파스타와 밀

① 일반 밀(연질 소맥)
- 우리가 흔하게 접할 수 있는 밀이며, 연질 밀로 분류된다.
- 일반 밀은 옅은 노란색을 띤다.
- 빵과 케이크, 과자류, 페이스트리 등 오븐 요리에 주로 사용한다.

② 듀럼 밀(경질 소맥)
- 듀럼 밀은 파스타의 제조에 주로 사용한다.
- 경질 밀은 제분하면 연질 밀가루보다 다소 거친 느낌이 든다.
- 노란색을 띠는 세몰리나(Semolina)라는 모래알 같은 가루가 만들어진다.
- 글루텐 함량이 연질 밀보다 많아 파스타의 점성과 탄성을 높이는 역할을 한다.
- 듀럼 밀은 글루텐의 함량이 높아 파스타를 만들기에 적당하다.

2) 파스타의 종류

① 건조 파스타
- 세몰리나를 주로 이용하고, 면의 형태를 만든 후 건조시켜 사용한다.
- 짧은 파스타와 긴 파스타로 나뉜다.

기적의 TIP

파스타의 어원
이탈리아어로 '반죽'을 의미합니다. 'Impastare(반죽하다)'에서 나온 말로 여러 가지 곡식들을 재료로 만든 반죽 또는 면을 말합니다.

② 생면 파스타

- 세몰리나에 밀가루를 섞어 사용하거나, 밀가루에 달걀을 넣어 반죽해 만든다.
- 노른자는 파스타의 색상과 맛을 풍부하게 하고 반죽의 질감을 좋게 한다.
- 흰자의 역할은 반죽을 단단하게 뭉치게 한다.

생면 파스타	특징
오레키에테(Orecchiette)	• '작은 귀'라는 의미로, 귀처럼 오목한 데서 유래되었다. • 반죽을 원통형으로 만들어 자르고 엄지손가락으로 눌러 모양을 만들거나 날카롭지 않은 칼 같은 도구를 이용한다. • 소스가 잘 입혀지도록 안쪽 면에 주름이 잡혀 있어야 한다. • 부서지지 않고 휴대하기 쉬워 항해를 하는 뱃사람들이 많이 이용하였다.
탈리아텔레(Tagliatelle)	• 이탈리아 중북부 지역인 에밀리아 로마냐 주에서 주로 이용되었다. • 적당한 길이와 넓적한 형태를 가지고 있다. • 면에 소스가 잘 묻는다는 장점이 있다. • 쉽게 부서지는 단점이 있어, 보관하기 쉽도록 둥글게 새집처럼 말아서 말려 사용한다. • 주로 쇠고기나 돼지고기로 만든 진한 소스를 사용한다.
탈리올리니(Tagliolini)	• 탈리올리니는 '자르다'라는 의미이다. • 탈리아텔레보다는 좁고 가늘고, 스파게티보다는 두껍다. • 이탈리아 중북부 리구리아 지방에서 전통적으로 사용하였다. • 파스타 면에 주로 달걀과 다양한 채소를 넣어 만든다. • 소스는 크림, 치즈, 후추 등을 주로 사용한다.
파르팔레(Farfalle)	• 나비넥타이 모양이다. • 이탈리아 중북부 롬바르디아나 에밀리아 로마냐 지역에서 유래되었다. • 충분히 말려서 사용하는 것이 좋다. • 부재료는 주로 닭고기와 시금치를 사용한다. • 크림 소스, 토마토 소스와도 잘 어울린다.
토르텔리니(Tortellini)	• 소를 채운 파스타로서 이탈리아의 중북부인 에밀리아 로마냐 지방에서 주로 먹는다. • 각각의 도우(Dough)에 내용물을 넣고 반지 모양으로 만든 것이 특징이다. • 속을 채우는 재료는 다양하나, 일반적으로 버터나 치즈를 사용한다. • 맑고 진한 묽은 수프에 사용하기도 하고 크림을 첨가하기도 한다.
라비올리(Ravioli)	• 두 개의 면 사이에 치즈나 시금치, 고기, 다양한 채소 등으로 속을 채운 만두와 비슷한 형태를 가지고 있다. • 주로 사각형 모양을 기본 모양으로 반달, 원형 등 다양한 모양을 만들 수 있다.

③ 이탈리아 북부와 남부의 파스타

구분	종류
이탈리아 북부	• 이탈리아식 베이컨과 콩 종류의 맛이 어우러진 파스타 • 에밀리아 로마냐 지역의 질 좋은 고기로 만든 파스타 • 진한 맛의 치즈와 크림으로 만든 파스타 • 면의 표면적이 넓어 소스가 잘 묻어 풍부한 맛의 파스타 • 야생버섯으로 맛을 낸 파스타
이탈리아 남부	• 토마토와 가지로 맛을 낸 파스타 • 낙지에 토마토 소스와 레몬즙으로 맛을 낸 파스타 • 홍합으로 맛을 낸 파스타 • 정어리로 맛을 낸 파스타 • 가지로 감싼 파스타 • 살라미와 많은 양의 고추가 들어간 파스타

3) 파스타 소스

① 조개 육수

- 해산물 파스타 요리에 사용한다.
- 바지락, 모시조개, 홍합 등을 사용한다.
- 오래 끓이면 맛이 변하므로 30분 이내로 끓인다.
- 농축된 육수는 올리브유에 유화시켜 소스 대신 사용하기도 한다.

② 토마토 소스

- 신선하고 최상의 토마토를 고르는 것이 중요하다.
- 토마토가 제철이 아닌 경우 가공한 토마토를 사용하는 것도 무방하다.
- 토마토는 적당한 당도와 진하게 농축된 감칠맛을 가진 것을 고른다.
- 사용하는 목적에 따라 여러 가지 다른 재료를 추가할 수 있다.
- 믹서기에 갈아서 사용하는 것보다 으깬 후 끓이는 방법을 선호한다.

③ 볼로네즈 소스(라구 소스)

- 볼로네즈 소스는 볼로냐식 라구 소스라고도 부르며, 흔히 이탈리안 미트 소스로 알려져 있다.
- 돼지고기와 쇠고기, 채소와 토마토를 넣고 오랜 시간 농축된 진한 맛이 날 때까지 끓인다.
- 마지막으로 치즈, 크림, 버터, 올리브유 등을 이용해 부드러운 맛을 낸다.

④ 화이트 크림 소스

- 밀가루, 버터, 우유를 주재료로 만든 화이트 소스이다.
- 버터와 밀가루를 고소하게 색이 나지 않도록 볶아 화이트 루를 만들어 사용한다.
- 우유를 데우고 루가 들어있는 팬에 서서히 부어가며 덩어리지지 않게 끓인다.
- 치즈와 크림 등을 첨가하여 파생 소스를 만들기도 한다.

⑤ 바질 페스토 소스

- 페스토 소스는 이탈리아 리구리아를 대표하는 바질을 주재료로 사용한 소스이다.
- 전통적인 제노바 스타일의 소스는 대리석으로 된 절구를 사용하지만, 도마 위에서 다져서 만들기도 하고 믹서기에 갈아서 만들기도 한다.
- 페스토가 보관하는 동안 산화되거나 색이 변하는 것을 지연시켜 주기 위해 바질을 끓인 소금물에 데쳐 사용한다.
- 전통적인 소스는 양젖을 이용한 치즈를 주로 사용한다.

02 파스타 조리하기

1) 파스타 삶기

① 알덴테(Al Dente)는 파스타를 삶는 정도를 의미하며, 이에 씹힐 정도의 상태를 나타낸다.
② 파스타를 삶는 냄비는 깊이가 있어야 하고, 파스타 양의 10배 정도가 알맞다.
③ 물 1리터 내외에 파스타 100g 정도가 삶기에 알맞은 양이다.
④ 파스타를 삶을 때 1% 소금의 첨가는 파스타의 풍미를 살려주고 탄력 있게 해준다.
⑤ 면수는 파스타 소스의 농도를 잡아주고 올리브유가 분리되지 않고 유화될 수 있도록 한다.
⑥ 파스타를 삶는 시간은 파스타가 소스와 함께 버무려지는 시간까지 계산해야 한다.
⑦ 파스타는 삶은 후 바로 사용해야 삶아진 파스타 겉면에 수증기가 증발하면서 남아 있는 전분 성분이 소스와 어우러져 파스타의 품질을 좋게 한다.

2) 파스타의 형태와 소스와의 조화

① 길고 가는 파스타 : 가벼운 토마토 소스나 올리브유를 이용한 소스가 잘 어울린다.
② 길고 넓적한 파스타 : 파르미지아노 레지아노 치즈, 프로슈토, 버터, 크림 소스 등과 잘 어울린다.
③ 짧은 파스타 : 가벼운 소스와 진한 소스 모두 어울린다.
④ 짧고 작은 파스타 : 수프의 고명으로 많이 사용되며, 샐러드의 재료로도 많이 이용된다.

3) 파스타에 필요한 기본 부재료

① 올리브오일, 후추, 소금

② 토마토

- 토마토가 파스타에 사용된 것은 18세기경이며 이탈리아 요리에 중요한 역할을 했다.
- 소금과 바질을 넣은 토마토 소스는 이탈리아 남부 지방부터 사용되기 시작하였다.
- 이탈리아 나폴리 근처의 베수비오 산에서 재배되는 산마르치아노 토마토는 일반 토마토에 비해 감칠맛이 높아 파스타 요리에 적합하다.
- 토마토는 소스뿐만 아니라 자연건조하거나 오븐에 말려 파스타, 샐러드, 피자 등에 사용한다.

③ 치즈

종류	특징
파르미지아노 레지아노 치즈	• 이탈리아 에밀리아 로마냐 주의 파르마가 원산지이다. • 1년 이상 숙성되어야 하며 고급 제품은 4년 정도 숙성시킨다. • 제한된 지역에서 엄격하게 통제된 가운데 만들어지고 있다. • 조각을 내어 식후에 먹거나 파스타에 갈아 넣는다.
그라나 파다노 치즈	• 이탈리아의 북부 지역에서 많이 사용된다. • 소젖으로 만들어지는 압축가공 치즈이다. • 파르미지아노 치즈보다 역사는 짧지만 독특한 제조 방법과 고품질의 맛을 가지고 있다. • 파스타, 피자에 갈아 먹는다.

④ 허브와 스파이스

- 신선한 허브와 말려서 사용하는 스파이스는 파스타의 고유의 맛과 풍미를 이끌어 내는 데 필수적인 재료이다.
- 허브에는 바질, 오레가노, 파슬리, 세이지, 처빌, 타임, 차이브, 로즈마리, 딜, 루꼴라 등이 있다.
- 스파이스에는 넛맥, 샤프란, 페페로치노 등이 있다.

03 파스타 완성하기

① 삶아진 파스타는 소스와 어우러져 바로 제공되어야 한다.
② 대형 연회나 뷔페 등에서 빠르고 효과적인 서비스를 위해 미리 삶아 식혀 놓은 뒤 제공할 때 데워서 사용하는 경우도 있다.
③ 조개나 해산물을 이용한 육수는 센불에 오랫동안 끓이지 않는다.
④ 토마토 소스를 믹서에 갈면 씨가 갈아져 신맛이 나기 때문에 손으로 으깨는 것이 좋다.
⑤ 토마토 소스 파스타는 토마토에 포함되어 있는 수분을 고려하여 충분히 졸인다.
⑥ 볼로네제 소스의 경우 오랜시간 동안 뭉근히 졸여야 맛이 난다.
⑦ 화이트 크림의 경우 골고루 저어 바닥에 타는 것을 방지한다.
⑧ 파스타 완성 시에 오일과 면수를 사용하여 소스가 분리되는 것을 방지하고 수분감을 유지한다.

SECTION 10

소스 조리

출제빈도 상 중 하
반복학습 1 2 3

빈출 태그 ▶ 루 • 뵈르마니에 • 농후제의 종류 • 브라운 스톡 • 벨루떼 • 우유 소스 • 유지 소스 • 디저트 소스

01 소스 재료 준비하기

기적의 TIP

농후제는 소스나 수프를 걸쭉하게 하여 농도를 내며 풍미를 더해 주는 것으로 여러 가지 방법으로 만들 수 있습니다.

1) 농후제(Liaisons)의 종류와 특성

① 루(Roux)

분류	특징
화이트 루(White Roux)	색이 나기 직전까지만 볶아낸 것으로 베샤멜 소스와 같은 하얀색 소스를 만들 때 사용한다.
브론드 루(Brond Roux)	약간의 갈색이 돌 때까지 볶은 것으로 대부분의 크림 수프나 수프를 끓이기 위한 벨루테를 만들 때 사용한다.
브라운 루(Brown Roux)	색이 짙은 소스를 만들 때 사용하며 루의 색깔이 갈색을 띤다.

② 뵈르 마니에(Beurre Manie)
- 향이 강한 소스의 농도를 맞출 때 사용한다
- 버터에 동량의 밀가루와 섞은 다음 그 중 일부를 소스나 육수에 넣어 농도가 나면 나머지를 넣고 완전히 녹을 때까지 젓는다.

③ 전분(Cornstarch)
- 감자 전분, 옥수수 전분 등에 물과 섞어 준비한다.
- 육수나 소스가 끓기 시작하면 전분물을 조금씩 넣어 뭉치지 않게 풀어 준다.

④ 달걀(Eggs)
- 달걀은 노른자를 이용해 응고할 수 있다.
- 더운 소스로는 앙글레이즈, 홀랜다이즈가 있고 차가운 소스로는 마요네즈가 있다.

⑤ 버터(Butter)
- 버터는 농후제 역할을 한다.
- 수프를 끓인 다음 불에서 내린 다음 포마드★ 상태의 버터를 넣고 잘 저어주면 약간의 농도를 더할 수 있다.

★ 포마드(Pommade)
버터를 상온에 두어 부드럽고 말랑하며 덩어리가 없이 크리미한 상태

02 소스의 종류와 조리법

1) 육수 소스★

종류	설명
송아지 갈색 육수 소스 (Brown Stock)	• 폰드보(Fond de Veau), 에스파뇰(Espagnole) 소스, 데미글라스(Demi Glace)로 불린다. • 한국에서는 송아지 고기가 유통되지 않아 대부분 쇠고기 사골과 힘줄을 이용한다.
송아지 흰색 육수 소스 (Velute Sauce)	• 송아지 벨루테, 닭 벨루테, 생선 벨루테가 있다. • 각각의 송아지 육수, 닭 육수, 생선 육수에 연갈색 루(Blond Roux)를 넣어 끓여서 만든다.

★ 육수 소스
송아지(갈색, 화이트), 닭, 생선, 토마토, 우유까지 포함하여 5가지로 분류

2) 토마토 소스

① 토마토 퓌레 : 토마토를 파쇄하여 그대로 조미하지 않고 농축시킨 것
② 토마토 쿨리 : 토마토 퓌레에 어느 정도 향신료를 가미한 것
③ 토마토 페이스트(반죽) : 토마토 퓌레를 더 강하게 농축하여 수분을 날린 것
④ 토마토 홀 : 토마토 껍질만 벗겨 통조림으로 만든 것

3) 우유 소스

① 프랑스 루이 14세에 집사였던 루이스 베샤멜(Louis de Bechamel)의 이름에서 유래했다.
② 대표적인 우유 소스는 베샤멜 소스★와 크림 소스이다.
③ 초기 베샤멜 소스는 농도가 짙은 송아지 벨루테(Thick Veal Veloute)에 진한 크림(White Roux)을 첨가하여 만들었다.
④ 생크림을 졸여 뵈르 마니에(Beurre Manier)로 농도를 맞추기도 한다.

★ 베샤멜 소스 비율
양파:밀가루:버터:우유=1:1:1:20

4) 유지 소스

① 식용유 소스 : 마요네즈, 비네그레트(Vinaigrette)
② 버터 소스 : 홀랜다이즈, 베르블랑(Vert Blanc)

5) 디저트 소스

① 크림 소스

• 대표적으로 앙글레이즈 소스가 있다.
• 앙글레이즈는 달걀 노른자를 리에종으로 사용한다.
• 영국에서는 커스터드(Custard)라고 불린다.

② 리큐르 소스

• 대표적으로 과일 소스가 있다.
• 과일 퓌레를 졸여 여기에 리큐르를 첨가하여 간단한 디저트 소스를 만들 수 있다.

③ 초콜릿 소스

• 코코아 파우더를 이용하여 초콜릿 소스를 만든다.
• 녹인 버터에 코코아 가루를 섞은 다음 설탕 시럽을 조금씩 부어 섞어서 초콜릿 소스를 만들기도 한다.

03 소스 완성하기

1) 소스 종류에 따른 좋은 품질로 만드는 법

① 브라운 소스

- 질 좋은 재료를 사용하고, 재료를 볶는 과정에 탄내가 나지 않게 볶아야 한다.
- 진한 소스를 뽑기 위해 5일 이상의 시간이 필요하며, 길게는 일주일간 끓인다.

② 벨루테 소스

- 루를 타지 않게 약한 불로 잘 볶는다.
- 특히 생선 벨루테는 신선한 흰살 생선을 사용해야 비린내가 안 난다.

③ 토마토 소스

- 질이 좋고 숙성이 잘 된 토마토 또는 통조림을 사용한다.
- 완성된 소스는 밝은 색을 띠어야 하며, 적당한 스파이스 향이 배합된 것이 좋다.

④ 마요네즈

- 직접 만들어 사용할 수 있다.
- 산패되기 쉬우므로 주의를 기울인다.

⑤ 비네그레트

- 엑스트라 버진 올리브유의 풍미가 소스에 많은 역할을 한다.
- 용도에 따라 비네그레트에 파생되는 재료의 향이 강한 비네그레트는 포도씨유나 일반 샐러드유를 사용한 것이 더 좋을 수 있다.

⑥ 버터 소스

- 버터 소스의 경우에도 좋은 버터를 사용해야 한다.
- 60℃ 이상의 온도로 가열할 경우 수분과 유분이 분리되어 사용할 수 없다.

⑦ 홀랜다이즈

- 만들어서 따뜻하게 보관해야 한다.
- 다른 소스에 곁들여 내는 용도로도 사용하는 경우가 많으므로 농도에 유의한다.

2) 소스를 용도에 맞게 제공하는 방법

① 소스는 주재료의 맛을 끌어 올릴 수 있어야 한다.
② 소스의 향이 너무 강하여 원재료의 맛을 저하시키면 안 된다.
③ 연회장에서는 많은 양의 접시를 제공해야 하므로 약간 되직한 게 좋다.
④ 색감을 위해 곁들이는 소스는 색이 변질되면 안 된다.
⑤ 튀김 소스는 바삭함이 유지되도록 제공 직전에 뿌려주어야 한다.
⑥ 스테이크 소스는 질 좋은 고기의 맛을 방해하지 않도록 많은 양을 뿌리지 않는다.

PART

04

해설과 함께 보는 최신 기출문제

CBT 온라인 문제집

시험장과 동일한
환경에서 문제 풀이
서비스

- QR 코드를 찍으면 원하는 시험에 응시할 수 있습니다.
- 풀이가 끝나면 자동 채점되며, 해설을 즉시 확인할 수 있습니다.
- 마이페이지에서 풀이 내역을 분석하여 드립니다.
- 모바일과 PC도 이용 가능합니다.

해설과 함께 보는 최신 기출문제 01회

양식조리기능사	소요 시간	문항 수
	1시간	총 60문항

수험번호 : ____________

성　　명 : ____________

01 부적절하게 조리된 햄버거 등을 섭취하여 식중독을 일으키는 0157:H7균은 다음 중 무엇에 속하는가?

① 살모넬라균　② 리스테리아균
③ 대장균　④ 비브리오균

대장균에 속하는 O157:H7균은 맹독성 식중독을 일으키는 균이다.

02 다음 중 일반적으로 복어의 독성분인 테트로도톡신이 가장 많은 부위는?

① 근육　② 피부
③ 난소　④ 껍질

복어의 독소량 : 난소 〉 간 〉 내장 〉 피부

03 감염형 세균성 식중독에 해당하는 것은?

① 살모넬라 식중독
② 수은 식중독
③ 클로스트리디움 보툴리늄 식중독
④ 아플라톡신 식중독

감염형 : 살모넬라균, 장염비브리오균, 병원성 대장균, 웰치균

오답 피하기

- 수은 식중독 : 화학성 식중독
- 클로스트리디움 보툴리늄 식중독 : 독소형 세균성 식중독
- 아플라톡신 식중독 : 자연독 식중독

04 다음 미생물 중 곰팡이가 아닌 것은?

① 아스퍼질러스(Aspergillus) 속
② 페니실리움(Penicillium) 속
③ 클로스트리디움(Clostridium) 속
④ 리조푸스(Rhizopus) 속

클로스트리디움은 세균이다.

05 보존성에 대한 설명으로 틀린 것은?

① 수확 혹은 가공된 식품이 식용으로서 적합한 품질과 위생상태를 유지하는 성질을 말한다.
② 유통과정, 소매점의 상품관리에 의해서는 보존기간이 변동될 수 없다.
③ 장기저장이 가능한 통 · 병조림이라도 온도나 광선의 영향에 의해 품질변화가 일어난다.
④ 신선식품은 보존성이 짧은 것이 많아 상품의 온도 관리에 따라 그 보존기간이 크게 달라진다.

유통과정, 소매점의 상품관리에 의해서 보존기간이 변동될 수 있다.

정답 01 ③ 02 ③ 03 ① 04 ③ 05 ②

06 **식품의 위생적인 준비를 위한 조리장의 관리로 부적합한 것은?**

① 조리장의 위생해충은 약제사용을 1회만 실시하면 영구적으로 박멸된다.
② 조리장에 음식물과 음식물 찌꺼기를 함부로 방치하지 않는다.
③ 조리장의 출입구에 신발을 소독할 수 있는 시설을 갖춘다.
④ 조리사의 손을 소독할 수 있도록 손소독기를 갖춘다.

조리장의 위생해충은 정기적인 약제사용이 필요하고 영구적으로 박멸되지는 않는다.

07 **주로 부패한 감자에 생성되어 중독을 일으키는 물질은?**

① 셉신(Sepsine)
② 아미그달린(Amygdalin)
③ 시큐톡신(Cicutoxin)
④ 마이코톡신(Mycotoxin)

셉신(Sepsin) : 부패된 감자에서 생기는 독성물질

오답 피하기

- 살구, 복숭아, 아몬드, 청매의 유독성분 : 아미그달린
- 독미나리 : 시큐톡신
- 곰팡이독의 총칭 : 마이코톡신

08 **식품 중 멜라민에 대한 설명으로 틀린 것은?**

① 잔류허용 기준상 모든 식품첨가물에서 불검출되어야 한다.
② 생체 내 반감기는 약 3시간으로 대부분 신장을 통해 뇨로 배설된다.
③ 반수치사량(LD50)은 3.2g/kg 이상으로 독성이 낮다.
④ 많은 양의 멜라민을 오랫동안 섭취할 경우 방광결석 및 신장결석 등을 유발한다.

이유식 등 영유아를 대상으로 한 식품은 불검출로 하되, 나머지 식품과 식품첨가물은 2.5ppm 이하로 멜라민을 허용한다.

09 **Cholinesterase의 작용을 억제하여 마비 등 신경독성을 나타내는 농약류는?**

① DDT
② BHC
③ Propoxar
④ Parathion

유기인제 농약에는 파라티온, 말라티온, 다이아지논, 테프(TEPP)이 있으며 신경독 증상을 일으킨다.

10 **식품첨가물의 사용제한 기준이 아닌 것은?**

① 사용할 수 있는 식품의 종류 제한
② 식품에 대한 사용량 제한
③ 사용 방법에 대한 제한
④ 사용 장소에 대한 제한

오답 피하기

식품첨가물 중 사용 방법이나 사용량 등이 부적당할 경우 인체의 건강을 해칠 염려가 있는 것은 사용대상 식품의 종류, 사용량, 사용법 및 사용 목적 등을 제한하여 기준 이상 섭취하지 않도록 한다.

정답 06 ① 07 ① 08 ① 09 ④ 10 ④

11 다음 중 판매 등이 금지되는 병육에 해당하지 않는 것은?

① 리스테리아병에 걸린 가축의 고기
② 조류 인플루엔자에 걸린 가축의 고기
③ 소해면상뇌증(BSE)에 걸린 가축의 고기
④ 거세한 가축의 고기

병든 동물 고기 등의 판매 등 금지되는 질병
- 축산물가공처리법 시행규칙에 따라 도축이 금지되는 가축감염병
- 리스테리아병, 살모넬라병, 파스튜렐라병 및 선모충증

오답 피하기

다음 질병에 걸린 동물을 사용하여 판매할 목적으로 식품 또는 식품첨가물을 제조 · 가공 또는 조리한 자는 3년 이상의 징역에 처한다.
- 소해면상뇌증(광우병)
- 탄저병
- 가금 인플루엔자

12 흰색 야채의 경우 흰색을 그대로 유지할 수 있는 방법으로 옳은 것은?

① 야채를 데친 후 곧바로 찬물에 담가둔다.
② 약간의 식초를 넣어 삶는다.
③ 야채를 물에 담가 두었다가 삶는다.
④ 약간의 중조를 넣어 삶는다.

플라보노이드계열 색소는 산에서 안정화된다.

13 일반음식점의 영업신고는 누구에게 하는가?

① 동사무소장
② 시장 · 군수 · 구청장
③ 식품의약품안전처장
④ 보건소장

일반음식점의 영업신고는 시장 · 군수 · 구청장에게 한다.

14 식품위생법상 식품을 제조 · 가공 또는 보존함에 있어 식품에 첨가, 혼합, 침윤 기타의 방법으로 사용되는 물질(기구 및 용기 · 포장의 살균 · 소독의 목적에 사용되어 간접적으로 식품에 이행될 수 있는 물질을 포함한다)이라 함은 무엇에 대한 정의인가?

① 식품
② 식품첨가물
③ 화학적 합성품
④ 기구

식품첨가물 : 식품을 제조 · 가공 또는 보존하는 과정에서 식품에 넣거나 섞는 물질 또는 식품을 적시는 등에 사용되는 물질

15 식품 등의 표시기준상 '유통기한'의 정의는?

① 해당식품의 품질이 유지될 수 있는 기한을 말한다.
② 해당식품의 섭취가 허용되는 기한을 말한다.
③ 제품의 출고일로부터 대리점으로의 유통이 허용되는 기한을 말한다.
④ 제품의 제조일로부터 소비자에게 판매가 허용되는 기한을 말한다.

식품등의 표시기준 제2조(정의) 4호

'유통기한'이라 함은 제품의 제조일로부터 소비자에게 판매가 허용되는 기한을 말한다.

정답 11 ④ 12 ② 13 ② 14 ② 15 ④

16 지방 산패 촉진인자가 아닌 것은?

① 빛
② 지방분해효소
③ 비타민 E
④ 산소

유지의 산패에 영향을 끼치는 인자

- 온도가 높을수록 반응 속도가 증가한다.
- 광선 및 자외선은 산패를 촉진한다.
- 수분이 많으면 촉매 작용이 강해진다.
- 금속류는 유지의 산화를 촉진한다.
- 불포화도가 심하면 유지의 산패가 일어난다.

오답 피하기

비타민 E는 항산화제이다.

17 식품의 분류에 대한 설명으로 틀린 것은?

① 식품은 수분과 고형물로 나눌 수 있다.
② 고형물은 유기질과 무기질로 나누어진다.
③ 유기질은 조단백질, 조지방, 탄수화물, 비타민으로 나누어진다.
④ 조단백질은 조섬유와 당질로 나누어진다.

조단백질 : 식품 및 사료의 일반분석에서 전체 질소를 측정하고, 이것에 6.25(단백질의 평균적 질소함량의 역수, 1/0.16)를 곱하여 구하는 단백질

18 다음 식품 성분 중 지방질은?

① 프로라민(Prolamin)
② 글리코겐(Glycogen)
③ 카라기난(Carrageenan)
④ 레시틴(Lecithin)

레시틴 : 지방으로 이루어진 난황의 유화제 성분

19 영양섭취기준 중 권장섭취량을 구하는 식은?

① 평균필요량 + 표준편차 × 2
② 평균필요량 + 표준편차
③ 평균필요량 + 충분섭취량 × 2
④ 평균필요량 + 충분섭취량

권장섭취량 = 평균필요량 + 표준편차 × 2

20 미르포아는 양파, 당근, 셀러리의 혼합물이다. 적절한 비율은?

① 1:1:1　② 1:2:4
③ 1:1:2　④ 2:1:1

50%의 양파, 25%의 당근, 25%의 셀러리 비율로 사용한다.

21 다음 중 물에 녹는 비타민은?

① 레티놀(Retinol)
② 토코페롤(Tocopherol)
③ 리보플라빈(Riboflavin)
④ 칼시페롤(Calciferol)

리보플라빈(비타민B_2)은 수용성 비타민이다.

22 비타민에 관한 설명 중 틀린 것은?

① 카로틴은 프로비타민 A이다.
② 비타민 E는 토코페롤이라고도 한다.
③ 비타민 B_{12}는 코발트(Co)를 함유한다.
④ 비타민 C가 결핍되면 각기병이 발생한다.

오답 피하기

비타민 C가 결핍되면 괴혈병이 발생한다.

정답 16 ③ 17 ④ 18 ④ 19 ① 20 ④ 21 ③ 22 ④

23 **전채요리에 사용하는 양념을 지칭하는 용어로 소금, 식초, 올리브유, 겨자, 마요네즈와 같은 소스류 등을 무엇이라고 하는가?**

① 오르되브르(Hors D'oeuvre)
② 칵테일(Cocktail)
③ 카나페(Canape)
④ 콩디망(Condiments)

오답 피하기

- 오르되브르(Hors D'oeuvre) : 식전에 나오는 모든 요리의 총칭이다.
- 칵테일(Cocktail) : 칵테일은 보통 해산물이 주재료이고 크기를 작게 한다. 과일을 많이 이용하고 차갑게 제공한다.
- 카나페(Canape) : 카나페는 빵이나 크래커 위에 버터를 바르고 그 위에 여러 가지 재료를 올려 만든다.

24 **다음 중 화학 조미료는?**

① 구연산
② HAP(Hydrolyzed Animail Protein)
③ 글루타민산나트륨
④ 효모

글루타민산나트륨은 화학 조미료이다.

오답 피하기

HAP(Hydrolyzed Animial Protein) : 동물성 가수분해 단백질이다.

25 **다음 중 동물성 색소는?**

① 클로로필
② 안토시안
③ 미오글로빈
④ 플라보노이드

동물성 색소 : 미오글로빈(육색소), 헤모글로빈(혈색소), 일부 카로티노이드, 아스타산틴(타로티노이드계), 헤모시아닌

오답 피하기

식물성 색소 : 클로로필 색소(엽록소), 안토시안 색소(붉은 색), 플라보노이드 색소, 카로티노이드 색소(카로틴, 크산토필 색소)

26 **100℃ 내외의 온도에서 2~4시간 동안 훈연하는 방법은?**

① 냉훈법
② 온훈법
③ 배훈법
④ 전기훈연법

배훈법(Roast Smoking) : 95~120℃에서 2~4시간 훈연 처리하여 바로 먹을 수 있는 상태로 만드는 훈연법

오답 피하기

- 냉훈법 : 10~30℃, 1~3주
- 온훈법 : 30~50℃, 2~12시간
- 전기훈연법 : 전기를 이용한다.

27 **조리 방법에 대한 설명 중 틀린 것은?**

① 무 초절이 쌈을 할 때 얇게 썰은 무를 식소다 물에 담가두면 무의 색소성분이 알칼리에 의해 더욱 희게 유지된다.
② 양파를 썬 후 강한 향을 없애기 위해 식초를 뿌려 효소 작용을 억제시켰다.
③ 사골의 핏물을 우려내기 위해 찬물에 담가 혈색소인 수용성 헤모글로빈을 용출시켰다.
④ 모양을 내어 썬 양송이에 레몬즙을 뿌려 색이 변하는 것을 억제시켰다.

무 초절이 쌈을 할 때 얇게 썬 무를 식초에 담가두면 무의 색소성분이 산성에 의해 희게 유지된다.

28 **마요네즈 제조 시 안정된 마요네즈를 형성하는 경우는?**

① 기름을 빠르게 많이 넣을 때
② 달걀 흰자만 사용할 때
③ 약간 더운 기름을 사용할 때
④ 유화제 첨가량에 비하여 기름의 양이 많을 때

온도가 낮으면 마요네즈 제조 시 분리가 될 수 있다.

정답 23 ④ 24 ③ 25 ③ 26 ③ 27 ① 28 ③

29 기름을 오랫동안 저장하여 산소, 빛, 열에 노출되었을 때 색깔, 맛, 냄새 등이 변하게 되는 현상은?

① 발표
② 부패
③ 산패
④ 변질

산패 : 유지가 불쾌한 냄새를 발생하고 착색이 되며 맛이 나쁘게 되는 품질 저하 현상

30 다음 중 유도지질(Derived Lipids)은?

① 왁스(Wax)
② 인지질(Phospholipid)
③ 지방산(Fatty Acid)
④ 단백지질(Proteolipid)

유도지질 : 지방산, 각종 알코올, 콜레스테롤, 지용성 비타민, 스테로이드 등

31 체온유지 등을 위한 에너지 형성에 관계하는 영양소는?

① 탄수화물, 지방, 단백질
② 물, 비타민, 무기질
③ 무기질, 탄수화물, 물
④ 비타민, 지방, 단백질

열량영양소 : 탄수화물, 지방, 단백질

오답 피하기

- 보전영양소 : 단백질, 무기질, 비타민
- 조절영양소, 미량영양소 : 무기질, 비타민
- 구성영양소 : 단백질, 무기질

32 두류의 조리 시 두류를 연화시키는 방법으로 틀린 것은?

① 1% 정도의 식염용액에 담갔다가 그 용액으로 가열한다.
② 초산용액에 담근 후 칼슘, 마그네슘 이온을 첨가한다.
③ 약알카리성의 중조수에 담갔다가 그 용액으로 가열한다.
④ 습열 조리 시 연수를 사용한다.

칼슘, 마그네슘 용액에서 응고된다.

33 다음 중 필수 지방산이 아닌 것은?

① 리놀레산(Linoleic Acid)
② 스테아르산(Stearic Acid)
③ 리놀렌산(Linolenic Acid)
④ 아라키돈산(Arachidonic Acid)

필수 지방산 : 리놀레산, 리놀렌산, 아라키돈산

34 아래의 조건에서 당질 함량을 기준으로 감자 140g을 보리쌀로 대치하면 보리쌀은 약 몇 g이 되는가?

- 감자 100g의 당질 함량 14.4g
- 보리쌀 100g의 당질 함량 68.4g

① 29.5g ② 37.6g
③ 46.3g ④ 54.7g

원래 식품의 양 × 원래 식품 함량 ÷ 대치 식품 함량
= 140 × 14.4 ÷ 68.4
= 약 29.47

정답 29 ③ 30 ③ 31 ① 32 ② 33 ② 34 ①

35 조리기기와 사용 용도의 연결이 적절하지 않은 것은?

① 살라만더 – 볶음 하기
② 전자레인지 – 냉동식품의 해동
③ 블랜더 – 불린 콩 갈기
④ 압력솥 – 갈비찜 하기

살라만더 : 구이용으로 겉 표면을 색깔을 나타내는 데 주로 사용

36 우유에 들어있는 비타민 중에서 함유량이 적어 강화우유에 사용되는 지용성 비타민은?

① 비타민 D
② 비타민 C
③ 비타민 B_1
④ 비타민 E

지용성 비타민은 A, D, E, K이며 강화우유에 사용되는 지용성 비타민은 비타민 D이다.

37 다음 중 고정비에 해당되는 것은?

① 노무비
② 연료비
③ 수도비
④ 광열비

고정비 : 일정한 기간 동안 조업도의 변동에 관계없이 항상 일정액으로 발생하는 원가로 감가상각비, 노무비, 보험료, 제세공과 등이 포함

38 어류의 변질 현상에 대한 설명으로 틀린 것은?

① 휘발성 물질의 양이 증가한다.
② 세균에 의한 탈탄산 반응으로 아민이 생성된다.
③ 아가미가 선명한 적색이다.
④ 트리메틸아민의 양이 증가한다.

선명한 적색은 신선한 어류의 특징이다.

39 재료의 소비액을 산출하는 계산식은?

① 재료 구입량 × 재료 소비단가
② 재료 소비량 × 재로 구입단가
③ 재료 소비량 × 재료 소비단가
④ 재료 구입량 × 재료 구입단가

재료의 소비액 = 재료 소비량 × 재료 소비단가

40 단체급식에 대한 설명으로 옳은 것은?

① 학교, 병원, 기숙사, 대중식당에서 특정다수인에게 계속적으로 음식을 공급하는 것
② 학교, 병원, 공장, 사업장에서 특정다수인에게 계속적으로 음식을 공급하는 것
③ 학교, 병원 등에서 불특정다수인에게 계속적으로 음식을 공급하는 것
④ 사회복지시설, 고아원 등에서 불특정다수인에게 계속적으로 음식을 공급하는 것

단체급식 : 학교 , 병원, 공장, 사업장에서 특정다수인에게 계속적으로 음식을 공급하는 것을 말한다.

오답 피하기

① 대중식당은 해당되지 않는다.
③ 불특정 다수인이 아니라 특정다수인에게 공급한다.

정답 35 ① 36 ① 37 ① 38 ③ 39 ③ 40 ②

41 아래에서 설명하는 조미료는?

> • 수란을 뜰 때 끓는 물에 이것을 넣고 달걀을 넣으면 난백의 응고를 돕는다.
> • 작은 생선을 사용할 때 이것을 소량 가하면 뼈가 부드러워진다.
> • 기름기 많은 재료에 이것을 사용하면 맛이 부드럽고 산뜻해진다.

① 설탕 ② 후추
③ 식초 ④ 소금

• 달걀을 삶을 때 소금과 식초를 넣으면 응고작용을 돕는다.
• 산(레몬즙, 식초)을 첨가하면 비린내가 감소되고 생선가시를 연하게 한다.

42 완전 밀폐와 가열 처리가 가능한 위생 플라스틱 비닐 속에 재료와 양념을 넣은 상태로 진공 포장한 후 낮은 온도(55~65℃)에서 장시간 조리하는 방법을 무엇이라고 하는가?

① 수비드(Sous Vide)
② 샬로우 포칭(Shallow Poaching)
③ 마리네이드(Marinade)
④ 복합 조리(Combination Cooking)

수비드는 정확한 물의 온도를 유지해서 최장 72시간 동안 조리한다. 수비드로 익힌 재료는 수분은 유지되면서 맛과 향이 보존되고 식감이 부드러워진다.

43 과일, 채소류의 저장법으로 적합하지 않은 것은?

① 냉장법
② 호일포장 상온 저장법
③ ICF(Ice Coating Film) 저장법
④ 피막제 이용법

과일, 채소류의 저장법으로는 저온 저장, 냉동 저장, 가스 저장(CA 저장), 방사선 저장 등이 있다.

44 급속냉동법의 특징이 아닌 것은?

① 단백질의 변질이 적다.
② 식품의 원상 유지가 어느 정도 가능하다.
③ 비타민의 손실을 줄인다.
④ 식품과 얼음의 분리가 심하게 나타난다.

급속냉동법의 특징

• 조직 중의 빙결정의 수가 줄고, 대형의 빙결정이 생긴다.
• 근섬유가 손상을 받아 해동을 해도 수분이 흡수되지 못하고 유출되어 구멍이 생긴다.
• 드립 중 수용성 단백질, 염류, 비타민류 등의 영양분의 손실이 있다.
• 중량, 풍미, 식미가 감소된다.
• 동결육의 건조에 의한 지방의 산화로 변색, 변성이 되는 동결화상이 생길 수 있다.

45 다음 중 조리를 하는 목적으로 적합하지 않은 것은?

① 소화흡수율을 높여 영양효과를 증진
② 식품 자체의 부족한 영양성분을 보충
③ 풍미, 외관을 향상시켜 기호성을 증진
④ 세균 등의 위해 요소로부터 안전성 확보

조리의 목적

• 기호성 : 식품의 외관을 좋게 하며 맛있게 하기 위함이다.
• 소화성 : 소화를 용이하게 하여 영양 효율을 높이기 위함이다.
• 안전성 : 위생상 안전한 음식으로 만들기 위함이다.
• 저장성 : 저장성을 높이기 위함이다.

정답 41 ③ 42 ① 43 ② 44 ④ 45 ②

46 식단 작성의 순서가 바르게 연결된 것은?

A. 영양 필요량 산출 B. 식품량 산출 C. 3식 영양 배분 D. 식단표 작성

① B–C–A–D
② D–A–B–C
③ A–B–C–D
④ C–D–A–B

식단의 작성 순서
영양 기준량 산출 → 섭취 기준량 산출 → 3식 배분 → 음식수, 요리명 결정 → 식단 주기 결정 → 식량 배분 계획 → 식단표 작성

47 우유를 응고시키는 요인과 거리가 먼 것은?
① 가열
② 레닌(Rennin)
③ 산
④ 당류

우유를 응고시키는 요인
• 카세인(Casein) : 산(식초, 레몬즙), 응유효소(레닌), 알코올, 염류(염석)
• 유청 단백질(락토글로불린, 락트알부민) : 열

48 다음 중 단맛의 강도가 가장 강한 당류는?
① 설탕
② 젖당
③ 포도당
④ 과당

단맛의 강도 : 과당 〉 설탕 〉 포도당 〉 맥아당 〉 갈락토오스 〉 유당

49 지방에 대한 설명으로 틀린 것은?
① 에너지가 높고 포만감을 준다.
② 모든 동물성 지방은 고체이다.
③ 기름으로 식품을 가열하면 풍미를 향상시킨다.
④ 지용성 비타민의 흡수를 좋게 한다.

• 식물성 유지는 액체 상태가 많고, 불포화지방산이 많이 함유되어 있다.
• 동물성 유지는 고체 상태가 많고, 포화지방산이 많이 함유되어 있다.

50 급식인원이 1,000명인 단체 급식소에서 점심급식으로 닭조림을 하려고 한다. 닭조림에 들어가는 닭 1인분량은 50g이며 닭의 폐기율이 15%일 때 발주량은 약 얼마인가?
① 50kg
② 60kg
③ 70kg
④ 80kg

$$발주량 = \left(\frac{정미량}{100-폐기율}\right) \times 인원수 \times 100$$
$$= \left(\frac{50}{100-15}\right) \times 1{,}000 \times 100 = 58{,}823g = 58.8kg$$

51 육류에 마리네이드를 하는 이유로 적합하지 않은 것은?
① 고기를 조리하기 전에 간을 배이게 한다.
② 고기의 핏물을 빼서 누린내를 제거한다.
③ 향미와 수분을 주어 맛이 좋아진다.
④ 식초나 레몬주스를 첨가하면 질긴 고기를 연하게 만드는 작용을 한다.

밑간(마리네이드)을 하면 누린내는 제거되지만, 핏물을 빼기 위함은 아니다.

정답 46 ③ 47 ④ 48 ④ 49 ② 50 ② 51 ②

52 하천수에 대한 설명 중 틀린 것은?

① 하천수의 구성성분은 계절, 배수지역의 지형에 따라 다르다.
② 홍수 시에는 하천 유량의 대부분이 표면수로 되어 있다.
③ 건기에는 지하수가 많으며 경도가 높아진다.
④ 최대유량과 최소유량 사이의 기간 동안에도 수질의 변화는 거의 없다.

수질 : 기상, 기후의 영향을 받고, 최대유량과 최소유량 사이의 기간에는 하천수와 하천수의 수질이 변한다.

53 정수과정의 응집에 대한 효과와 거리가 먼 것은?

① 침전 잔유물 제거
② 세균수 감소
③ 이미 제거
④ 공기 공급

오답 피하기

정수과정에서 응집은 침전에 응용되며, 공기 공급과는 전혀 무관하다.

54 샐러드의 기본 구성이 아닌 것은?

① 바탕
② 본체
③ 쿠르부용
④ 가니쉬

쿠르부용은 해산물을 데쳐낼 때 사용하는 육수의 한 종류이다.

55 석탄산수(페놀)에 대한 설명으로 틀린 것은?

① 염산을 첨가하면 소독효과가 높아진다.
② 바이러스와 아포에 약하다.
③ 햇볕을 받으면 갈색으로 변하고 소독력이 없어진다.
④ 음료수의 소독에는 적합하지 않다.

석탄산수(페놀)의 특징

- 비교적 안정적이고 유기물에도 소독력이 약화되지 않으므로 살균력의 지표가 된다.
- 독성이 강하고 피부 점막에 자극성이 있으며 금속을 부식시키는 단점이 있다.
- 석탄산 계수 = 소독약의 희석배수/석탄산의 희석배수
- 석탄산 계수가 낮을수록 소독력은 떨어진다.
- 크레졸는 석탄산보다 냄새와 소독력이 강하고 피부 자극은 약하다.

56 인공조명 시 고려해야 할 사항으로 틀린 것은?

① 작업하기 충분한 조명도를 유지해야 한다.
② 균등한 조명도를 유지해야 한다.
③ 조명 시 유해가스가 발생하지 않아야 한다.
④ 가급적 직접조명이 되도록 해야 한다.

오답 피하기

간접조명이 눈에 안정적이다.

57 폐흡충증의 제1, 2 중간숙주가 순서대로 옳게 나열된 것은?

① 왜우렁이, 붕어
② 다슬기, 참게
③ 물벼룩, 가물치
④ 왜우렁이, 송어

기생충	제1중간숙주	제2중간숙주
간흡충(간디스토마)	왜우렁이	붕어, 잉어
폐흡충(폐디스토마)	다슬기	가재, 게
요꼬가와흡충	다슬기	담수어, 은어, 잉어
광절열두조충(긴촌충)	물벼룩	연어, 송어

정답 52 ④ 53 ④ 54 ③ 55 ③ 56 ④ 57 ②

58 **분자식은 $KMnO_4$이며, 산화력에 의한 소독효과를 가지는 것은?**

① 크레졸
② 석탄산
③ 과망간산칼륨
④ 알코올

과망간산칼륨($KMnO_4$)은 물에 쉽게 용해되는 자색의 고체로 살균 · 소독용으로 널리 쓰이며, 소비량은 유기물의 간접적 지표이다.

59 **수질의 분변 오염 지표균은?**

① 장염비브리오균
② 대장균
③ 살모넬라균
④ 웰치균

대장균이 수질 오염의 지표로 사용되는 이유

- 검출 방법이 간편하며 정확하기 때문에
- 그 분포가 오염원, 특히 인축의 분변과 공존하기 때문에
- 다른 병원성 미생물이나 분변 오염을 추측할 수 있어서

60 **다음 중 이타이이타이병의 유발물질은?**

① 수은(Hg)
② 납(Pb)
③ 칼슘(Ca)
④ 카드뮴(Cd)

카드뮴 중독 : 이타이이타이병은 카드뮴 중금속의 질병으로 신장장애, 단백뇨, 골연화증의 증세가 있다.

오답 피하기

- 수은중독 : 미나마타병
- 납(Pb) 중독 : 연빈혈, 칼슘대사이상, 신장장애, 적혈구수 증가

정답 58 ③ 59 ② 60 ④

해설과 함께 보는 **최신 기출문제 02회**

<table>
<tr><td rowspan="2">양식조리기능사</td><td>소요 시간</td><td>문항 수</td></tr>
<tr><td>1시간</td><td>총 60문항</td></tr>
</table>

수험번호 : ____________________

성　　명 : ____________________

01 식품접객업소의 조리판매 등에 대한 기준 및 규격에 의한 조리용 칼, 도마, 식기류의 미생물 규격은? (단, 사용 중인 것은 제외한다.)

① 살모넬라 음성, 대장균 양성
② 살모넬라 음성, 대장균 음성
③ 황색포도당 구균 양성, 대장균 음성
④ 황색포도당 구균 음성, 대장균 양성

오답 피하기

식품접객업소의 조리판매식품 등에 대한 미생물 권장 규격

- 냉면육수 : 살모넬라, 대장균 O157:H7 음성
- 접객용 음용수 : 대장균, 살모넬라, 여시니아 음성
- 수족관물 : 세균수 100,000 이하/ml
- 행주(사용 중의 것은 제외) : 대장균 음성
- 칼, 도마 및 식기류(사용 중의 것은 제외) : 살모넬라, 대장균 음성

02 식품위생 감시원의 직무가 아닌 것은?

① 식품 등의 위생적 취급기준의 이행지도
② 수입판매 또는 사용 등이 금지된 식품 등의 취급 여부에 관한 단속
③ 시설 기준의 적합 여부의 확인 검사
④ 식품 등의 기준 및 규격에 관한 사항 작성

식품감시원의 직무

- 식품 등의 위생적인 취급에 관한 기준의 이행 지도
- 수입 · 판매 또는 사용 등이 금지된 식품 등의 취급 여부에 관한 단속
- 출입 · 검사 및 검사에 필요한 식품 등의 수거
- 시설기준의 적합 여부의 확인 · 검사
- 영업자 및 종업원의 건강진단 및 위생교육의 이행 여부의 확인 · 지도
- 조리사 및 영양사의 법령 준수사항 이행 여부의 확인 · 지도

오답 피하기

식품의약품안전처장은 식품 또는 식품첨가물의 기준 및 성분에 관한 규격을 정하여 고시한다.

03 스톡(Stock)을 끓이는 방법으로 옳지 않은 것은?

① 끓는 물에 뼈를 넣어 냄새가 나지 않게 한다.
② 90℃로 스톡을 은근히 조린다.
③ 거품 및 불순물을 제거한다.
④ 주재료에 따라 간이 달라지기 때문에 간을 미리 하지 않는다.

스톡은 찬물에서 맛, 향 등 재료의 성분이 잘 용출된다. 뜨거운 물로 스톡을 끓이면 불순물이 굳어지고 뼛속에 있는 맛이 우러나 못하고, 스톡이 혼탁해진다.

04 식품위생법령상 영업허가 대상인 업종은?

① 일반음식점 영업
② 식품조사 처리업
③ 식품소분 판매업
④ 즉석판매 제조 가공업

허가를 받아야 하는 영업 : 식품조사 처리업, 단란주점 영업, 유흥주점 영업

정답 01 ② 02 ④ 03 ① 04 ②

05 식품을 구입하였는데, 포장에 아래와 같은 표시가 있었다. 어떤 종류의 식품 표시인가?

① 방사선조사식품
② 녹색신고식품
③ 자진회수식품
④ 유기가공식품

방사선조사식품 : 방사능 물질의 오염과 전혀 다른 것으로, 미생물 살균 등의 목적으로 쪼여 방사선이 잔류되지 않는다.

06 식품 위생의 대상에 해당되지 않는 것은?

① 영양제
② 비빔밥
③ 과자봉지
④ 합성착색료

식품 : 모든 음식물을 말하며, 의약으로 쓰이는 것은 예외로 한다. (법 제1장 1조 2항)

07 클로스트리디움 보툴리늄(Clostridium Botulinum) 식중독에 대한 설명으로 옳은 것은?

① 독소는 독성이 강한 단백질 성분으로 열에 강하다.
② 주요 증상은 현기증, 두통, 신경장애, 호흡곤란이다.
③ 발병시키는 음식물 섭취 후 3~5시간 이내이다.
④ 균은 아포를 형성하지 않는다.

클로스트리디움 보툴리늄 식중독의 주요 증상 : 특이한 신경증상, 눈의 시력저하, 동공확대, 청각마비, 언어장애

오답 피하기

- 독소는 열에 약해 80℃에서 30분 가열하면 파괴되고, 아포는 열에 강해 120℃에서 20분 이상 가열해야 한다.
- 잠복기는 12~36시간이다.

08 장염 비브리오균 식중독에 대한 예방법이 아닌 것은?

① 비브리오 중독 유행기에는 어패류를 생식하지 않는다.
② 저온 저장하여 균의 증식을 억제한다.
③ 식품을 먹기 전에 충분히 가열한다.
④ 쥐, 바퀴벌레, 파리가 매개체이므로 해충을 구제한다.

오답 피하기

해충의 구제는 감염병 예방대책 중 환경에 대한 예방대책이다.

정답 05 ① 06 ① 07 ② 08 ④

09 **오래된 과일이나 산성 채소 통조림에서 유래되는 화학성 식중독의 원인물질은?**

① 칼슘
② 주석
③ 철분
④ 아연

주석 도금한 통조림의 내용물 중 질산이온이 높은 경우에 캔으로부터 주석이 용출되어 중독을 일으키며 구토, 복통, 설사 증상을 보인다.

10 **식품 첨가물의 사용이 잘못된 경우는?**

① 값이 싸고 색이 아름다우며 사용상 편리하여 과자를 만들 때 아우라민(Auramine)을 사용하였다.
② 허용된 첨가물이라도 과용하면 식중독이 유발될 수 있으므로 사용량을 잘 지켜 사용하였다.
③ 롱가릿은 밀가루 또는 물엿의 표백작용이 있으나, 독성 물질의 잔류 때문에 사용하지 않았다.
④ 보존료로서 식품 첨가물로 지정되어 있는 것은 사용 기준이 정해져 있으므로 이를 잘 지켜 사용하였다.

오답 피하기

아우라민은 유해착색제로 사용이 금지되어 있다.

11 **소스나 수프를 걸쭉하게 하여 농도를 내며 풍미를 더해 주는 것을 가르키는 용어는?**

① 화이트 루(White Roux)
② 쿠르부용(Court Bouillon)
③ 농후제(Liaisons)
④ 미르포아(Mirepoix)

농후제는 농도를 맞추는 양식 조리 용어로 루, 뵈르마니에, 전분, 달걀 등이 있다.

12 **다음 중 미생물에 의한 식품의 부패 원인과 가장 관계가 깊은 것은?**

① 습도
② 냄새
③ 색도
④ 광택

미생물의 발육 조건 : 영양소, 온도, 습도, 산소, pH, 삼투압

13 **다음 중 위해요소중점관리기준(HACCP)을 수행하는 단계에 있어서 가장 먼저 실시하는 것은?**

① 중점 관리점 규명
② 관리기준의 설정
③ 기록유지 방법의 설정
④ 식품의 위해요소를 분석

HACCP 7가지 원칙 중 1단계 : 모든 잠재위해요소의 열거, 위해요소 분석, 관리방법의 결정

14 **식품과 자연독의 연결이 틀린 것은?**

① 독버섯 – 무스카린(Muscarine)
② 감자 – 솔라닌(Solanine)
③ 살구씨 – 파세오루나틴(Phaseolunatin)
④ 목화씨 – 고시폴(Gossypol)

살구씨 : 아미그달린

정답 09 ② 10 ① 11 ③ 12 ① 13 ④ 14 ③

15 **사카린나트륨을 사용할 수 없는 식품은?**

① 된장
② 김치류
③ 어육가공품
④ 뻥튀기

사카린나트륨 : 젓갈류, 절임식품, 김치, 음료류, 건강기능식품, 뻥튀기

16 **유지의 산패도를 나타내는 값으로 짝지어진 것은?**

① 비누화가, 요오드가
② 요오드가, 아세틸가
③ 과산화물가, 비누화가
④ 산가, 과산화물가

- 산가 : 유리지방산의 함량을 측정하여 지방질 식품 품질 지표로 삼고 있다.
- 과산화물가 : 지방산화의 정도를 나타낸다.

오답 피하기

요오드가는 불포화도, 비누화가는 지방산과 알콜의 에스터 결합도를 나타낸다.

17 **보리를 할맥 도정하는 이유가 아닌 것은?**

① 소화율을 증가시키기 위해
② 조리를 간편하게 하기 위해
③ 수분 흡수를 빠르게 하기 위해
④ 부스러짐을 방지하기 위해

할맥 : 섬유소를 제거하는 것으로, 부스러짐을 방지하기 위함은 아니다.

18 **결합 조직이 많아 질긴 부위를 익힐 때 좋은 방법으로 건열식, 습열식 조리 방법을 모두 이용하여 복합 조리에 해당하는 조리법은?**

① 브레이징, 스튜잉
② 브레이징, 시어링
③ 그릴링, 스튜잉
④ 소테, 스튜잉

겉면을 고온으로 소테한 후, 스톡이나 물을 넣어 조각 또는 덩어리 고기 및 채소를 스튜잉하면 질긴 부위를 익힐 때 좋다.

19 **버터의 수분함량이 17%라면 버터 15g은 몇 칼로리(kcal) 정도의 열량을 내는가?**

① 10kcal
② 112kcal
③ 210kcal
④ 315kcal

15g × (1−0.17)% × 9kcal = 112.05kcal

20 **밀가루를 물로 반죽하여 면을 만들 때 반죽의 점성에 관계하는 주성분은?**

① 글로불린(Globulin)
② 글루텐(Gluten)
③ 아밀로펙틴(Amylopectin)
④ 덱스트린(Dextrin)

글루텐은 밀가루의 단백질 성분으로 반죽의 점성에 관계하는 주성분이다.

정답 15 ① 16 ④ 17 ④ 18 ④ 19 ② 20 ②

21 비타민 A의 전구물질로 당근, 호박, 고구마, 시금치에 많이 들어있는 성분은?

① 안토시아닌
② 카로틴
③ 리코펜
④ 에르고스테롤

비타민 A의 전구물질로 당근, 호박, 고구마, 시금치에 많이 들어있는 성분은 카로틴이다.

오답 피하기

- 안토시아닌 : 과일, 채소의 보라, 자주색 계열의 색소이다.
- 에르고스테롤 : 비타민 D의 전구물질로, 프로비타민이라고도 한다.

22 육류 조리 시의 향미성분과 관계가 먼 것은?

① 핵산분해물질
② 유기산
③ 유리아미노산
④ 전분

육류 조리시의 향미성분 : 핵산분해물질, 유기산, 유리아미노산

23 식품의 조리 가공 시 발생하는 갈변 현상 중 효소가 관계하는 것은?

① 페놀성 물질의 산화 축합에 의한 멜라닌(Melanin) 형성 반응
② 마이야르(Maillard) 반응
③ 캐러멜화(Caramelization) 반응
④ 아스코르빈산(Ascorbic acid) 산화 반응

효소적 갈변 현상 : 페놀성 물질의 산화 축합에 의한 멜라닌(Melanin) 형성 반응

오답 피하기

비효소적 갈변 현상 : 마이야르 반응, 캐러멜화, 아스코르브산 반응

24 영양소와 그 기능의 연결이 틀린 것은?

① 유당(젖당) – 정장작용
② 셀룰로오스 – 변비예방
③ 비타민 K – 혈액응고
④ 칼슘 – 헤모글로빈 구성성분

칼슘 결핍증상 : 구루병, 골다공증, 골연화증, 경련성 마비

오답 피하기

철분 : 헤모글로빈 구성성분

25 어취의 성분인 트리메틸아민(TMA : Trimethyl–amine)에 대한 설명 중 맞는 것은?

① 어취는 트리메틸아민의 함량과 반비례한다.
② 지용성이므로 물에 씻어도 없어지지 않는다.
③ 주로 해수어의 비린내 성분이다.
④ 트리메틸아민 옥사이드(Trimethylamine oxide)가 산화되어 생성된다.

트리메틸아민(TMA)

- 생선 비린내 성분이다.
- 수용성이므로 물에 씻으면 어취가 없어진다.
- 해수 · 담수어 공통의 비린내 성분이다.
- 트리메틸아민 옥사이드가 환원되어 생성된다.

26 햄버거 샌드위치의 패티에 들어가는 재료가 아닌 것은?

① 소고기
② 빵가루
③ 토마토
④ 달걀

토마토는 속재료로 들어갈 수 있고, 패티에 들어가는 재료는 아니다.

정답 21 ② 22 ④ 23 ① 24 ④ 25 ③ 26 ③

27 육류를 연화시키는 방법으로 적합하지 않은 것은?

① 생 파인애플즙에 재워놓는다.
② 칼등으로 두드린다.
③ 소금을 적당히 사용한다.
④ 끓여서 식힌 배즙에 재워놓는다.

오답 피하기

배를 끓이면 육류를 연화시키는 프로테아제 효소가 파괴된다.

28 완전 단백질(Complete Protein)이란?

① 필수아미노산과 불필수아미노산을 모두 함유한 단백질
② 함유 황아미노산을 다량 함유한 단백질
③ 성장을 돕지는 못하나 생명을 유지시키는 단백질
④ 정상적인 성장을 돕는 필수아미노산이 충분히 함유된 단백질

완전 단백질(Complete Protein) : 정상적인 성장을 돕는 필수아미노산이 충분히 함유된 단백질

29 지방의 산패를 촉진시키는 요인이 아닌 것은?

① 효소
② 자외선
③ 금속
④ 토코페롤

유지의 산패에 영향을 끼치는 인자

- 온도가 높을수록 반응속도가 증가한다.
- 광선 및 자외선은 산패를 촉진한다.
- 수분이 많으면 촉매작용이 강해진다.
- 금속류는 유지의 산화를 촉진한다.
- 불포화도가 심하면 유지의 산패가 일어난다.

오답 피하기

토코페롤 : 항산화제로 산패를 늦춘다.

30 전화당의 구성 성분과 그 비율로 옳은 것은?

① 포도당:과당이 3:1인 당
② 포도당:맥아당이 2:1인 당
③ 포도당:과당이 1:1인 당
④ 포도당:자당이 1:2인 당

전화당 : 수크로오스를 가수분해하여 얻은 포도당과 과당의 등량 혼합물이다.

31 예비조리식 급식제도의 일반적인 장점은?

① 다량 구입으로 비용을 절감할 수 있다.
② 음식을 데우는 기기가 있으면 덜 숙련된 조리사를 이용할 수 있다.
③ 가스, 전기, 물 사용에 대한 관리비가 다른 제도에 비해서 적게 든다.
④ 음식의 저장이 필요 없으므로 분배비용을 최소화 할 수 있다.

오답 피하기

예비조리식 : 미리 조리, 생산, 조리된 식품을 재가열하여 제공하는 방법으로 덜 숙련된 조리사가 이용하기 편리하다.

32 다음 중 차가운 시리얼끼리 잘못 짝지어진 것은?

① 콘플레이크, 라이스 크리스피
② 레이진 브렌, 뮤즐리
③ 올브랜, 콘플레이크
④ 오트밀, 뮤즐리

오트밀은 따뜻한 시리얼이다.

정답 27 ④ 28 ④ 29 ④ 30 ③ 31 ② 32 ④

33 신선한 생선의 특징이 아닌 것은?

① 눈알이 밖으로 돌출된 것
② 아가미의 빛깔이 선홍색인 것
③ 비늘이 잘 떨어지며 광택이 있는 것
④ 손가락으로 눌렀을 때 탄력성이 있는 것

오답 피하기

비늘이 잘 떨어지면 신선하지 못한 생선이다.

34 스톡을 평가하는 항목으로 잘 짝지어진 것은?

① 향(Flavor), 투명도(Clarity), 색(Color), 가격(Price)
② 본체(Body), 향(Flavor), 투명도(Clarity), 뼈(Bone)
③ 본체(Body), 질감(Texture), 향(Flavor), 투명도(Clarity)
④ 본체(Body), 향(Flavor), 투명도(Clarity), 색(Color)

완성된 스톡은 본체(Body), 향(Flavor), 투명도(Clarity), 색(Color) 등 4가지 특성으로 평가한다.

35 단체 급식시설의 작업장별 관리에 대한 설명으로 잘못된 것은?

① 개수대는 생선용과 채소용을 구분하는 것이 식중독 균의 교차오염을 방지하는 데 효과적이다.
② 가열, 조리하는 곳에는 환기장치가 필요하다.
③ 식품보관 창고에 식품을 보관 시 바닥과 벽에 식품이 직접 닿지 않게 하여 오염을 방지한다.
④ 자외선 등은 모든 기구와 식품 내부의 완전 살균에 매우 효과적이다.

오답 피하기

식품의 변질을 막기 위해 자외선을 피해 직사광선이 없는 곳에 보관하는 것이 좋다.

36 튀김옷에 대한 설명으로 잘못된 것은?

① 글루텐의 함량이 많은 강력분을 사용하면 튀김 내부에서 수분이 증발되지 못하므로 바삭하게 튀겨지지 않는다.
② 달걀을 넣으면 달걀 단백질이 열 응고됨으로써 수분을 방출하므로 튀김이 바삭하게 튀겨진다.
③ 식소다를 소량 넣으면 가열 중 이산화탄소를 발생함과 동시에 수분도 방출되어 튀김이 바삭해진다.
④ 튀김옷에 사용하는 물의 온도는 30℃ 전후로 해야 튀김옷의 점도를 높여 내용물을 잘 감싸고 바삭해진다.

오답 피하기

물은 낮은 온도의 물이나 얼음물로 튀김을 해야 글루텐 형성을 억제해서 바삭한 튀김이 된다.

정답 33 ③ 34 ④ 35 ④ 36 ④

37 **다음 중 급식 부분의 간접 원가에 속하지 않는 것은?**

① 외주가공비
② 보험료
③ 연구연수비
④ 감가상각비

외주가공비는 직접경비이다.

38 **성인병 예방을 위한 급식에서 식단 작성을 할 때 가장 고려해야 할 점은?**

① 전체적인 영양의 균형을 생각하여 식단을 작성하며, 소금이나 지나친 동물성 지방의 섭취를 제한한다.
② 맛을 좋게 하기 위하여 시중에서 파는 천연 또는 화학조미료를 사용하도록 한다.
③ 영양에 중점을 두어 맛있고 변화가 풍부한 식단을 작성하며, 특히 기호에 중점을 둔다.
④ 계절식품과 지역적 배려에 신경을 쓰며, 새로운 메뉴 개발에 노력한다.

오답 피하기

- 조미료 사용을 줄이고 짜지 않도록 한다.
- 기호식품보다는 영양의 균형을 신경 쓴다.
- 새로운 메뉴 개발에 노력하는 것은 성인병 예방을 위해서가 아니다.

39 **4가지 기본적인 맛이 아닌 것은?**

① 단맛
② 신맛
③ 떫은맛
④ 쓴맛

기본적인 맛은 단맛, 신맛, 쓴맛, 짠맛이 있다.

40 **냉동된 육 · 어류의 해동 방법으로 가장 바람직한 것은?**

① 5~10℃에서 자연해동
② 0℃ 이하 저온해동
③ 전자레인지 고주파 해동
④ 비닐팩에 넣어 온탕 해동

높은 온도에서 해동하면 조직 세포가 손상되고 단백질의 변성이 생겨 드립(Drip)이 생기므로 냉장고(5℃)에서 완만해동하는 것이 좋다.

41 **채소나 갑각류를 끓여 얻은 액체 상태의 진하고 농축된 드레싱은?**

① 비네그레트
② 쿨리
③ 살사
④ 퓌레

오답 피하기

- 살사(Salsa) : 익지 않은 과일, 야채에 감귤류의 주스, 식초 혹은 포도주와 같은 산을 넣어 만든다.
- 퓌레(Puree) : 과일이나 채소를 갈아 부드러운 질감을 가진 액체 형태의 음식을 말한다.

42 **달걀의 한쪽 면만 익힌 상태이다. 달걀 노른자 위가 마치 떠오르는 태양과 같다고 해서 붙여진 이름의 명칭은?**

① 서니 사이드 업(Sunny Side Up)
② 오버 이지(Over Easy Egg)
③ 에그 베네딕트(Egg Benedictine)
④ 스크램블 에그(Scrambled Egg)

오답 피하기

오버 이지는 달걀의 양쪽 흰자는 익고 노른자는 익지 않아야 한다.

정답 37 ① 38 ① 39 ③ 40 ① 41 ② 42 ①

43 **채소를 데치는 요령으로 적합하지 않은 것은?**

① 1~2% 식염을 첨가하면 채소가 부드러워지고 푸른색을 유지할 수 있다.

② 연근을 데칠 때 식초를 3~5% 첨가하면 조직이 단단해서 씹을 때의 질감이 좋아진다.

③ 죽순을 쌀뜨물에 삶으면 불미 성분이 제거된다.

④ 고구마를 삶을 때 설탕을 넣으면 잘 부스러지지 않는다.

고구마를 삶을 때 설탕과 소금을 동시에 넣으면 단맛이 강해진다.

44 **어떤 제품의 원가구성이 다음과 같을 때 제조원가는?**

이익	20,000원	제조간접비	15,000원
판매관리비	17,000원	직접재료비	10,000원
직접노무비	23,000원	직접경비	15,000원

① 40,000원

② 63,000원

③ 80,000원

④ 10,000원

제조원가 = 직접재료비 + 직접노무비 + 직접경비 + 제조간접비
= 10,000 + 23,000 + 15,000 + 15,000 = 63,000원

45 **식단 작성 시 무기질과 비타민을 공급하려면 다음 중 어떤 식품으로 구성하는 것이 가장 좋은가?**

① 곡류, 감자류

② 채소류, 과일류

③ 유지류, 어패류

④ 육류, 두류

오답 피하기

- 곡류, 감자류 : 탄수화물
- 유지류, 어패류 : 지방
- 육류, 두류 : 단백질

46 **파스타 삶는 방법에 대해 옳은 것은?**

① 알 덴테(Al Dente)는 으스러질 정도로 푹 익혀 만든다.

② 파스타를 삶는 냄비는 깊이가 있고, 파스타 양의 10배 정도가 알맞다.

③ 삶는 물은 1리터 내외에 파스타의 양은 50g 정도가 알맞은 양이다.

④ 파스타를 삶을 때 10% 소금의 첨가는 파스타의 풍미를 살려주고 탄력있게 한다.

오답 피하기

- 알덴테는 이에 씹힐 정도로 단단하게 삶는 것이다.
- 파스타의 양은 80~100g 정도가 1인분이다.
- 파스타를 삶을 때 물에 넣는 소금의 양은 1% 정도가 적절하다.

정답 43 ④ 44 ② 45 ② 46 ②

47 꽃게를 익히면 껍질은 붉은색으로 변하는데, 이 현상과 관련된 꽃게에 함유된 색소는?

① 루테인(Lutein)
② 멜라닌(Melanin)
③ 아스타잔틴(Astaxanthin)
④ 구아닌(Guanine)

새우나 게같은 갑각류의 색소는 가열하면 회색인 아스타잔틴(Astaxanthin)에서 적색의 아스타신(Astacin)이 된다.

48 육류를 가열 조리할 때 일어나는 변화로 맞는 것은?

① 보수성의 증가
② 단백질의 변패
③ 육단백질의 응고
④ 미오글로빈이 옥시미오글로빈으로 변화

단백질이 응고되면서 수축, 분해된다.

오답 피하기

- 중량이 감소되고 육단백질의 보수성이 감소된다.
- 단백질의 변패는 신선하지 못한 경우에 일어난다.
- 가열 조리 시 메트미오글로빈으로 변화한다.

49 주방 설비 구역 중 특히 다음과 같은 점에 유의하여 설비해야 하는 곳은?

> • 물을 많이 사용하므로 급 · 배수 시설이 중요하다.
> • 흙이나 오물, 쓰레기 등의 처리가 용이해야 한다.
> • 냉장 보관시설이 잘 되어야 한다.

① 가열조리 구역
② 식기세척 구역
③ 육류처리 구역
④ 채소 · 과일처리 구역

채소 · 과일은 물을 많이 사용하고, 냉장 보관하여야 한다.

50 열원의 사용 방법에 따라 직접구이와 간접구이로 분류할 때 직접구이에 속하는 것은?

① 오븐을 사용하는 방법
② 프라이팬에 기름을 두르고 굽는 방법
③ 숯불 위에서 굽는 방법
④ 철판을 이용하여 굽는 방법

- 직접구이 : 재료를 불 위에서 직접 굽는 조리법
- 간접구이 : 팬, 석쇠 등 도구를 매개체로 굽는 조리법

51 베샤멜소스를 만들 때 밀가루와 버터, 우유의 비율은?

① 1:1:1
② 1:2:10
③ 1:2:10
④ 1:1:20

밀가루:버터:우유 = 1:1:20

52 작업환경 조건에 따른 질병의 연결이 맞는 것은?

① 고기압 – 고산병
② 저기압 – 잠함병
③ 조리장 – 열쇠약
④ 채석장 – 소화불량

조리장에서 고열환경으로 열쇠약증, 열경련증의 질병을 일으킨다.

오답 피하기

- 고기압 : 잠함병, 잠수병
- 저기압 : 고산병
- 채석장 : 진폐증, 규폐증

정답 47 ③ 48 ③ 49 ④ 50 ③ 51 ④ 52 ③

53 간흡충의 제2중간숙주는?

① 다슬기
② 가재
③ 고등어
④ 붕어

기생충	제1중간숙주	제2중간숙주
간흡충(간디스토마)	왜우렁이	붕어, 잉어
폐흡충(폐디스토마)	다슬기	가재, 게
요꼬가와흡충	다슬기	담수어, 은어, 잉어
광절열두조충(긴촌충)	물벼룩	연어, 송어

54 다음 물질 중 소독의 효과가 가장 낮은 것은?

① 석탄산
② 중성세제
③ 크레졸
④ 알코올

중성세제의 자체 살균력은 없다.

오답 피하기

- 석탄산 : 소독약의 소독력을 나타내는 지표이다.
- 크레졸 : 석탄산에 비해 소독력이 2배 강하다.
- 알코올 : 소독력이 강하다.

55 평균수명에서 질병이나 부상으로 인하여 활동하지 못하는 기간을 뺀 수명은?

① 기대수명
② 건강수명
③ 비례수명
④ 자연수명

건강수명 : 실제로 활동을 하며 건강하게 산 기간이 어느 정도인지를 나타내는 지표로 선진국에서는 평균수명보다 중요한 지표로 인용된다.

56 자외선의 작용과 거리가 먼 것은?

① 구루병의 예방
② 혈압강하작용
③ 피부암 유발
④ 안구진탕증 유발

안구진탕증은 부적당한 조명으로 인한 직업병이다.

57 미나마타(Minamata)병의 원인이 되는 오염 유형과 물질의 연결이 옳은 것은?

① 수질 오염 – 수은
② 수질 오염 – 카드뮴
③ 방사능 오염 – 구리
④ 방사능 오염 – 아연

수은 중독 : 미나마타병

오답 피하기

- 카드뮴 중독 : 이타이이타이병
- PCB 중독 : 가네미유증(=미강유 중독=쌀겨유 중독)

58 먹는 물 소독 시 염소 소독으로 사멸되지 않는 병원체로 전파되는 감염병은?

① 세균성이질
② 콜레라
③ 장티푸스
④ 전염성 간염

염소 소독은 전염성 간염을 포함한 뇌염, 홍역, 천연두 등 바이러스를 죽이지 못한다.

정답 53 ④ 54 ② 55 ② 56 ④ 57 ① 58 ④

59 개나 고양이 등과 같은 애완동물의 침을 통해서 사람에게 감염될 수 있는 인수공통감염병은?

① 결핵
② 탄저
③ 야토병
④ 광견병

결핵은 소, 탄저는 양과 말, 야토병은 산토끼, 쥐 다람쥐를 통해 감염될 수 있다.

60 감염병 환자가 회복 후에 형성되는 면역은?

① 자연 능동면역
② 자연 수동면역
③ 인공 능동면역
④ 선천성 면역

능동면역	자연능동면역	질병감염 후 얻은 면역(두창, 소아마비)
	인공능동면역	예방접종 후 얻은 면역
수동면역	자연수동면역	태반, 모유 등 모체로부터 얻은 면역
	인공수동면역	수혈 후 얻은 면역

정답 59 ④ 60 ①

해설과 함께 보는 **최신 기출문제 03회**

<table>
<tr><td rowspan="2">양식조리기능사</td><td>소요 시간</td><td>문항 수</td></tr>
<tr><td>1시간</td><td>총 60문항</td></tr>
</table>

수험번호 : ____________

성 명 : ____________

01 다음 중 보존료가 아닌 것은?

① 안식향산(Benzoic Acid)
② 소르빈산(Sorbic Acid)
③ 프로피온산(Propionic Acid)
④ 구아닐산(Guanylic Acid)

보존료 : 데히드로초산, 안식향산, 소르빈산, 프로피온산

오답 피하기

구아닐산 : 감칠맛이 나는 조미료 성분

02 식품 등의 표시기준상 과자류에 포함되지 않는 것은?

① 캔디류
② 츄잉껌
③ 유부
④ 빙과류

과자류 : 과자, 캔디류, 츄잉껌, 빙과류

오답 피하기

두부류 또는 묵류 : 유부, 두부, 전두부, 가공두부, 묵류

03 질병으로 인하여 죽은 동물의 고기 · 뼈 · 젖 · 장기 또는 혈액을 식품으로 판매하거나 판매할 목적으로 채취 · 수입 · 가공 · 사용 · 조리 · 저장 또는 운반하거나 진열하지 못하는 질병과 관련이 없는 것은?

① 리스테리아병
② 살모넬라병
③ 선모충증
④ 아니사키스

병든 동물 고기 등의 판매 등 금지되는 질병

- 축산물가공처리법 시행규칙에 따라 도축이 금지되는 가축감염병
- 리스테리아병, 살모넬라병, 파스튜렐라병 및 선모충증

오답 피하기

아니사키스 : 고래회충인 기생충이다.

04 5'-이노신산나트륨, 5'-구아닐산나트륨, L-글루탐산나트륨의 주요 용도는?

① 표백제
② 조미료
③ 보존료
④ 산화방지제

5'-이노신산나트륨, 5'-구아닐산나트륨, L-글루탐산나트륨의 주요 용도는 조미료로 식품의 향미 강화 또는 증진이다.

정답 01 ④ 02 ③ 03 ④ 04 ②

05 다음 세균성 식중독 중 독소형은?

① 살모넬라 식중독
② 장염비브리오 식중독
③ 알레르기성 식중독
④ 포도상구균 식중독

독소형 : 포도상구균(엔테로톡신), 보툴리누스균(뉴로톡신)

오답 피하기

- 감염형 : 살모넬라균, 장염비브리오균, 병원성 대장균, 웰치균
- 부패산물형 : 알레르기성 식중독

06 감자의 싹과 녹색 부위에서 생성되는 독성 물질은?

① 솔라닌(Solanine)
② 리신(Ricin)
③ 시큐톡신(Cicutoxin)
④ 아미그달린(Amygdalin)

감자의 싹과 녹색 부위에서 생성되는 독성 물질은 솔라닌(Solanine)이다.

오답 피하기

- 리신(Ricin) : 피마자
- 시큐톡신(Cicutoxin) : 독미나리
- 아미그달린(Amygdalin) : 청매

07 식품을 물, 스톡, 쿠르부용에 잠기도록 하여 뚜껑을 덮지 않고 70~80℃에 익히는 조리법은?

① 데침(Blanching)
② 포칭(Poaching)
③ 삶기(Boiling)
④ 볶음(Saute)

오답 피하기

볶음(소테, Saute) : 팬에 소량의 버터나 식용유를 넣고 200℃ 정도의 고온에서 살짝 볶는 방법

08 굴을 먹고 식중독에 걸렸을 때 관계되는 독성물질은?

① 시큐톡신(Cicutoxin)
② 베네루핀(Venerupin)
③ 테트라민(Tetramine)
④ 테무린(Temuline)

모시조개, 굴, 바지락을 먹고 식중독에 걸렸을 때 관계되는 독성물질은 베네루핀(Venerupin)이다.

09 식품의 부패 시 생성되는 물질과 거리가 먼 것은?

① 암모니아(Ammonia)
② 트리메틸아민(Trimethylamine)
③ 글리코겐(Glycogen)
④ 아민(Amine)

글리코겐(Glycogen) : 동물의 간, 근육에 존재하는 다당류

10 다음 식품 첨가물 중 주요 목적이 다른 것은?

① 과산화벤조일
② 과황산암모늄
③ 이산화염소
④ 아질산나트륨

과산화벤조일, 과황산암모늄, 이산화염소는 소맥분 개량제이다.

오답 피하기

아질산나트륨은 발색제이다.

정답 05 ④ 06 ① 07 ② 08 ② 09 ③ 10 ④

11 **곰팡이독소(Mycotoxin)에 대한 설명으로 틀린 것은?**

① 곰팡이가 생산하는 2차 대사산물로 사람과 가축에 질병이나 이상생리작용을 유발하는 물질이다.
② 온도 24~35℃, 수분 7% 이상의 환경조건에서는 발생하지 않는다.
③ 곡류, 견과류와 곰팡이가 번식하기 쉬운 식품에서 주로 발생한다.
④ 아플라톡신(Aflatoxin)은 간암을 유발하는 곰팡이독소이다.

오답 피하기

곰팡이는 13~18%에서도 쉽게 발육하여 변패시킨다.

12 **일반 가열 조리법으로 예방하기에 가장 어려운 식중독은?**

① 살모넬라에 의한 식중독
② 웰치균에 의한 식중독
③ 포도상구균에 의한 식중독
④ 병원성 대장균에 의한 식중독

- 포도상구균의 독소 엔테로톡신은 열에 강하므로 가열 조리해서 예방하기 어렵다.
- 포도상구균의 예방법은 식품 중에서 엔테로톡신의 생산을 방지하면 예방은 가능하다. 따라서 조리자에게 마스크, 위생복을 착용하게 하고, 화농성 질환이 있는 자의 식품 취급을 금지하고, 6℃ 이하에서 보관하면 식품오염을 예방할 수 있다.

13 **화학 물질을 조금씩 장기간에 걸쳐 실험 동물에게 투여했을 때 장기나 기관에 어떠한 장해나 중독이 일어나는가를 알아보는 시험으로, 최대무작용량을 구할 수 있는 것은?**

① 급성독성시험
② 만성독성시험
③ 안전독성시험
④ 아급성독성시험

만성독성시험 : 실험동물에게 6개월 또는 그 이상 검사물을 연속적으로 투여하여, 그때 나타나는 동물의 장애를 규명하는 시험

14 **중국에서 멜라민 오염 식품에 의해 유아가 사망한 이유는?**

① 강력한 발암물질이기 때문이다.
② 유아의 간에 축적되어 간독성을 나타내기 때문이다.
③ 배설되지 않고 생채 내에 전량이 잔류하기 때문이다.
④ 분유를 주식으로 하는 유아가 고농도의 멜라민에 노출되었기 때문이다.

분유를 주식으로 하는 유아가 고농도의 멜라민에 노출되면 사망할 수 있다.

15 **식육 및 어육제품의 가공 시 첨가되는 아질산과 이급아민이 반응하여 생기는 발암물질은?**

① 벤조피렌(Benzopyrene)
② PCB(Polychlorinated biphenyl)
③ 니트로사민(N-nitrosamine)
④ 말론알데히드(Malonaldehyde)

N-니트로사민(N-nitrosamine)

- 식품에서는 안정하지만, pH 2 이상에서 불안정하여 파괴된다.
- 아민과 아질산의 반응에 의해 생성된다.
- 가열하면 증가한다.
- 육류의 발색제인 아질산염과 질산염은 클로스트리디움 보툴리늄의 억제 효과를 가지는 유용한 첨가물이긴 하나 다른 형태의 발암 물질이다.

정답 11 ② 12 ③ 13 ② 14 ④ 15 ③

16 **냉장의 목적과 가장 거리가 먼 것은?**

① 미생물의 사멸
② 신선도 유지
③ 미생물의 증식 억제
④ 자기소화 지연 및 억제

냉장의 목적 : 신선도 유지, 미생물의 증식 억제, 자기소화 지연 및 억제 등

17 **꽁치 160g의 단백질 양은? (단, 꽁치 100g당 단백질 양 : 24.9g)**

① 28.7g
② 34.6g
③ 39.8g
④ 43.2g

꽁치 100g:단백질 24.9g = 꽁치 160g:단백질 xg

단백질 xg = 꽁치 $\frac{160}{100} \times 24.9 = 39.8$g

18 **경단백질로서 가열에 의해 젤라틴으로 변하는 것은?**

① 케라틴(Keratin)
② 콜라겐(Collagen)
③ 엘라스틴(Elastin)
④ 히스톤(Histone)

결합조직의 콜라겐이 젤라틴화 되면서 조직이 부드러워진다.

19 **과실 중 밀감이 쉽게 갈변되지 않는 가장 주된 이유는?**

① 비타민 A의 함량이 많으므로
② Cu, Fe 등의 금속이온이 많으므로
③ 섬유소 함량이 많으므로
④ 비타민 C의 함량이 많으므로

과실 중 밀감이 쉽게 갈변되지 않는 이유는 비타민 C의 함량이 많기 때문이다. 비타민 C는 다른 물질의 산화를 막는 항산화 작용을 하므로 갈변 현상을 억제한다.

20 **고추의 매운맛 성분은?**

① 무스카린(Muscarine)
② 캡사이신(Capsaicin)
③ 뉴린(Neurine)
④ 몰핀(Morphine)

오답 피하기

- 무스카린 : 독버섯
- 뉴린 : 난황 및 썩은 고기
- 몰핀 : 아편의 주성분인 알칼로이드

21 **다음 식품의 분류 중 곡류에 속하지 않는 것은?**

① 보리
② 조
③ 완두
④ 수수

오답 피하기

완두는 두류에 속한다.

정답 16 ① 17 ③ 18 ② 19 ④ 20 ② 21 ③

22 **곡류에 관한 설명으로 옳은 것은?**

① 강력분은 글루텐의 함량이 13% 이상으로 케이크 제조에 알맞다.
② 박력분은 글루텐의 함량이 10% 이하로 과자, 비스킷 제조에 알맞다.
③ 보리의 고유한 단백질은 오르제닌(Ory-zenin)이다.
④ 압맥, 할맥은 소화율을 저하시킨다.

종류	글루텐 함량	용도
강력분	13% 이상	빵, 마카로니, 스파게티
중력분	10~13%	칼국수면, 만두피
박력분	10% 이하	튀김옷, 케이크, 쿠키, 도너츠

23 **고구마 등의 전분으로 만든 얇고 부드러운 전분피로 냉채 등에 이용되는 것은?**

① 양장피
② 해파리
③ 한천
④ 무

고구마 등의 전분으로 만든 얇고 부드러운 전분피로 냉채 등에 이용되는 것은 양장피이다.

24 **난황에 들어있으며, 마요네즈 제조 시 유화제 역할을 하는 성분은?**

① 레시틴
② 오브알부민
③ 글로불린
③ 갈락토오스

레시틴 : 난황에 들어있으며, 마요네즈 제조 시 유화제 역할을 하는 성분

25 **철과 마그네슘을 함유하는 색소를 순서대로 나열한 것은?**

① 안토시아닌, 플라보노이드
② 카로티노이드, 미오글로빈
③ 클로로필, 안토시아닌
④ 미오글로빈, 클로로필

- 미오글로빈 : 근세포 속에 있는 헤모글로빈과 비슷한 핵단백질
- 클로로필 : 녹색 야채에 있는 Mg을 함유한 엽록소 색소

26 **생선의 자기소화 원인은?**

① 세균의 작용
② 단백질 분해효소
③ 염류
④ 질소

생선의 자기소화 원인은 단백질 분해효소이다.

27 **덩어리 육류를 건열로 표면에 갈색이 나도록 구워 내부의 육즙이 나오지 않게 한 후 소량의 물, 우유와 함께 습열 조리하는 것은?**

① 브레이징
② 스튜잉
③ 브로일링
④ 로스팅

브레이징 : 소량의 물로 질기고 자르지 않은 고기를 부드럽게 하는 방식

오답 피하기

스튜잉 : 자른 육류나 채소에 넉넉한 물이나 육수를 넣어 익히는 방식

정답 22 ② 23 ① 24 ① 25 ④ 26 ② 27 ①

28 생면 파스타에 들어가는 재료가 아닌 것은?

① 세몰리나
② 소금
③ 달걀
④ 우유

우유는 넣지 않고 달걀, 올리브유, 물로 농도를 맞춘다.

29 곡물의 저장 과정에서의 변화에 대한 설명으로 옳은 것은?

① 곡류는 저장 시 호흡작용을 하지 않는다.
② 곡물 저장 시 벌레에 의한 피해는 거의 없다.
③ 쌀의 변질에 가장 관계가 깊은 것은 곰팡이이다.
④ 수분과 온도는 저장에 큰 영향을 주지 못한다.

오답 피하기
- 곡류는 저장 시 호흡작용을 한다.
- 곡물 저장 시 벌레에 의한 피해를 입을 수 있다.
- 수분과 온도는 저장에 영향을 준다.

30 함유된 주요 영양소가 바르게 짝지어진 것은?

① 뱅어포 – 당질, 비타민 B_1
② 밀가루 – 지방, 지용성 비타민
③ 사골 – 칼슘, 비타민 B_2
④ 두부 – 지방, 철분

오답 피하기
- 뱅어포 : 칼슘, 비타민 D
- 밀가루 : 탄수화물
- 두부 : 단백질

31 식품을 삶는 방법에 대한 설명으로 틀린 것은?

① 연근을 엷은 식초 물에 삶으면 하얗게 삶아진다.
② 가지를 백반이나 철분이 녹아있는 물에 삶으면 색이 안정된다.
③ 완두콩은 황산구리를 적당량 넣은 물에 삶으면 푸른빛이 고정된다.
④ 시금치를 저온에서 오래 삶으면 비타민 C의 손실이 적다.

녹색채소는 끓는 물에 소금을 넣고 살짝 데치고 찬물에 헹구는 것이 비타민 C의 손실을 적게 할 수 있다.

32 끓이는 조리법의 단점은?

① 식품의 중심부까지 열이 전도되기 어려워 조직이 단단한 식품의 가열이 어렵다.
② 영양분의 손실이 비교적 많고 식품의 모양이 변형되기 쉽다.
③ 식품의 수용 성분이 국물 속으로 유출되지 않는다.
④ 가열 중 재료식품에 조미료의 충분한 침투가 어렵다.

끓이는 조리법
- 어떤 열원이라도 가능하고, 한 번에 많은 음식을 조리할 수 있다.
- 수용성분의 유출이 심하고 영양소 파괴가 일어난다.
- 조미가 편리하다.

33 계란 프라이를 하기 위해 프라이팬에 계란을 깨뜨려 놓았을 때 다음 중 가장 신선한 달걀은?

① 난황이 터져 나왔다.
② 난백이 넓게 퍼졌다.
③ 난황은 둥글고 주위에 농후난백이 많았다.
④ 작은 혈액 덩어리가 있다.

수양난백보다 농후난백이 많으면 신선한 달걀이다.

정답 28 ④ 29 ③ 30 ③ 31 ④ 32 ② 33 ③

34 **다음 중 어떤 무기질이 결핍되면 갑상선종이 발생될 수 있는가?**

① 칼슘(Ca) ② 요오드(I)
③ 인(P) ④ 마그네슘(Mg)

요오드 결핍 시 갑상선종, 크레틴병이 발생한다.

35 **비타민 B_2가 부족하면 어떤 증상이 생기는가?**

① 구각염 ② 괴혈병
③ 야맹증 ④ 각기병

오답 피하기

괴혈병은 비타민 C의 부족, 야맹증은 비타민 A의 부족, 각기병은 비타민 D가 부족하면 나타나는 증상이다.

36 **녹색채소를 데칠 때 색을 선명하게 하기 위한 조리 방법으로 부적합한 것은?**

① 휘발성 유기산을 휘발시키기 위해 뚜껑을 열고 끓는 물에 데친다.
② 산을 희석시키기 위해 조리수를 다량 사용하여 데친다.
③ 섬유소가 알맞게 연해지면 가열을 중지하고 냉수에 헹군다.
④ 조리수의 양을 최소로 하여 색소의 유출을 막는다.

녹색채소를 데칠 때 색을 선명하게 하기 위한 조리 방법

- 삶는 물의 양은 재료의 5배가 좋고 끓는 물에 넣어 단시간 내 데친 다음 찬물로 헹군다.
- 수산(옥살산)을 제거하기 위해 뚜껑을 열고 데친다. 수산은 체내에서 칼슘의 흡수를 방해하여 신장결석을 일으킨다.
- 중탄산소다를 넣으면 색이 선명해지나, 비타민의 파괴와 조직의 연화가 있다.
- 1%의 식염수에 데치면 색이 선명해지고 물러지지 않으며 조직이 파괴되지 않는다.

37 **급식재료의 소비량을 계산하는 방법이 아닌 것은?**

① 선입선출법
② 재고조사법
③ 계속기록법
④ 역계산법

선입선출법은 재고자산 방법에 해당된다.

38 **다음 중 집단 급식소에 속하지 않는 것은?**

① 초등학교의 급식시설
② 병원의 구내식당
③ 기숙사의 구내식당
④ 대중음식점

집단 급식소

- 1회에 50인 이상, 비영리 목적으로 계속적으로 식사를 제공한다.
- 공장, 사업장, 학교, 병원, 기숙사와 같은 특정 단체에 소속된 사람들을 대상으로 한다.
- 단체급식에서는 조리사와 영양사를 두어야 한다.

39 **생 채소에 드레싱을 곁들여 단순하게 구성하고 곁들임 요리 또는 세트 메뉴의 코스용 샐러드의 명칭은?**

① 순수 샐러드(Simple Salad)
② 혼합 샐러드(Compound Salad)
③ 더운 샐러드(Warm Salad)
④ 그린 샐러드(Green Salad)

고전적인 순수 샐러드는 한 가지의 야채만으로 만들어졌으나, 지금은 여러 가지 채소를 섞어 만든다.

정답 34 ② 35 ① 36 ④ 37 ① 38 ④ 39 ①

40 **가공식품, 반제품, 급식 원재료 및 조미료 등 급식에 소요되는 모든 재료에 대한 비용은?**

① 관리비
② 급식재료비
③ 소모품비
④ 노무비

제품의 제조를 위하여 소비되는 물품의 원가를 말한다.

오답 피하기

- 노무비 : 제품의 제조를 위하여 소비되는 노동의 가치를 말한다.
- 경비 : 제품의 제조를 위하여 소비되는 재료비, 노무비 이외의 가치를 말한다.

41 **냉동식품과 관계가 없는 내용은?**

① 전처리를 하고 품온이 –18℃ 이하가 되도록 급속동결하여 포장한 식품
② 유통 시에 낭비가 없는 인스턴트성 식품
③ 수확기나 어획기에 관계없이 항상 구입할 수 있는 식품
④ 일반적으로 온도가 10℃ 정도 상승해도 품질의 변화가 없는 식품

오답 피하기

냉동식품 : 일반적으로 –18℃ 이하에서 유지 · 보관되는 식품

42 **다음 중 배식하기 전 음식이 식지 않도록 보관하는 온장고 내의 유지 온도로 가장 적합한 것은?**

① 15~20℃
② 35~40℃
③ 65~70℃
④ 105~110℃

배식하기 전 온장고의 온도는 65~70℃로 유지하고 시간은 3~4시간이 적당하다.

43 **구이에 의한 식품의 변화 중 틀린 것은?**

① 살이 단단해진다.
② 기름이 녹아 나온다.
③ 수용성 성분의 유출이 매우 크다.
④ 식욕을 돋우는 맛있는 냄새가 난다.

- 열효율이 나쁘고 온도 조절이 어렵다.
- 비교적 고온에서 가열되므로 성분의 변화가 심하다.
- 당질의 캐러멜화가 일어나고, 식품 중의 단백질 응고로 인하여 수분이 침출된다.

44 **다음 중 샌드위치 분류 중 형태에 따른 분류가 아닌 것은?**

① 오픈 샌드위치
② 클로즈드 샌드위치
③ 핑거 샌드위치
④ 콜드 샌드위치

온도에 따라 콜드, 핫 샌드위치로 나뉘고, 형태에 따라 핑거, 오픈, 클로즈드, 롤 샌드위치로 분류된다.

45 **생선조리 방법으로 적합하지 않은 것은?**

① 탕을 끓일 경우 국물을 먼저 끓인 후에 생선을 넣는다.
② 생강은 처음부터 넣어야 어취 제거에 효과적이다.
③ 생선조림은 간장을 먼저 살짝 끓이다가 생선을 넣는다.
④ 생선 표면을 물로 씻으면 어취가 많이 감소된다.

오답 피하기

비린내 감소를 위해 생강을 넣을 때는 생선이 익은 후 넣어야 탈취 효과가 있으며 열변성하지 않은 단백질은 생강의 어취 제거 효과를 방해한다.

정답 40 ② 41 ④ 42 ③ 43 ③ 44 ④ 45 ②

46 유지의 산패에 영향을 미치는 인자에 대한 설명으로 맞는 것은?

① 저장 온도가 0℃ 이하가 되면 산패가 방지된다.
② 광선은 산패를 촉진하나 그 중 자외선은 산패에 영향을 미치지 않는다.
③ 구리, 철은 산패를 촉진하나 납, 알루미늄은 산패를 영향을 미치지 않는다.
④ 유지의 불포화도가 높을수록 산패가 활발하게 일어난다.

유지 산패에 영향을 주는 인자
- 온도가 높을수록 반응속도가 증가한다.
- 광선 및 자외선은 산패를 촉진한다.
- 수분이 많으면 촉매작용이 강해진다.
- 금속류는 유지의 산화를 촉진한다.
- 불포화도가 심하면 유지의 산패가 일어난다.

47 1일 총 급여 열량 2,000kcal 중 탄수화물 섭취 비율을 65%로 한다면, 하루 세끼를 먹을 경우 한 끼당 쌀 섭취량은 약 얼마인가? (단, 쌀 100g당 371kcal)

① 98g
② 107g
③ 117g
④ 125g

- 탄수화물의 1일 섭취 열량 = $2{,}000\text{kcal} \times \frac{65}{100} = 1{,}300\text{kcal}$
- 한 끼의 열량 = $\frac{1{,}300}{3} = 433.333\text{kcal}$
- 100g:371kcal = x:433
- $x = \frac{100 \times 433}{371} = 116.7\text{g}$

48 아래의 조건에서 1회에 750명을 수용하는 식당의 면적을 구하면?

> 피급식자 1인당 필요면적은 1.0m^2이며, 식기회수 공간은 필요면적의 10%, 통로의 폭은 1.0~1.5m이다.

① 750m^2　② 760m^2
③ 825m^2　④ 835m^2

- 통로의 폭은 면적과 관계가 없다.
- 필요면적 + 식기회수공간 10% = 식당의 면적
- $(1+0.1)\times 750 = 825\text{m}^2$

49 가정에서 식품의 급속 냉동 방법으로 부적절한 것은?

① 충분히 식혀 냉동한다.
② 식품의 두께를 얇게 하여 냉동한다.
③ 열전도율이 낮은 용기에 넣어 냉동한다.
④ 식품 사이에 적절한 간격을 두고 냉동한다.

오답 피하기
열전도율이 높은 스테인리스 용기에 넣어 냉동한다.

50 다음 중 급수 설비 시 1인당 사용수 양이 가장 많은 곳은?

① 학교급식
② 병원급식
③ 기숙사급식
④ 사업체급식

병원급식은 15리터로 사용수 양이 가장 많다.

오답 피하기
학교급식은 5리터, 공장급식은 7리터, 기숙사급식은 8리터이다.

정답 46 ④ 47 ③ 48 ③ 49 ③ 50 ②

51 물로 전파되는 수인성 감염병에 속하지 않는 것은?

① 장티푸스
② 홍역
③ 세균성 이질
④ 콜레라

수인성 감염병 : 장티푸스, 파라티푸스, 콜레라, 세균성 이질, 아메바성 이질, 전염성 설사, 유행성 간염 등

52 압착 과정을 한 번 거쳐 추출한 올리브유로 산도 1% 이하, 샐러드유로 적합한 것은?

① Extra Virgin Olive Oil
② Virgin Olive Oil
③ Pure Virgin Olive Oil
④ Pomas Olive Oil

오답 피하기

Pomas Olive Oil : 포마스 올리브오일은 올리브를 압착하고 남은 원유를 정제한 것으로, 비교적 저렴한 가격대로 구매할 수 있어 시중에 가장 많이 판매되며 튀김이나 볶음 요리에 많이 쓰인다.

53 수인성감염병의 유행 특성에 대한 설명으로 옳지 않은 것은?

① 연령과 직업에 따른 이환율에 차이가 있다.
② 2~3일 내에 환자 발생이 폭발적이다.
③ 환자 발생은 급수지역에 한정되어 있다.
④ 계절에 직접적인 관계없이 발생한다.

지역적 발생이 폭발적이고 연령과 직업에 관계없다.

54 위생해충과 이들이 전파하는 질병과의 관계가 잘못 연결된 것은?

① 바퀴 : 사상충
② 모기 : 말라리아
③ 쥐 : 유행성출혈열
④ 파리 : 장티푸스

바퀴는 소화기계 질병, 소아마비의 질병과 관련 있다.

55 오염된 토양에서 맨발로 작업을 할 경우 감염될 수 있는 기생충은?

① 회충
② 간흡충
③ 폐흡충
④ 구충

구충(십이지장충)은 피부로 감염될 수 있다.

56 D.P.T 예방접종과 관계없는 감염병은?

① 파상풍
② 백일해
③ 페스트
④ 디프테리아

D는 디프테리아, P는 파상풍, T는 백일해

정답 51 ② 52 ① 53 ① 54 ① 55 ④ 56 ③

57 다음 감염병 중 생후 가장 먼저 예방접종을 실시하는 것은?

① 백일해
② 파상풍
③ 홍역
④ 결핵

구분	연령	예방 접종의 종류
기본접종	4주 이내	BCG(결핵)
	2, 4, 6개월	경구용 소아마비, DPT
	15개월	홍역, 볼거리, 풍진(MMR)
	3~15세	일본뇌염
추가접종	18개월, 4~6세, 11~13세	경구용 소아마비, DPT
	매년	일본뇌염

58 간디스토마는 제2중간숙주인 민물고기 내에서 어떤 형태로 존재하다가 인체에 감염을 일으키는가?

① 피낭유충(Metacercaria)
② 레디아(Redia)
③ 유모유충(Miracidium)
④ 포자유충(Sporocyst)

간디스토마의 제1중간숙주는 왜우렁이, 제2중간숙주는 붕어와 잉어이다. 왜우렁이에서 부화하여 애벌레가 되고 붕어와 잉어의 근육 속에서 피낭유충의 형태로 존재한다.

59 미르포아, 부케가르니, 식초나 와인 등의 산성 액체를 넣어 은근히 끓여서 만들고 야채나 해산물을 포칭하는 데 사용하는 것은?

① 부케가르니(Bouquet Garni)
② 쿠르부용(Court Bouillon)
③ 사세 데피스(Sachet D'epices)
④ 미르포아(Mirepoix)

오답 피하기

- 부케가르니(Bouquet Garni) : 통후추, 월계수 잎, 타임, 파슬리 줄기, 마늘 등
- 사세 데피스(Sachet D'epices) : 작은 향신료를 면포에 싼 것
- 미르포아(Mirepoix) : 양파, 당근, 셀러리의 혼합물

60 다음 중 자외선을 이용한 살균 시 가장 유효한 파장은?

① 250~260nm
② 350~360nm
③ 450~460nm
④ 550~560nm

- 2,500~2,800Å에서 살균력이 강해서, 소독에 이용되기도 한다.
- 옴스트롱(Å)의 단위와 나노미터(nm)의 단위에 유의한다.

정답 57 ④ 58 ① 59 ② 60 ①

해설과 함께 보는 **최신 기출문제 04회**

<table>
<tr><td rowspan="2">양식조리기능사</td><td>소요 시간</td><td>문항 수</td></tr>
<tr><td>1시간</td><td>총 60문항</td></tr>
</table>

수험번호 : ____________

성　　명 : ____________

01 과일 통조림으로부터 용출되어 다량 섭취 시 구토, 설사, 복통 등을 일으킬 가능성이 있는 물질은?

① 아연(Zn)
② 납(Pb)
③ 구리(Cu)
④ 주석(Sn)

통조림에 철이 녹스는 것을 막기 위해 표면에 주석을 입힌다. 이 주석은 산성이 강한 과일, 캔, 주스 등에서 용출 가능성이 높다.

02 증식에 필요한 최저 수분활성도(Aw)가 높은 미생물부터 바르게 나열된 것은?

① 세균 – 효모 – 곰팡이
② 곰팡이 – 효모 – 세균
③ 효모 – 곰팡이 – 세균
④ 세균 – 곰팡이 – 효모

수분활성도에 따른 미생물 번식

- 세균 : 0.90~0.95
- 효모 : 0.88~0.90
- 곰팡이 : 0.65~0.8

03 곰팡이 독으로서 간장에 장해를 일으키는 것은?

① 시트리닌(Citrinin)
② 파툴린(Patulin)
③ 아플라톡신(Aflatoxin)
④ 솔라렌(Psoralene)

아스퍼질러스속의 독소로 재래식 된장, 간장, 고추장, 밀가루 등 식품에 있다.

오답 피하기

- 시트리닌 : 신장독
- 파툴린 : 신경독
- 솔라렌 : 피부병 치료에 사용

04 어육의 초기 부패 시에 나타나는 휘발성 염기질소의 양은?

① 5~10mg%
② 15~25mg%
③ 30~40mg%
④ 50mg% 이상

VBN(휘발성 염기질소)의 초기 부패 어육은 30~40mg%, 부패 생선은 50mg% 이상이다.

정답 01 ④ 02 ① 03 ③ 04 ③

05 맥각중독을 일으키는 원인물질은?

① 루브라톡신(Rubratoxin)
② 오크라톡신(Ochratoxin)
③ 에르고톡신(Ergotoxin)
④ 파툴린(Patulin)

오답 피하기

- 루브라톡신 : 곡류, 콩류
- 오크라톡신 : 쌀, 보리, 밀, 옥수수
- 파툴린 : 젖소

06 산업장, 소각장 등에서 발생하는 발암성 환경오염 물질은?

① 안티몬(Antimon)
② 벤조피렌(Benzopyrene)
③ PBB(Polybrominated Biphenyl)
④ 다이옥신(Dioxin)

다이옥신(Dioxin)은 석탄, 석유를 쓰는 발전소, 쓰레기 소각, 염소계 표백공정, 자동차나 도시가스, 염소 등의 세정수에서 검출된다.

07 혐기성균으로 열과 소독약에 저항성이 강한 아포를 생산하는 독소형 식중독은?

① 장염 비브리오균
② 클로스트리디움 보툴리늄
③ 살모넬라균
④ 포도상구균

오답 피하기

감염형 식중독 : 장염 비브리오균, 살모넬라균, 포도상구균

08 유해감미료에 속하는 것은?

① 둘신 ② D-소르비톨
③ 자일리톨 ④ 아스파탐

유해감미료 : 에틸렌 글리콜, 파라니트로오르토톨루이딘, 둘신, 페릴라틴, 사이클라메이트, 니트로아닐린, 메타니트로아니린

09 유지나 지질을 많이 함유한 식품이 빛, 열, 산소 등과 접촉하여 산패를 일으키는 것을 막기 위하여 사용하는 첨가물은?

① 피막제 ② 착색제
③ 산미료 ④ 산화방지제

산화방지제는 식품의 산화에 의한 변질 현상을 방지하는 첨가물로 항산화제라고도 하며, 종류로는 천연 첨가물(비타민 C-아스코르브산, 비타민E-토코페롤), BHA(부틸히드록시아니졸), BHT(디부틸히드록시톨루엔), 에르소르브산염, L-아스코르브산나트륨, 몰식자산프로필, 아스코르빌 팔미테이트 등이 있다.

10 다음 중 식품의 가공 중에 형성되는 독성 물질은?

① Tetrodotoxin
② Solanine
③ Nitrosoamine
④ Trypsin Inhibitor

Nitrosoamine은 아질산염과 아민류가 산성조건하에서 반응하여 생성하는 물질로 강한 발암성을 갖는 물질이다.

오답 피하기

- 테트로도톡신(Tetrodotoxin) : 복어독
- 솔라닌(Solanine) : 감자독
- 트립신 저해제(Trypsin inhibitor) : 콩의 소화 저해 물질

정답 05 ③ 06 ④ 07 ② 08 ① 09 ④ 10 ③

11 **식품 또는 식품첨가물의 완제품을 나누어 유통할 목적으로 재포장, 판매하는 영업은?**

① 식품제조 가공업
② 식품운반업
③ 식품소분업
④ 즉석판매제조, 가공업

제품을 나누어 포장하는 것을 소분업이라고 하는데, 신고대상은 식품 또는 식품첨가물과 벌꿀이다. 다만 어육제품, 식용유지, 특수용도식품, 통 · 병조림 제품, 레토르트식품, 전분, 상류 및 식초는 소분 · 판매하여서는 아니 된다.

12 **아래의 식품들의 표시기준상 영양성분별 세부 표시 방법에서 (   ) 안에 알맞은 것은?**

> 열량의 단위는 킬로칼로리(kcal)로 표시하되, 그 값을 그대로 표시하거나 그 값에 가장 가까운 (   ) 단위로 표시하여야 한다. 이 경우 (   ) 미만은 "0"으로 표시할 수 있다.

① 5kcal
② 10kcal
③ 15kcal
④ 20kcal

열량 : 킬로칼로리(kcal)로 표시하되, 그 값을 그대로 표시하거나 그 값에 가장 가까운 5kcal 단위로 표시하여야 한다. 이 경우 5kcal 미만은 "0"으로 표시할 수 있다.

오답 피하기

콜레스테롤 : 미리그램(mg)으로 표시하되, 그 값을 그대로 표시하거나 그 값에 가장 가까운 5mg 단위로 표시하여야 한다. 이 경우 5mg 미만은 "5mg 미만"으로, 2mg 미만은 "0"으로 표시할 수 있다.

13 **식품접객업 중 시설기준상 객실을 설치할 수 없는 영업은?**

① 유흥주점영업
② 일반음식점영업
③ 단란주점영업
④ 휴게음식점영업

휴게음식점은 신고대상으로 음주행위, 노래를 하면 안 되고, 유흥종사자를 두어선 안 된다.

14 **스톡의 보관에 대해 옳은 설명은?**

① 스톡은 뜨거울 때 밀봉하여 보관한다.
② 냉장 보관은 1개월까지 가능하다.
③ 냉동 보관은 5~6개월까지 가능하다.
④ 40~50℃에서 서서히 냉각하는 것이 좋다.

오답 피하기

- 스톡을 다 끓인 후 식기 전에는 뚜껑을 덮지 않는다. 식은 후 기름이 굳으면 딱딱해진 기름을 제거한다.
- 21℃로 2시간 이내로 냉각 후 4시간 동안 5℃ 이하로 냉각시키는 것이 안전하다.
- 냉장 보관된 스톡은 3~4일 내에 사용하고, 냉동 보관된 스톡은 5~6개월까지도 보관이 가능하다.

15 **식전에 나오는 모든 요리의 총칭이고 에피타이저, 전채요리라고 하는 용어는?**

① 오르되브르(Hors D'oeuvre)
② 칵테일(Cocktail)
③ 카나페(Canape)
④ 콩디망(Condiments)

프랑스어로는 오르되브르, 영어로는 애피타이저(Appetizer), 러시아어로는 자쿠스카(Zakuska), 중국어로는 첸차이라고 한다.

정답 11 ③ 12 ① 13 ④ 14 ③ 15 ①

16 **빵에 스프레드를 사용하는 이유로 적합하지 않은 것은?**

① 빵이 눅눅해지는 것을 방지하는 코팅제 역할
② 맛의 향상 및 개성
③ 빵과 속재료, 가니쉬의 맛이 잘 어우러짐
④ 플레이팅 효과

빵에 스프레드하는 주된 목적은 눅눅함을 방지하기 위해 하는 것이고, 큰 플레이팅 효과는 없다.

17 **우유 가공품이 아닌 것은?**

① 치즈
② 버터
③ 마요네즈
④ 액상 발효유

오답 피하기
마요네즈는 달걀과 유지의 가공품이다.

18 **튀김에 사용한 기름을 보관하는 방법으로 가장 적절한 것은?**

① 식힌 후 그대로 서늘한 곳에 보관한다.
② 공기와의 접촉면을 넓게 하여 보관한다.
③ 망에 거른 후 갈색 병에 담아 보관한다.
④ 철제 팬에 담아 보관한다.

기름을 사용하고 망에 걸러 이물질을 거르고 식힌 후 밀폐용기(갈색 병)에 담아 서늘한 곳에 보관한다.

19 **다음 중 오탄당이 아닌 것은?**

① 리보즈(Ribose)
② 자일로즈(Xylose)
③ 갈락토즈(Galactose)
④ 아라비노즈(Arabinose)

단당류 중에서 탄소가 5개인 것을 오탄당, 6개인 것을 육탄당이라고 한다.

오답 피하기
갈락토즈(갈락토오스)는 육탄당이다.

20 **20%의 수분(분자량:18)과 20%의 포도당(분자량:180)을 함유하는 식품의 이온적인 수분활성도는 약 얼마인가?**

① 0.82
② 0.88
③ 0.91
④ 1

$$\frac{\text{용매의}\ \frac{\text{농도}}{\text{분자량}}}{\text{용매의}\ \frac{\text{농도}}{\text{분자량}} + \text{용질의}\ \frac{\text{농도}}{\text{분자량}}} = \frac{\frac{0.2}{18}}{\frac{0.2}{18} + \frac{0.2}{180}}$$

$$= \frac{0.0111}{0.0111 + 0.001} = \frac{0.0111}{0.0122} = \text{약}\ 0.909 = 0.91$$

21 **젤 형성을 이용한 식품과 젤 형성 주체 성분의 연결이 바르게 된 것은?**

① 양갱 – 펙틴
② 도토리묵 – 한천
③ 과일잼 – 전분
④ 족편 – 젤라틴

젤라틴은 동물의 가죽, 뼈에 다량 존재하는 콜라겐을 가수분해하여 얻어진 유도 단백질이다. 젤리, 아이스크림 등의 제조에 사용한다.

정답 16 ④ 17 ③ 18 ③ 19 ③ 20 ③ 21 ④

22 밀의 주요 단백질이 아닌 것은?

① 알부민(Albumin)
② 글리아딘(Gliadin)
③ 글루테닌(Glutenin)
④ 덱스트린(Dextrin)

오답 피하기

덱스트린은 녹말의 가수분해산물로 탄수화물이다.

23 육류나 어류의 구수한 맛을 내는 성분은?

① 이노신산
② 호박산
③ 알리신
④ 나린진

오답 피하기

- 호박산 : 조개류의 감칠맛 성분
- 알리신 : 마늘의 매운맛
- 나린진 : 과실의 쓴맛

24 식품의 변화에 관한 설명 중 옳은 것은?

① 일부 유지가 외부로부터 냄새를 흡수하지 않아도 이취현상을 갖는 것은 호정화이다.
② 천연의 단백질이 물리, 화학적 작용을 받아 고유의 구조가 변하는 것은 변향이다.
③ 당질을 180~200℃의 고온으로 가열했을 때 갈색이 되는 것은 효소적 갈변이다.
④ 마이야르 반응, 캐러멜화 반응은 비효소적 갈변이다.

오답 피하기

① 변향, ② 변성, ③ 캐러멜화

25 탈기, 밀봉의 공정과정을 거치는 제품이 아닌 것은?

① 통조림
② 병조림
③ 레토르트 파우치
④ CA 저장 과일

CA 저장이란 산소와 탄산가스의 농도를 조절하여 과일, 난류를 저장하는 방법이다.

26 식품의 가공, 저장 시 일어나는 마이야르(Maillard) 갈변 반응은 어떤 성분의 작용에 의한 것인가?

① 수분과 단백질
② 당류와 단백질
③ 당류와 지방
④ 지방과 단백질

탄수화물과 단백질의 반응으로 아미노카르보닐 반응이라고도 하고, 비효소적 갈변 반응이다.

27 다음 중 전분이 노화되기 가장 쉬운 온도는?

① 0~5℃
② 10~15℃
③ 20~25℃
④ 30~35℃

전분이 노화되기 쉬운 조건

- 수분이 30~60%일 때
- 온도가 0~5℃일 때
- 전분 분자 중 아밀로오스의 함량이 많을수록

정답 22 ④ 23 ① 24 ④ 25 ④ 26 ② 27 ①

28 감미재료와 거리가 먼 것은?

① 사탕무
② 정향
③ 사탕수수
④ 스테비아

정향은 향신료이다.

29 전분에 물을 가하지 않고 160℃ 이상으로 가열하면 가용성 전분을 거쳐 덱스트린으로 분해되는 반응은 무엇이며, 그 예로 바르게 짝지어진 것은?

① 호화 : 식빵
② 호화 : 미숫가루
③ 호정화 : 찐빵
④ 호정화 : 뻥튀기

오답 피하기

호화 : 날 전분이 반투명의 콜로이드 상태가 되는 것으로 밥이나 떡이 되는 과정이다.

30 다음 중 결합수의 특징이 아닌 것은?

① 용질에 대해 용매로 작용하지 않는다.
② 자유수보다 밀도가 크다.
③ 식품에서 미생물의 번식과 발아에 이용되지 못한다.
④ 대기 중에서 100℃로 가열하면 쉽게 수증기가 된다.

결합수는 건조로 쉽게 제거되지 않는다.

31 다음 중 기름의 발연점이 낮아지는 경우는?

① 유리지방산 함량이 많을수록
② 기름을 사용한 횟수가 적을수록
③ 기름 속에 이물질의 유입이 적을수록
④ 튀김용기의 표면적이 좁을수록

중성지방이 분해되어 지방산의 상태로 존재하는 것을 유리지방산이라고 한다. 기름을 사용하는 횟수가 늘어날수록 유리지방산의 함량이 많아진다.

32 완숙한 계란의 난황 주위가 변색하는 경우를 잘못 설명한 것은?

① 난백의 유황과 난황의 철분이 결합하여 황화철(FeS)을 형성하기 때문이다.
② pH가 산성일 때 더 신속히 일어난다.
③ 신선한 계란에서는 변색이 거의 일어나지 않는다.
④ 오랫동안 가열하여 그대로 두었을 때 많이 일어난다.

pH가 높을 때 녹변 현상이 더 잘 일어난다.

33 쌀에서 섭취한 전분이 체내에서 에너지를 발생하기 위해서 반드시 필요한 것은?

① 비타민 A
② 비타민 B_1
③ 비타민 C
④ 비타민 D

비타민 B_1(티아민)은 탄수화물의 대사에 중요한 역할을 한다.

정답 28 ② 29 ④ 30 ④ 31 ① 32 ② 33 ②

34 **과일의 조리에서 열에 의해 가장 영향을 많이 받는 비타민은?**

① 비타민 C
② 비타민 A
③ 비타민 B_1
④ 비타민 E

비타민 C는 산에는 안정적이지만 알칼리와 열에는 불안정하다.

35 **다음 중 식품의 냉동 보관에 대한 설명으로 틀린 것은?**

① 미생물의 번식을 억제할 수 있다.
② 식품 중의 효소작용을 억제하여 품질 저하를 막는다.
③ 급속냉동 시 얼음 결정이 작게 형성되어 식품의 조직 파괴가 적다.
④ 완만냉동 시 드립(Drip) 현상을 줄여 식품의 질 저하를 방지할 수 있다.

냉동은 급속냉동, 해동을 완만해동 하는 것이 식품의 질 저하를 방지할 수 있다.

36 **다음 중 계량 방법이 잘못된 것은?**

① 저울은 수평으로 놓고 눈금은 정면에서 읽으며 바늘은 0에 고정시킨다.
② 가루 상태의 식품은 계량기에 꾹꾹 눌러 담은 다음 윗면이 수평이 되도록 스패츌러로 깎아서 잰다.
③ 액체 식품은 투명한 계량 용기를 사용하여 계량컵의 눈금과 눈높이를 맞추어서 계량한다.
④ 된장이나 다진 고기 등의 식품재료는 계량기구에 눌러 담아 빈 공간이 없도록 채워서 깎아 잰다.

가루는 꾹 누르지 않고, 가볍게 담아 계량한다.

37 **생선의 조리 방법에 관한 설명으로 옳은 것은?**

① 선도가 낮은 생선은 양념을 담백하게 하고 뚜껑을 닫고 잠깐 끓인다.
② 지방함량이 높은 생선보다는 낮은 생선으로 구이를 하는 것이 풍미가 더 좋다.
③ 생선조림은 오래 가열해야 단백질이 단단하게 응고되어 맛이 좋아진다.
④ 양념간장이 끓을 때 생선을 넣어야 맛 성분의 유출을 막을 수 있다.

오답 피하기

- 신선도가 낮은 생선은 뚜껑을 열어 비린내를 휘발시킨다.
- 지방이 높은 붉은살 생선이 고소하고 풍미가 좋다.
- 오래 가열하면 생선의 맛이 빠져나가고, 살이 물러진다.

정답 34 ① 35 ④ 36 ② 37 ④

38 **전분에 물을 붓고 열을 가하여 70~75℃ 정도가 되면 전분입자는 크게 팽창하여 점성이 높은 반투명의 콜로이드 상태가 되는 현상은?**

① 전분의 호화
② 전분의 노화
③ 전분의 호정화
④ 전분의 결정

전분의 호화는 쌀이 밥이나 떡이 되는 과정이다.

39 **식품원가율을 40%로 정하고 햄버거의 1인당 식품단가를 1,000원으로 할 때 햄버거의 판매가격은?**

① 4,000원
② 2,500원
③ 2,250원
④ 1,250원

- 햄버거의 단가가 1,000원, 원가율이 40%이다. 이는 판매가격의 40%가 1,000원이라는 의미이다.
- 판매가격 $\times \frac{40}{100} = 1{,}000$원
- 판매가격 $= 1000 \div \frac{100}{40} = 1{,}000 \div 40 \times 100 = 2{,}500$원

40 **다음 중 상온에서 보관해야 하는 식품은?**

① 바나나
② 사과
③ 포도
④ 딸기

바나나, 파인애플, 멜론 등의 열대과일은 바람이 통하는 서늘한 곳에 보관하고 냉장 보관하지 않는다.

41 **소고기 스테이크로 적합하지 않은 부위는?**

① 목살(Chuck)
② 안심(Tenderloin)
③ 꽃등심(Ribeye)
④ 채끝살(Striploin)

목살은 질기기 때문에 햄버거 패티, 햄버그 스테이크용으로 갈아서 사용하거나 오래 끓이는 스튜에 적합하다.

42 **뜨거워진 공기를 팬(Fan)으로 강제 대류시켜 균일하게 열이 순환되므로 조리시간이 짧고 대량조리에 적당하나 식품표면이 건조해지기 쉬운 조리기기는?**

① 틸팅튀김팬(Tilting Fry Pan)
② 튀김기(Fryer)
③ 증기솥(Steam Kettles)
④ 컨벡션오븐(Convectioin Oven)

오답 피하기

틸팅튀김팬 : 다용도 조리기기로 삶기, 구이, 튀김, 볶음, 장국 등에 사용

정답 38 ① 39 ② 40 ① 41 ① 42 ④

43 직영급식과 비교하여 위탁급식의 단점에 해당하지 않는 것은?

① 인건비가 증가하고 서비스가 잘 되지 않는다.
② 기업이나 단체의 권한이 축소된다.
③ 급식경영을 지나치게 영리화하여 운영할 수 있다.
④ 영양관리에 문제가 발생할 수 있다.

직영급식은 회사나 학교 등 단체에서 급식식당을 운영하는 것이고, 위탁급식은 단체가 전문 급식회사에 의뢰하는 것을 말한다.

44 다음 중 열량을 내지 않는 영양소로만 짝지어진 것은?

① 단백질, 당질
② 당질, 지질
③ 비타민, 무기질
④ 지질, 비타민

열량을 내는 영양소는 당질, 단백질, 지질이다.

45 두부 50g을 돼지고기로 대치할 때 필요한 돼지고기의 양은? (단, 100g당 두부 단백질 함량 15g, 돼지고기 단백질 함량 18g이다.)

① 39.45g	② 40.52g
③ 41.67g	④ 42.81g

$\frac{\text{원래식품함량}}{\text{대치식품함량}} \times \text{원래식품양} = 50 \times 15 \div 18 = \text{약 } 41.67$

46 다음 중 신선한 달걀은?

① 후라이를 하려고 깨보니 난백이 넓게 퍼진다.
② 난황과 난백을 분리하려는데, 난황막이 터져 분리가 어렵다.
③ 삶아 껍질을 벗겨보니 기공이 있는 부분이 움푹 들어갔다.
④ 삶아 반으로 잘라보니 노른자가 가운데에 있다.

오답 피하기
난백이 넓게 퍼지는 것은 수양난백으로 신선도가 떨어진 달걀이다.

47 채소류, 두부, 생선 등 저장성이 낮고 가격변동이 많은 식품 구매 시 적합한 계약 방법은?

① 수의계약
② 장기계약
③ 일반경쟁계약
④ 지명경쟁입찰계약

수의계약은 경매, 입찰 등의 경쟁을 하지 않고 임의로 적당한 상대자를 선정하는 계약이다.

48 육류를 가열조리 할 때 일어나는 변화로 옳은 것은?

① 보수성의 증가
② 단백질의 변패
③ 육단백질의 응고
④ 미오글로빈이 옥시미오글로빈으로 변화

오답 피하기
육류를 가열조리하면 보수성의 감소, 메트미오글로빈으로 변화한다.

정답 43 ① 44 ③ 45 ③ 46 ④ 47 ① 48 ③

49 나라별 수프가 잘못 짝지어진 것은?

① 이탈리아의 미네스트로니수프
② 프랑스의 부야베스
③ 헝가리의 굴라쉬 수프
④ 미국의 옥스테일 수프

옥스테일 수프는 영국의 수프이다.

50 0.5cm의 정육면체 모양으로 써는 방법으로 알맞은 명칭은?

① 브뤼누아즈(Brunoise)
② 큐브(Cube)
③ 민스(Mince)
④ 콩카세(Concassere)

오답 피하기

- 브뤼누아즈(Brunoise) : 가로와 세로 0.3cm 정육면체 모양으로 써는 방법
- 큐브(Cube) : 가로와 세로 1.5cm 정육면체 모양으로 써는 방법
- 민스(Mince) : 야채나 고기를 잘게 써는 방법

51 레이노드 현상이란?

① 손가락의 말초혈관 운동 장애로 일어나는 국소진동증이다.
② 각종 소음으로 일어나는 신경장애 현상이다.
③ 혈액순환 장애로 전신이 굳어지는 현상이다.
④ 소음에 적응을 할 수 없어 발생하는 현상을 총칭하는 것이다.

레이노드 현상은 장시간 진동이 심한 작업환경에서 일하는 경우에 발생한다.

52 세계보건기구(WHO) 보건헌장에 의한 건강의 의미로 가장 적합한 것은?

① 질병과 허약의 부재상태를 포함한 육체적으로 완전무결한 상태
② 육체적으로 완전하며 사회적 안녕이 유지되는 상태
③ 단순한 질병이나 허약의 부재상태를 포함한 육체적, 정신적 및 사회적 안녕의 완전한 상태
④ 각 개인의 건강을 제외한 사회적 안녕이 유지되는 상태

건강은 시회적, 정신적, 육체적 세 가지 모두 안녕한 상태를 말한다.

53 검역질병의 검역기간의 그 감염병의 어떤 기간과 동일한가?

① 유행기간
② 최장 잠복기간
③ 이환기간
④ 세대기간

- 외래 감염병의 국내침입을 막기 위해 정해진 검역질병과 검역기간은 다음과 같다.
- 콜레라 : 120시간, 페스트 : 144시간, 황열 : 144시간

정답 49 ④ 50 ④ 51 ① 52 ③ 53 ②

54 생활쓰레기의 품목별 분류 중에서 동물의 사료로 이용 가능한 것은?

① 주개
② 가연성 진개
③ 불연성 진개
④ 재활용성 진개

주개는 주방쓰레기로 음식물쓰레기를 말한다.

55 분변 소독에 가장 적합한 것은?

① 과산화수소
② 알코올
③ 생석회
④ 머큐로크롬

오답 피하기

- 과산화수소 : 피부 소독
- 알코올 : 손 소독
- 머큐로크롬 : 상처 소독

56 대기오염 중 2차 오염물질로만 짝지어진 것은?

① 먼지, 탄화수소
② 오존, 알데히드
③ 연무, 일산화탄소
④ 일산화탄소, 이산화탄소

- 2차 대기오염물질은 대기 중에 배출된 오염물질끼리 반응하여 변질한 것이다.
- 1차 대기오염물질 : 이산화황, 일산화탄소, 이산화질소 등
- 2차 대기오염물질 : 오존, 알데히드

57 돼지고기를 완전히 익히지 않고 먹을 경우 감염될 수 있는 기생충은?

① 아니사키스
② 무구낭미충
③ 선모충
④ 광절열두조충

오답 피하기

- 아니사키스 : 고등어, 오징어, 고래
- 무구낭미충 : 소, 양
- 광절열두조충 : 물벼룩, 연어, 송어

58 복사선의 파장이 가장 크며, 열선이라고 불리는 것은?

① 자외선
② 가시광선
③ 적외선
④ 도르노선(Dorno Ray)

적외선은 지상에 열을 주어 기온이 좌우된다. 적외선의 과다 노출은 일사병과 백내장을 유발한다.

정답 54 ① 55 ③ 56 ② 57 ③ 58 ③

59 **병원체가 생활, 증식, 생존을 계속하여 인간에게 전파될 수 있는 상태로 저장되는 곳을 무엇이라 하는가?**

① 숙주
② 보균자
③ 환경
④ 병원소

병원소는 사람, 사물, 동물 등이 될 수 있다.

60 **광절열두조충의 중간숙주(제1중간숙주–제2중간숙주)와 인체 감염 부위는?**

① 다슬기 – 가재 – 폐
② 물벼룩 – 연어 – 소장
③ 왜우렁이 – 붕어 – 간
④ 다슬기 – 은어 – 소장

기생충	제1중간숙주	제2중간숙주
간흡충(간디스토마)	왜우렁이	붕어, 잉어
폐흡충(폐디스토마)	다슬기	가재, 게
요꼬가와흡충	다슬기	담수어, 은어, 잉어
광절열두조충(긴촌충)	물벼룩	연어, 송어

정답 59 ④ 60 ②

해설과 함께 보는 최신 기출문제 05회

양식조리기능사	소요 시간	문항 수
	1시간	총 60문항

수험번호 :

성　　명 :

01 유독성 금속화합물에 의한 식중독을 일으킬 수 있는 경우는?

① 철분 강화 식품
② 요오드 강화 밀가루
③ 칼슘 강화 우유
④ 종자살균용 유기수은제 처리 콩나물

수은은 언어장애, 지각이상, 보행곤란의 증상이 있고 미나마타병 식중독을 일으킬 수 있다.

02 Staphylococcus Aureus 균이 분비하는 장독소가 원인이 되는 식중독은?

① 살모넬라 식중독
② 장염비브리오 식중독
③ 병원성대장균 식중독
④ 황색포도상구균 식중독

독소형 식중독 : 황색포도상구균 식중독, 클로스트리디움 보툴리늄 식중독

오답 피하기

감염형 식중독 : 살모넬라 식중독, 장염비브리오 식중독, 병원성대장균 식중독

03 자외선 살균 등의 특징과 거리가 먼 것은?

① 사용법이 간단하다.
② 조사대상물에 거의 변화를 주지 않는다.
③ 잔류효과는 없는 것으로 알려져 있다.
④ 유기물 특히 단백질이 공존 시 효과가 증가한다.

단백질이 공존하는 경우에는 살균효과가 현저히 떨어진다.

04 식품위생법상 식품첨가물이 식품에 사용되는 방법이 아닌 것은?

① 침윤
② 반응
③ 첨가
④ 혼입

식품첨가물은 식품에 첨가, 혼합, 침윤하거나, 그 밖의 방법으로 식품에 사용되는 물질을 말한다.

정답 01 ④ 02 ④ 03 ④ 04 ②

05 식중독에 관한 설명으로 틀린 것은?

① 자연독이나 유해물질이 함유된 음식물을 섭취함으로써 생긴다.
② 발열, 구역질, 구토, 설사, 복통 등의 증세가 나타난다.
③ 세균, 곰팡이, 화학물질 등이 원인물질이다.
④ 대표적인 식중독은 콜레라, 세균성이질, 장티푸스 등이 있다.

콜레라, 장티푸스, 세균성이질은 수인성 감염병으로 인한 식중독으로 대표적이라 말할 수 없다. 세균성 식중독인 살모넬라 식중독이 대표적인 식중독이다.

06 곰팡이독(Mycotoxin) 중에서 간장독을 일으키는 독소가 아닌 것은?

① 아이스란디톡신(Islanditoxin)
② 시트리닌(Citrinin)
③ 아플라톡신(Aflatoxin)
④ 루테오스키린(Luteoskyrin)

시트리닌은 신장독이다.

07 단백질이 탈탄산 반응에 의해 생성되어 알레르기성 식중독의 원인이 되는 물질은?

① 암모니아
② 아민류
③ 지방산
④ 알코올류

식품이 부패하면 탈탄산 반응에 의해 유해성 아민이 생성되어 알레르기성 식중독의 원인이 된다.

08 식품의 부패 정도를 측정하는 지표로 가장 거리가 먼 것은?

① 휘발성염기질소(VBN)
② 트리메탈아민(TMA)
③ 수소이온농도(pH)
④ 총질소(TN)

오답 피하기

- 휘발성염기질소(VBN) : 식육의 신선도 검사
- 트리메틸아민(TMA) : 어패류의 신선도 검사
- 수소이온농도(pH) : 어육 5.5 전후면 신선, 6.2이면 초기부패로 판정

09 식품에 존재하는 유기물질을 고온으로 가열할 때 단백질이나 지방이 분해되어 생기는 유해물질은?

① 에틸카바메이트(Ethylcarbamate)
② 다환방향족탄화수소(Polycyclic Aromatic Hydrocarbon)
③ 엔-니트로소아민(N-nitrosoamine)
④ 메탄올(Methanol)

다환방향족탄화수소는 화석연료나 유기물질이 불완전 연소할 때 발생한다. 탄 고기나 훈제음식 중에도 있다.

10 과채류의 품질유지를 위한 피막제로만 사용되는 식품첨가물은?

① 실리콘수지
② 몰포린지방산염
③ 인산나트륨
④ 만니톨

- 피막제란 과일이나 식품의 겉에 발라 싱싱하게 하는 물질을 말하며, 종류에는 초산비닐수지 등이 있다.
- 몰포린지방산염(몰포린)은 발암물질로 동물실험에서 암 발생이 증가된다는 연구결과가 있다.

정답 05 ④ 06 ② 07 ② 08 ④ 09 ② 10 ②

11 식품위생법상 영업신고 대상 업종이 아닌 것은?

① 위탁급식영업
② 식품냉동 · 냉장업
③ 즉석판매제조 · 가공업
④ 양곡가공업 중 도정업

양곡가공업 중 도정업은 영업신고하지 않아도 되는 업종이다.

12 스톡의 재료 중 하나로 향신료를 면포에 싸서 향을 우려내는 것을 가르키는 용어는?

① 나지(Nage)
② 쿠르부용(Court Bouillon)
③ 사세 데피스(Sachet D'epices)
④ 미르포아(Mirepoix)

오답 피하기

- 나지(Nage) : 생선뼈나 갑각류의 껍데기를 쿠르부용에 넣어서 끓이는 것
- 쿠르부용(Court bouillon) : 미르포아, 부케가르니, 식초나 와인 등의 산성 액체를 넣어 은근히 끓여서 만든 것
- 미르포아(Mirepoix) : 양파, 당근, 셀러리의 혼합물

13 끓는 물에 단시간 내에 재료를 익히고 찬물에 헹구어 내는 조리법으로, 보통 10배의 물을 넣는 조리용어는?

① 데침(Blanching)
② 포칭(Poaching)
③ 삶기(Boiling)
④ 그라탱(Gratin)

오답 피하기

- 포칭(Poaching) : 식품을 물, 스톡, 쿠르부용에 잠기도록 하여 뚜껑을 덮지 않고 70~80℃에 익히는 조리법이다.
- 삶기(Boiling) : 찬물이나 끓는 물에 넣고 비등점 가까이에서 끓이는 방법이다.
- 그라탱(Gratin) : 오븐을 사용하여 만드는 구이요리로, 소스, 치즈, 빵가루, 버터 등을 올려 윤기있게 색을 내어 굽는 방법이다.

14 얇게 썬 빵에 재료를 올리고 빵을 덮지 않고 오픈해 놓는 종류의 샌드위치로 짝지어진 것은?

① 잠봉뵈르, BLT
② BLT, 까나페
③ 브루스케타, 게살롤샌드위치
④ 브루스케타, 카나페

브루스케타, 카나페는 바게뜨, 빵 위에 재료를 얹어 먹는 오픈 샌드위치이다.

15 유화 드레싱에서 유분리 현상이 일어나는 원인에 대해 틀린 것은?

① 기름이 한 번에 많이 첨가될 때
② 지나치게 빠른 속도로 저을 때
③ 소스의 농도가 너무 진할 때
④ 소스가 만들어지는 과정에서 너무 차거나 따뜻하게 되었을 때

유화 드레싱은 빠른 속도로 저어야 분리가 일어나지 않는다.

16 산과 당이 존재하면 특징적인 젤(Gel)을 형성하는 것은?

① 섬유소(Cellulose)
② 펙틴(Pectin)
③ 전분(Starch)
④ 글리코겐(Glycogen)

펙틴 1~1.5%, 유기산 3%를 함유한 과즙에 설탕 60% 이상을 첨가하면, 설탕이 펙틴을 침전시켜 젤을 형성한다.

정답 11 ④ 12 ③ 13 ① 14 ④ 15 ② 16 ②

17 탕수육에서 전분을 물에 풀어서 넣을 때 용액의 성질은?

① 젤(Gel)
② 현탁액
③ 유화액
④ 콜로이드 용액

현탁액 : 물에 용해되지 않고 뿌옇게 부유 상태로 유지하고 있는 것

오답 피하기

- 진용액 : 분자량이 적은 물질이 용해된 것(예 : 설탕물, 소금물)
- 유화액 : 지방에 물이, 물에 지방이 유화 상태로 분포되어 있는 것(예 : 버터, 마가린, 생크림, 마요네즈)
- 젤 : 졸(Sol)이 굳어진 상태(예 : 두부, 치즈, 수프)
- 콜로이드 용액 : 진용액을 형성하지 않으면서 물이 산포된 것

18 유지의 산패를 차단하기 위해 상승제(Synergist)와 함께 사용하는 물질은?

① 보존제
② 발색제
③ 항산화제
④ 표백제

항산화제가 있는 식물성 기름은 유지의 산패를 방지한다.

19 김치류의 신맛 성분이 아닌 것은?

① 초산(Acetic Acid)
② 호박산(Succinic Acid)
③ 젖산(Lactic Acid)
④ 수산(Oxalic Acid)

수산은 녹색채소에 있는 성분으로 체내에서 칼슘의 흡수를 방해하여 신장결석을 일으킨다. 수산을 제거하기 위해 뚜껑을 열고 데친다.

20 식품의 동결건조에 이용되는 주요 현상은?

① 융해
② 기화
③ 승화
④ 액화

동결건조는 수분을 함유한 재료를 동결시키고 얼음을 승화시켜 수분을 제거하여 건조물을 얻는 방법이다.

21 육류의 조리 · 가공 중 색소성분의 변화에 대한 설명으로 옳은 것은?

① 미오글로빈(Myoglobin)이 산화되면 메트미오글로빈(Metmyoglobin)으로 되어 갈색이 된다.
② 육류 조직 내의 미오글로빈은 공기 중에 노출되면 산소와 결합하여 헤마틴(Hematin)으로 되어 선명한 붉은색이 된다.
③ 햄, 베이컨, 소시지 등의 육류 가공품은 질산염이나, 아질산염과 작용하여 옥시미오글로빈(Oxymyoglobin)으로 되어 선명한 붉은 색이 된다.
④ 신선한 육류의 절단면이 계속 공기 중에 노출되면 옥시미오글로빈으로 되어 갈색이 된다.

오답 피하기

- 육류 조직 내의 미오글로빈은 공기 중에 노출되면 산소와 결합하여 옥시미오글로빈(Oxymyoglobin)으로 되어 선명한 붉은색이 된다.
- 햄, 베이컨, 소시지 등의 육류 가공품은 질산염이나, 아질산염과 작용하여 니트로사민(N–nitrosamine)으로 되어 선명한 붉은 색이 된다.
- 신선한 육류의 절단면이 계속 공기 중에 노출되면 메트미오글로빈(Metmyoglobin)으로 되어 갈색이 된다.

정답 17 ② 18 ③ 19 ④ 20 ③ 21 ①

22 강화미란 주로 어떤 성분을 보충한 쌀인가?

① 비타민 A
② 비타민 B
③ 비타민 D
④ 비타민 C

정백미에 비타민 B_1, 아미노산 등을 첨가한 쌀이다.

23 당지질인 Cerebroside를 주로 구성하고 있는 당은?

① Raffinose
② Fructose
③ Galactose
④ Mannose

갈락토오스는 락토오스(유당), 한천, 갈락토만난이나 세균세포벽의 다당 및 당단백질 · 당지질 등에 함유되어 있다.

24 식품의 수분활성도를 올바르게 설명한 것은?

① 임의의 온도에서 식품이 나타내는 수증기압에 대한 같은 온도에 있어서 순수한 물의 수증기압의 비율
② 임의의 온도에서 식품이 나타내는 수증기압
③ 임의의 온도에서 식품의 수분함량
④ 임의의 온도에서 식품과 동량의 순수한 물의 최대 수증기압

$$수분활성도 = \frac{식품이\ 나타내는\ 수증기압}{순수한\ 물의\ 최대\ 수증기압}$$

25 식혜는 엿기름 중에 어떠한 성분에 의하여 전분이 당화를 일으키게 되는가?

① 지방
② 단백질
③ 무기질
④ 효소

말타아제(Maltase)라는 효소로 쌀의 전분을 말토오즈(maltose) 상태로 분해시킨다.

26 우유 가공품이 아닌 것은?

① 마요네즈
② 버터
③ 아이스크림
④ 치즈

마요네즈는 계란과 식용유의 가공품이다.

27 아미노 카르보닐 반응에 대한 설명 중 틀린 것은?

① 마이야르 반응(Maillard Reaction)이라고도 한다.
② 당의 카르보닐 화합물과 단백질 등의 아미노기가 관여하는 반응이다.
③ 갈색 색소인 캐러멜을 형성하는 반응이다.
④ 비효소적 갈변 반응이다.

캐러멜은 설탕 등의 당류를 160~180℃로 가열하면 생기는 반응이고, 단백질이 없으므로 아미노 카르보닐 반응이 아니다.

정답 22 ② 23 ③ 24 ① 25 ④ 26 ① 27 ③

28 **안토시아닌 색소를 함유하는 과일의 붉은색을 보존하려고 할 때 가장 좋은 방법은?**

① 식초를 가한다.
② 중조를 가한다.
③ 소금을 가한다.
④ 수산화나트륨을 가한다.

안토시아닌 색소는 산성에 안정하여 적색이 되고, 알칼리에는 불안정하여 청자색이 된다.

29 **식품의 응고제로 쓰이는 수산물 가공품은?**

① 젤라틴
② 셀룰로오스
③ 한천
④ 펙틴

한천 : 우뭇가사리 등의 홍조류를 삶아서 얻은 액을 냉각, 동결, 건조한 것

30 **버터의 수분함량이 23%라면, 버터 20g은 몇 칼로리(kcal) 정도의 열량을 내는가?**

① 61.6kcal
② 138.6kcal
③ 153.6kcal
④ 180.0kcal

- 버터의 지방함량은 수분함량을 뺀 77%이다.
- 20g × 0.77 = 15.4g이므로, 버터의 지방함량은 15.4g이다
- 지방은 1g당 9kcal의 열량을 내므로 15.4g × 9kcal = 138.6g이다.

31 **식단 작성 시 필요한 사항과 가장 거리가 먼 것은?**

① 식품 구입 방법
② 영양 기준량 산출
③ 3식 영양량 배분 결정
④ 음식수의 계획

식단의 작성 순서
영양 기준량 산출 → 섭취 기준량 산출 → 3식 배분 → 음식수, 요리명 결정 → 식단 주기 결정 → 식량 배분 계획 → 식단표 작성

32 **콩밥은 쌀밥에 비하여 특히 어떤 영양소의 보완에 좋은가?**

① 단백질
② 당질
③ 지방
④ 비타민

쌀에는 단백질이 8% 정도 들어있는데 필수 아미노산 8가지 중 특히 리신이 부족하다. 콩밥을 먹으면 단백질을 보충할 수 있다.

33 **생선을 프라이팬이나 석쇠에 구울 때 들러붙지 않도록 하는 방법으로 옳지 않은 것은?**

① 낮은 온도에서 서서히 굽는다.
② 기구의 금속면을 테프론(Teflon)으로 처리한 것을 사용한다.
③ 기구의 표면에 기름을 칠하여 막을 만들어 준다.
④ 기구를 먼저 달구어서 사용한다.

낮은 온도에서 서서히 구우면 육즙이 빠져나와 눌어붙게 된다.

정답 28 ① 29 ③ 30 ② 31 ① 32 ① 33 ①

34 셀프 서비스(Self Service) 배식 형태로 가장 거리가 먼 것은?

① 카페테리아(Cafeteria)
② 자동판매기(Vending Machine)
③ 카운터 서비스(Counter Service)
④ 뷔페 서비스(Buffet Service)

카운터 서비스(Counter Service)란, 식당을 오픈 키친으로 하여 앞의 카운터를 식탁으로 사용해 요리를 제공하는 것이다.

35 나무 등을 태운 연기에 훈제한 육가공품이 아닌 것은?

① 육포
② 베이컨
③ 햄
④ 소시지

육포는 건조시킨 육가공품이다.

36 아이스크림을 만들 때 굵은 얼음 결정이 형성되는 것을 막아 부드러운 질감을 갖게 하는 것은?

① 설탕
② 달걀
③ 젤라틴
④ 지방

젤라틴의 특징

- 식품의 3~4% 정도를 사용한다.
- 13℃ 이하에서 응고한다.
- 설탕의 증가는 겔 강도를 감소시켜 부드러운 젤리를 형성한다.

37 육류의 사후강직과 숙성에 대한 설명으로 틀린 것은?

① 사후강직은 근섬유가 액토미오신(Actomyosin)을 형성하여 근육이 수축되는 상태이다.
② 도살 후 글리코겐이 호기적 상태에서 젖산을 생성하여 pH가 저하된다.
③ 사후강직 시기에는 보수성이 저하되고 육즙이 많이 유출된다.
④ 자가분해효소인 카텝신(Cathepsin)에 의해 연해지고 맛이 좋아진다.

도살 후에는 글리코겐이 혐기적인 상태가 된다.

38 두부를 만드는 과정은 콩 단백질의 어떠한 성질을 이용한 것인가?

① 건조의 의한 변성
② 동결에 의한 변성
③ 효소에 의한 변성
④ 무기염류에 의한 변성

대두단백질 글리시닌은 황산칼슘($CaSO_4$), 염화마그네슘($MgCl_2$), 염화칼슘($CaCl_2$) 등의 두부응고제와 열(70℃)에 응고되는 성질을 이용하여 두부를 만든다. 이때 소금을 첨가하면 두부가 부드러워진다.

정답 34 ③ 35 ① 36 ③ 37 ② 38 ④

39 **원가의 구성으로 옳은 것은?**

① 판매가격 = 이익 + 제조원가
② 직접원가 = 직접재료비 + 직접노무비 + 직접경비
③ 총원가 = 제조간접비 + 직접원가
④ 제조원가 = 판매경비 + 일반관리비 + 제조간접비

오답 피하기

- 판매가격 = 이익 + 총원가
- 총원가 = 제조원가 + 판매관리비
- 제조원가 = 제조간접비 + 직접원가

40 **돼지고기와 쇠고기, 채소와 토마토를 넣고 오랜 시간 농축된 진한 맛이 날 때까지 끓인 파스타 소스는?**

① 페스토
② 로제 소스
③ 데미그라스
④ 볼로네즈 소스

볼로네즈 소스는 볼로냐식 라구 소스라고도 부르며, 흔히 이탈리안 미트 소스로 알려져 있다.

41 **버터에 동량의 밀가루와 섞은 다음 그 중 일부를 소스나 육수에 넣어 농도가 나면 나머지를 넣고 완전히 녹을 때까지 젓는 농후제는?**

① 루(Roux)
② 뵈르 마니에(Beurre Manie)
③ 전분(Cornstarch)
④ 달걀(Eggs)

뵈르 마니에(Beurre Manie)는 향이 강한 소스의 농도를 맞출 때 사용한다.

42 **칼슘의 흡수를 방해하는 인자는?**

① 유당 ② 단백질
③ 비타민 C ④ 옥살산

옥살산(수산)은 녹색채소에 있는 성분으로 체내에서 칼슘의 흡수를 방해하여 신장결석을 일으키며, 수산을 제거하기 위해 뚜껑을 열고 데친다.

43 **다음 중 유화의 형태가 나머지 셋과 다른 것은?**

① 우유 ② 버터
③ 마요네즈 ④ 아이스크림

유중수적형 식품 : 마가린, 버터 등

오답 피하기

수중유적형 식품 : 우유, 마요네즈, 아이스크림 등

44 **다음은 간장의 재고 대상이다. 간장의 재고가 10병일 때 선입선출법에 의한 간장의 재고 자산은 얼마인가?**

입고일자(일)	수량(병)	단가(원)
5일	5병	3,500
12일	10병	3,500
20일	7병	3,000
27일	5병	3,500

① 30,000원
② 31,500원
③ 32,500원
④ 35,000원

- 선입선출법은 재료의 구입순서에 따라 먼저 구입한 재료를 나중에 입고된 품목들보다 먼저 사용한다. 그러므로 27일에 입고된 5병, 20일에 입고된 5병은 사용하지 않았다.
- (5×3,000)+(5×3,500) = 32,500원

정답 39 ② 40 ④ 41 ② 42 ④ 43 ② 44 ③

45 조리대 배치 형태 중 환풍기와 후드의 수를 최소화 할 수 있는 것은?

① 일렬형
② 병렬형
③ ㄷ자형
④ 아일랜드형

아일랜드형은 작업대를 분리시킨 형으로 동선을 단축시킬 수 있고 융통성 있는 공간활용이 가능하다.

46 탄수화물 급원인 쌀 100g을 고구마로 대치하려면 고구마는 몇 g 정도 필요한가? (단, 100g당 당질 함량 – 쌀 : 80g, 고구마 : 32g)

① 250g
② 275g
③ 300g
④ 325g

$\frac{100 \times 80}{32} = 250g$

47 달걀의 열 응고성을 이용한 것은?

① 마요네즈
② 엔젤 케이크
③ 커스터드
④ 스펀지 케이크

열을 가해 익히면 달걀은 서로 엉기고 굳는데, 커스터드는 이러한 성질을 이용한 것이다.

48 펙틴과 산이 적어 잼 제조에 가장 부적합한 과일은?

① 사과
② 배
③ 포도
④ 딸기

배 자체에는 펙틴과 산이 부족한 편이나 요즘은 식품첨가물 펙틴, 식초, 레몬즙을 첨가하여 잼을 만들 수 있다.

오답 피하기

보기의 과일 중 잼 제조에 가장 부적합한 과일을 고르는 것이므로 정답은 ②번이다.

49 버터 대용품으로 생산되고 있는 식물성 유지는?

① 라드
② 마가린
③ 마요네즈
④ 땅콩버터

마가린 : 버터와 라드의 대용품으로 식물성 유지에 수소를 첨가하고 니켈을 촉매제로 사용하여 결정화시킨 가공 유지이다. 이 과정 중에 수소화된 불포화 지방산인 트랜스지방이 발생한다.

50 서양요리 조리 방법 중 건열조리와 거리가 먼 것은?

① 브로일링(Broiling)
② 로우스팅(Roasting)
③ 팬프라잉(Pan-frying)
④ 시머링(Simmering)

시머링은 습열조리 방법이다.

정답 45 ④ 46 ① 47 ③ 48 ② 49 ② 50 ④

51 환경위생을 철저히 함으로써 예방 가능한 감염병은?

① 콜레라
② 풍진
③ 백일해
④ 홍역

수인성 감염병인 콜레라, 장티푸스 등은 오염수나 생존 가능한 음식물을 통해서 전염되는 질병이다.

52 순화독소(Toxoid)를 사용하는 예방접종으로 면역이 되는 질병은?

① 파상풍
② 콜레라
③ 폴리오
④ 백일해

예방접종으로 면역이 되는 질병
BCG, 디프테리아, 백일해, 파상풍, 소아마비, 홍역, 볼거리, 풍진, 일본뇌염 등

53 주로 정상기압에서 고기압으로 변화하는 환경에서 작업 시 발생하는 질환은?

① 잠함병
② 고산병
③ 항공병
④ 일산화탄소 중독

오답 피하기
고산병, 항공병 : 저압환경

54 카드뮴 만성중독의 주요 3대 증상이 아닌 것은?

① 빈혈
② 폐기종
③ 신장 기능 장애
④ 단백뇨

카드뮴에 중독되면 이타이이타이병에 걸릴 수 있다.

55 수질검사에서 과망간산칼륨($KMnO_4$)의 소비량이 의미하는 것은?

① 유기물의 양
② 탁도
③ 대장균의 양
④ 색도

과망간산칼륨의 소비량으로 유기물의 간접적 지표를 알 수 있다.

오답 피하기
- 탁도 : 1NTU를 넘지 아니할 것
- 대장균군 : 100ml에서 검출되지 아니할 것
- 색도 : 5도를 넘지 아니할 것

56 사회보장 제도 중 공공부조에 해당하는 것은?

① 고용보험
② 건강보험
③ 의료급여
④ 국민연금

생활능력이 없는 빈곤층에 대한 국가적 차원의 책임규정으로 최저생활보장의 원칙을 두고 있다.

정답 51 ① 52 ① 53 ① 54 ① 55 ① 56 ③

57 **생활쓰레기의 분류 중 부엌에서 나오는 동 · 식물성 유기물은?**

① 주개
② 가연성 진개
③ 불연성 진개
④ 재활용성 진개

주개는 가정, 음식점, 호텔 등의 주방에서 배출되는 식품의 쓰레기를 말한다. 육류, 야채, 과실, 곡류 등의 부스러기로 부패하기 쉽고 악취의 원인이 된다.

58 **병원체가 바이러스(Virus)인 질병은?**

① 장티푸스
② 결핵
③ 유행성 간염
④ 발진열

오답 피하기

• 장티푸스, 결핵 : 세균
• 발진열 : 리케차

59 **모기가 매개하는 감염병이 아닌 것은?**

① 황열
② 일본뇌염
③ 장티푸스
④ 사상충증

장티푸스는 분변이나 토물에 의해서 소화기계 감염병이나 기생충 질환의 병원체가 체외로 배설되어 감염된다.

60 **바다에서 잡히는 어류(생선)을 먹고 기생충증에 걸렸다면 이와 가장 관계 깊은 기생충은?**

① 아니사키스충
② 유구조충
③ 동양모양선충
④ 선모충

아니사키스충은 갑각류나 바다생선에 기생한다.

오답 피하기

• 유구조충, 선모충 : 돼지에 기생한다.
• 동양모양선충 : 중간숙주가 없고, 절임채소에 붙어 감염된다.

정답 57 ① 58 ③ 59 ③ 60 ①

PART

05

해설과 따로 보는 최신 기출문제

CBT 온라인 문제집

시험장과 동일한
환경에서 문제 풀이
서비스

- QR 코드를 찍으면 원하는 시험에 응시할 수 있습니다.
- 풀이가 끝나면 자동 채점되며, 해설을 즉시 확인할 수 있습니다.
- 마이페이지에서 풀이 내역을 분석하여 드립니다.
- 모바일과 PC도 이용 가능합니다.

해설과 따로 보는 최신 기출문제 01회

양식조리기능사	소요 시간	문항 수
	1시간	총 60문항

수험번호 : ____________________

성　　명 : ____________________

정답 & 해설 ▶ 1-288쪽

01 음식을 먹기 전에 가열하여도 식중독 예방이 가장 어려운 균은?

① 포도상구균

② 살모넬라균

③ 장염비브리오균

④ 병원성대장균

02 미생물이 자라는 데 필요한 조건이 아닌 것은?

① 온도

② 햇빛

③ 수분

④ 영양분

03 황변미 중독을 일으키는 오염 미생물은?

① 곰팡이

② 효모

③ 세균

④ 기생충

04 식품첨가물 중 보존제의 목적과 가장 거리가 먼 것은?

① 수분 감소의 방지

② 신선도 유지

③ 식품의 영양가 보존

④ 변질 및 부패 방지

05 체내에서 흡수되면 신장의 재흡수장애를 일으켜 칼슘 배설을 증가시키는 중금속은?

① 납

② 수은

③ 비소

④ 카드뮴

06 소독의 지표가 되는 소독제는?

① 석탄산

② 크레졸

③ 과산화수소

④ 포르말린

07 감자, 고구마 및 양파와 같은 식품에 뿌리가 나고 싹이 트는 것을 억제하는 효과가 있는 것은?

① 자외선 살균법
② 적외선 살균법
③ 일광 소독법
④ 방사선 살균법

08 주류 발효 과정에서 존재하면 포도주, 사과주 등에 메탄올이 생성되어 함유될 수 있으며, 중독 증상은 구토, 복통, 설사 및 심하면 실명하게 되는 성분은?

① 펙틴
② 구연산
③ 지방산
④ 아미노산

09 식품첨가물의 사용 목적이 아닌 것은?

① 변질, 부패방지
② 관능개선
③ 질병예방
④ 품질개량, 유지

10 육류의 직화구이 및 훈연 중에 발생하는 발암 물질은?

① 아크릴아마이드(Acrylamide)
② 니트로사민(N-nitrosamine)
③ 에틸카바메이트(Ethylcarbamate)
④ 벤조피렌(Benzopyrene)

11 식품위생수준 및 자질향상을 위하여 조리사 및 영양사에게 교육받을 것을 명할 수 있는 자는?

① 보건소장
② 시장 · 군수 · 구청장
③ 식품의약품안전처장
④ 국무총리

12 일반음식점을 개업하기 위하여 수행하여야 할 사항과 관할 관청은?

① 영업허가 – 지방식품의약품안전청
② 영업신고 – 지방식품의약품안전청
③ 영업허가 – 특별자치도 · 시 · 군 · 구청
④ 영업신고 – 특별자치도 · 시 · 군 · 구청

13 핑거볼(Finger Bowl)에 대한 설명으로 틀린 것은?

① 식후에 손가락을 씻는 그릇이다.
② 핑거 푸드나 과일 등을 손으로 먹을 경우 손을 씻을 수 있도록 왼쪽에 놓는다.
③ 음료수로 먹을 수 있게 생수로 준비한다.
④ 작은 그릇에 꽃잎이나 레몬을 띄운다.

14 전채요리의 콩디망(Condiments)이 아닌 것은?

① 오일 비네그레트(Oil vinaigrette)
② 비스크(Bisque)
③ 토마토 살사(Tomato salsa)
④ 마요네즈(Mayonnaise)

15 식품위생법상 조리사를 두어야 하는 영업장은?

① 유흥주점 ② 단란주점
③ 일반레스토랑 ④ 복어조리점

16 불포화지방산을 포화지방산으로 변화시키는 경화유에는 어떤 물질이 첨가되는가?

① 산소 ② 수소
③ 질소 ④ 칼슘

17 치즈 제품을 굳기에 따라 구분할 때 일반적으로 가장 경도가 높은 것은?

① 체다 치즈(Cheddar Cheese)
② 블루 치즈(Blue Cheese)
③ 까망베르 치즈(Camembert Cheese)
④ 크림 치즈(Cream Cheese)

18 식품의 수분 활성도(Aw)란?

① 식품의 수증기압과 그 온도에서의 물의 수증기압의 비
② 자유수와 결합수의 비
③ 식품의 단위시간당 수분증발량
④ 식품의 상대습도와 주위의 온도와의 비

19 녹색채소의 색소 고정에 관계하는 무기질은?

① 알루미늄(Al)
② 염소(Cl)
③ 구리(Cu)
④ 코발트(Co)

20 식품을 구성하는 성분 중 특수 성분인 것은?

① 수분
② 효소
③ 섬유소
④ 단백질

21 두부의 응고제 중 간수의 주성분은?

① KOH
② KCl
③ NaOH
④ $MgCl_2$

22 신맛 성분과 주요 소재 식품의 연결이 틀린 것은?

① 초산(Acetic Acid) – 식초
② 젖산(Lactic Acid) – 김치류
③ 구연산(Citric Acid) – 시금치
④ 주석산(Tartaric Acid) – 포도

23 카로티노이드에 대한 설명으로 옳은 것은?

① 클로로필과 공존하는 경우가 많다.
② 산화효소에 의해 쉽게 산화되지 않는다.
③ 자외선에 대해서 안정하다.
④ 물에 쉽게 용해된다.

24 **한천의 용도가 아닌 것은?**

① 훈연제품의 산화방지제
② 푸딩, 양갱의 겔화제
③ 유제품, 청량음료 등의 안정제
④ 곰팡이, 세균 등의 배지

25 **당류 가공품 중 결정형 캔디는?**

① 퐁당(Fondant)
② 캐러멜(Caramel)
③ 마쉬멜로우(Marshmellow)
④ 젤리(Jelly)

26 **우유 100g 중에 당질 5g, 단백질 3.5g, 지방 3.7g이 들어있다면 우유 170g은 몇 kcal를 내는가?**

① 114.4kcal
② 167.3kcal
③ 174.3kcal
④ 182.3kcal

27 **간장이나 된장의 착색은 주로 어떤 반응이 관계하는가?**

① 아미노카르보닐(Aminocarbonyl) 반응
② 캐러멜(Caramel)화 반응
③ 아스코르빈산(Ascorbic Acid) 산화 반응
④ 페놀(Phenol) 산화 반응

28 **검정콩밥을 섭취하면 쌀밥을 먹었을 때보다 쌀에서 부족한 어떤 영양소를 보충할 수 있는가?**

① 단백질
② 탄수화물
③ 지방
④ 비타민

29 **사과의 갈변 촉진 현상에 영향을 주는 효소는?**

① 아밀라아제(Amylase)
② 리파아제(Lipase)
③ 아스코르비나아제(Ascorbinase)
④ 폴리페놀 옥시다아제(Polyphenol Oxidase)

30 **유화액의 상태가 같은 것으로 묶여진 것은?**

① 우유, 버터, 마요네즈
② 버터, 아이스크림, 마가린
③ 크림수프, 마가린, 마요네즈
④ 우유, 마요네즈, 아이스크림

31 **삼치구이를 하려고 한다. 정미중량 60g을 조리하고자 할 때 1인당 발주량은 약 얼마인가? (단, 삼치의 폐기율은 34%)**

① 43g
② 67g
③ 91g
④ 110g

32 다음 식품 중 직접 가열하는 급속해동법이 많이 이용되는 것은?

① 생선류
② 육류
③ 반조리 식품
④ 계육

33 전분의 호화와 점성에 대한 설명 중 틀린 것은?

① 곡류는 서류보다 호화온도가 높다.
② 전분의 입자가 클수록 빨리 호화된다.
③ 소금은 전분의 호화와 점도를 억제한다.
④ 산 첨가는 가수분해를 일으켜 호화를 촉진시킨다.

34 난백에 기포가 생기는 것에 영향을 주는 것은?

① 난백에 거품을 낼 때 식초를 조금 넣으면 거품이 잘 생긴다.
② 난백에 거품을 낼 때 녹인 버터를 1큰술 넣으면 거품이 잘 생긴다.
③ 머랭을 만들 때 설탕은 맨 처음에 넣는다.
④ 난백은 0℃에서 가장 안정적이고 기포가 잘 생긴다.

35 필수지방산에 속하는 것은?

① 리놀렌산
② 올레산
③ 스테아르산
④ 팔미트산

36 우유를 응고시키는 요인과 거리가 먼 것은?

① 가열
② 레닌(Rennin)
③ 산
④ 당류

37 육류의 근원섬유에 들어있으며, 근육의 수축이완에 관여하는 단백질은?

① 미오겐(Myogen)
② 미오신(Myosin)
③ 미오글로빈(Myoglobin)
④ 콜라겐(Collagen)

38 해조류에서 추출한 성분으로 식품에 점성을 주고 안정제, 유화제로서 널리 이용되는 것은?

① 알긴산(Alginic Acid)
② 펙틴(Pectin)
③ 젤라틴(Gelatin)
④ 이눌린(Inulin)

39 습열 조리법으로 조리하지 않는 것은?

① 편육　② 장조림
③ 불고기　④ 꼬리곰탕

40 햇볕에 말린 생선이나 버섯에 특히 많은 비타민은?

① 비타민 C　② 비타민 K
③ 비타민 D　④ 비타민 E

41 **어취 제거 방법에 대한 설명으로 틀린 것은?**

① 식초나 레몬즙을 이용하여 어취를 약화시킨다.
② 된장, 고추장의 흡착성은 어취 제거 효과가 있다.
③ 술을 넣으면 알코올에 의하여 어취가 더 심해진다.
④ 우유에 미리 담가두면 어취가 약화된다.

42 **밀가루로 빵을 만들 때 첨가하는 다음 물질 중 글루텐(Gluten) 형성을 도와주는 것은?**

① 설탕
② 지방
③ 중조
④ 달걀

43 **콩이나 콩나물을 삶을 때 뚜껑을 닫으면 콩 비린내 생성을 방지할 수 있다. 그 이유는?**

① 건조를 방지해서
② 산소를 차단해서
③ 색의 변화를 차단해서
④ 오래 삶을 수 있어서

44 **식품을 계량하는 방법으로 틀린 것은?**

① 밀가루 계량은 부피보다 무게가 더 정확하다.
② 흑설탕은 계량 전 체로 친 다음 계량한다.
③ 고체 지방은 계량 후 고무주걱으로 잘 긁어 옮긴다.
④ 꿀같이 점성이 있는 것은 계량컵을 이용한다.

45 **기름 성분이 하수구로 들어가는 것을 방지하기 위해 가장 바람직한 하수관의 형태는?**

① S 트랩
② P 트랩
③ 드럼
④ 그리스 트랩

46 **폐기율이 20%인 식품의 출고계수는 얼마인가?**

① 0.5
② 1.0
③ 1.25
④ 2.0

47 **일반적인 식품의 구매 방법으로 가장 옳은 것은?**

① 고등어는 2주일분을 한꺼번에 구입한다.
② 느타리버섯은 3일에 한 번씩 구입한다.
③ 쌀은 1개월분을 한꺼번에 구입한다.
④ 쇠고기는 1개월분을 한꺼번에 구입한다.

48 **스톡(Stock)의 재료에 어울리지 않는 것은?**

① 부케가르니(Bouquet Garni)
② 벨루떼(Velute)
③ 사셰 데피스(Sachet D'epices)
④ 미르포아(Mirepoix)

49 **고기의 질긴 결합조직 부위를 물과 함께 장시간 끓였을 때 연해지는 이유는?**

① 엘라스틴이 알부민으로 변화되어 용출되어서
② 엘라스틴이 젤라틴으로 변화되어 용출되어서
③ 콜라겐이 알부민으로 변화되어 용출되어서
④ 콜라겐이 젤라틴으로 변화되어 용출되어서

50 **나비넥타이 모양이고 이탈리아 중북부 롬바르디아나 에밀리아-로마냐 지역에서 유래된 파스타는?**

① 오레키에테
② 탈리아텔레
③ 링귀네
④ 파르펠레

51 **질병의 감염 경로로 틀린 것은?**

① 아메바성 이질 – 환자 · 보균자의 분변 · 음식물
② 유행성 간염 A형 – 환자 · 보균자의 분변 · 음식물
③ 폴리오 – 환자 · 보균자의 콧물과 분변 · 음식물
④ 세균성 이질 – 환자 · 보균자의 콧물 · 재채기 등의 분비물 · 음식물

52 **회복기 보균자에 대한 설명으로 옳은 것은?**

① 병원체에 감염되어 있지만 임상증상이 아직 나타나지 않은 상태의 사람
② 병원체를 몸에 지니고 있으나 겉으로는 증상이 나타나지 않는 건강한 사람
③ 질병의 임상 증상이 회복되는 시기에도 여전히 병원체를 지닌 사람
④ 몸에 세균 등 병원체를 오랫동안 보유하고 있으면서 자신은 병의 증상을 나타내지 아니하고 다른 사람에게 옮기는 사람

53 **간디스토마와 폐디스토마의 제1중간숙주를 순서대로 짝지어 놓은 것은?**

① 우렁이 – 다슬기
② 잉어 – 가재
③ 사람 – 가재
④ 붕어 – 참게

54 **다음 감염병 중 바이러스(Virus)가 병원체인 것은?**

① 세균성 이질
② 폴리오
③ 파라티푸스
④ 장티푸스

55 **음의 강도(음압)의 단위는?**

① Decibel
② phon
③ Sone
④ Hertz

56 만성감염병과 비교할 때 급성감염병의 역학적 특성은?

① 발생률은 낮고 유병률은 높다.
② 발생률은 높고 유병률은 낮다.
③ 발생률과 유병률이 모두 높다.
④ 발생률과 유병률이 모두 낮다.

57 집단 감염이 잘 되며 항문 부위의 소양증을 유발하는 기생충은?

① 회충
② 구충
③ 요충
④ 간흡충

58 중독될 경우 소변에서 코프로포르피린(Copro-porphyrin)이 검출될 수 있는 중금속은?

① 철(Fe)
② 크롬(Cr)
③ 납(Pb)
④ 시안화합물(CN)

59 자외선의 작용과 거리가 먼 것은?

① 피부암 유발
② 관절염 유발
③ 살균 작용
④ 비타민 D 형성

60 물의 자정 작용에 해당되지 않는 것은?

① 희석 작용
② 침전 작용
③ 소독 작용
④ 산화 작용

해설과 따로 보는 **최신 기출문제 02회**

<table>
<tr><td rowspan="2">양식조리기능사</td><td>소요 시간</td><td>문항 수</td></tr>
<tr><td>1시간</td><td>총 60문항</td></tr>
</table>

수험번호 : ____________________

성　　명 : ____________________

정답 & 해설 ▶ 1-291쪽

01 우리나라에서 허가된 발색제가 아닌 것은?

① 아질산나트륨

② 황산제일철

③ 질산칼륨

④ 아질산칼륨

02 다환방향족 탄화수소이며, 훈제육이나 태운 고기에서 다량 검출되는 발암 작용을 일으키는 것은?

① 질산염

② 알코올

③ 벤조피렌

④ 포름알데히드

03 에탄올 발효 시 생성되는 메탄올의 가장 심각한 중독 증상은?

① 구토

② 경기

③ 실명

④ 환각

04 식품의 변질 현상에 대한 설명 중 틀린 것은?

① 통조림 식품의 부패에 관여하는 세균에는 내열성인 것이 많다.

② 우유의 부패 시 세균류가 관계하여 적변을 일으키기도 한다.

③ 식품의 부패에는 대부분 한 종류의 세균이 관계한다.

④ 가금육은 주로 저온성 세균이 주된 부패균이다.

05 일반적으로 식품 1g 중 생균수가 약 얼마 이상일 때 초기 부패로 판정하는가?

① 10^2개

② 10^4개

③ 10^7개

④ 10^{15}개

06 독소형 세균성 식중독으로 짝지어진 것은?

① 살모넬라 식중독, 장염비브리오 식중독

② 리스테리아 식중독, 복어독 식중독

③ 황색포도상구균 식중독, 클로스트리디움 보툴리늄균 식중독

④ 맥각독 식중독, 콜리균 식중독

07 복어독 중독의 치료법으로 적합하지 않은 것은?

① 호흡 촉진제 투여
② 진통제 투여
③ 위세척
④ 최토제 투여

08 식품 취급자의 화농성 질환에 의해 감염되는 식중독은?

① 살모넬라 식중독
② 황색포도상구균 식중독
③ 장염비브리오 식중독
④ 병원성대장균 식중독

09 과실류, 채소류 등 식품의 살균 목적으로 사용되는 것은?

① 초산비닐수지(Polyvinyl Acetate)
② 이산화염소(Chlorine Dioxide)
③ 규소수지(Silicone Resin)
④ 차아염소산나트륨(Sodium Hypochlorite)

10 다음 중 내인성 위해 식품은?

① 지나치게 구운 생선
② 푸른곰팡이에 오염된 쌀
③ 싹이 튼 감자
④ 농약을 많이 뿌린 채소

11 전채 요리의 특징으로 맞는 것은?

① 적당한 신맛, 단맛, 짠맛, 쓴맛으로 만든다.
② 전채 요리는 다량으로 만든다.
③ 전채 요리는 식사의 시작이며 모양과 색채, 맛이 어우러져 예술작품을 만든다.
④ 통일감을 위해 주요리에 사용되는 재료와 반복된 조리법을 사용한다.

12 우리나라 식품 위생법의 목적과 거리가 먼 것은?

① 식품으로 인한 위생상의 위해 방지
② 식품 영양의 질적 향상 도모
③ 국민 보건의 증진에 이바지
④ 부정 식품 제조에 대한 가중 처벌

13 식품위생법상에서 정의하는 '집단급식소'에 대한 정의로 옳은 것은?

① 영리를 목적으로 하는 모든 급식 시설을 일컫는 용어이다.
② 영리를 목적으로 하지 않고 비정기적으로 1개월에 1회씩 음식물을 공급하는 급식 시설도 포함된다.
③ 영리를 목적으로 하지 아니하면서 특정 다수인에게 계속하여 음식을 공급하는 급식 시설을 말한다.
④ 영리를 목적으로 하지 않고 계속적으로 불특정 다수인에게 음식물을 공급하는 급식 시설을 말한다.

14 식품위생법상 식품위생감시원의 직무가 아닌 것은?

① 영업소의 폐쇄를 위한 간판 제거 등의 조치
② 영업의 건전한 발전과 공동의 이익을 도모하는 조치
③ 영업자 및 종업원의 건강 진단 및 위생 교육의 이행 여부의 확인, 지도
④ 조리사 및 영양사의 법령 준수사항 이행 여부의 확인, 지도

15 식품위생법상 영업 신고를 하지 않는 업종은?

① 즉석 판매 제조, 가공업
② 양곡관리법에 따른 양곡가공업 중 도정업
③ 식품운반법
④ 식품소분, 판매업

16 마이야르(Maillard) 반응에 영향을 주는 인자가 아닌 것은?

① 수분
② 온도
③ 당의 종류
④ 효소

17 다음 중 쌀 가공 식품이 아닌 것은?

① 현미
② 강화미
③ 팽화미
④ α-화미

18 다음 중 발효 식품은?

① 치즈
② 수정과
③ 사이다
④ 우유

19 채소와 과일의 가스 저장(CA 저장) 시 필수 요건이 아닌 것은?

① pH 조절
② 기체의 조절
③ 냉장 온도 유지
④ 습도 유지

20 단백질에 관한 설명 중 옳은 것은?

① 인단백질은 단순단백질에 인산이 결합한 단백질이다.
② 지단백질은 단순단백질에 당이 결합한 단백질이다.
③ 당단백질은 단순단백질에 지방이 결합한 단백질이다.
④ 핵단백질은 단순단백질 또는 복합단백질이 화학적 또는 산소에 의해 변화된 단백질이다.

21 한천의 용도가 아닌 것은?

① 훈연 제품의 산화방지제
② 푸딩, 양갱 등의 젤화제
③ 유제품, 청량 음료 등의 안정제
④ 곰팡이, 세균 등의 배지

22 **식품의 수분활성도(Aw)에 대한 설명으로 틀린 것은?**

① 식품이 나타내는 수증기압과 순수한 물의 수증기압의 비를 말한다.
② 일반적인 식품의 Aw 값은 1보다 크다.
③ Aw의 값이 작을수록 미생물의 이용이 쉽지 않다.
④ 어패류의 Aw는 0.99~0.98 정도이다.

23 **장기간의 식품 보존 방법과 가장 관계가 먼 것은?**

① 배건법
② 염장법
③ 산저장법(초지법)
④ 냉장법

24 **대표적인 콩 단백질인 글로불린(Globulin)이 가장 많이 함유하고 있는 성분은?**

① 글리시닌(Glycinin)
② 알부민(Albumin)
③ 글루텐(Gluten)
④ 제인(Zein)

25 **라면류, 건빵류, 비스킷 등은 상온에서 비교적 장시간 저장해 두어도 노화가 잘 일어나지 않는데, 그 주된 이유는?**

① 낮은 수분 함량
② 낮은 pH
③ 높은 수분 함량
④ 높은 pH

26 **신맛 성분에 유기산인 아미노기($-NH_2$)가 있으면 어떤 맛이 가해진 산미가 되는가?**

① 단맛　　② 신맛
③ 쓴맛　　④ 짠맛

27 **유지의 발연점에 영향을 주는 인자와 거리가 먼 것은?**

① 용해도
② 유리지방산의 함량
③ 노출된 유지의 표면적
④ 불순물의 함량

28 **다음 당류 중 단맛이 가장 약한 것은?**

① 포도당　　② 과당
③ 맥아당　　④ 설탕

29 **다음 쇠고기 성분 중 일반적으로 살코기에 비해 간에 특히 더 많은 것은?**

① 비타민 A, 무기질
② 단백질, 전분
③ 섬유소, 비타민 C
④ 전분, 비타민 A

30 **오징어 먹물 색소의 주 색소는?**

① 안토잔틴
② 클로로필
③ 유멜라닌
④ 플라보노이드

31 급식인원이 1,000명인 단체급식소에서 1인당 60g의 풋고추조림을 주려고 한다. 발주할 풋고추의 양은? (단, 풋고추의 폐기율은 9%이다.)

① 55kg
② 60kg
③ 66kg
④ 68kg

32 단체급식이 갖는 운영상의 문제점이 아닌 것은?

① 단시간 내에 다량의 음식조리
② 식중독 등 대형 위생사고
③ 대량구매로 인한 재고관리
④ 적온 급식의 어려움으로 음식의 맛 저하

33 완두콩을 조리할 때 정량의 황산구리를 첨가하면 특히 어떤 효과가 있는가?

① 비타민이 보강된다.
② 무기질이 보강된다.
③ 냄새를 보유할 수 있다.
④ 녹색을 보유할 수 있다.

34 미르포아는 양파, 당근, 셀러리의 혼합물이다. 적절한 비율은?

① 1:1:1
② 1:2:4
③ 1:1:2
④ 2:1:1

35 생크림 등을 넣고 모양을 내어 짜는 용도이고 전채 요리 중 스터프트 에그(Stuffed Egg)를 만들 때 사용하는 것은?

① Pastry Bag
② Skimmer
③ Egg Slicer
④ Skewer

36 스프레드 재료로 적합하지 않은 것은?

① 마요네즈
② 발사믹 크림
③ 토마토 페이스트
④ 타파나드

37 채소를 세척하는 방법으로 틀린 것은?

① 충분한 물에 야채에 묻어 있는 흙이나 모래를 깨끗이 씻어낸다.
② 충분히 잠겨진 물에 야채를 씻는 것이 효과적이다.
③ 씻은 채소는 3~5℃ 정도의 차가운 물에 30분 정도 담가 놓는다.
④ 어린잎, 여린 채소들은 상온의 물에 담가 사용하는 것이 좋다.

38 난백으로 거품을 만들 때의 설명으로 옳은 것은?

① 레몬즙을 1~2방울 떨어뜨리면 거품 형성을 용이하게 한다.
② 지방은 거품 형성을 용이하게 한다.
③ 소금은 거품의 안정성에 기여한다.
④ 묽은 달걀보다 신선란이 거품 형성을 용이하게 한다.

39 다음 중 간장의 지미 성분은?

① 포도당(Glucose)
② 전분(Starch)
③ 글루탐산(Glutamic Acid)
④ 아스코르빈산(Ascorbic Acid)

40 바닷가재, 새우 등의 갑각류를 이용한 부드러운 수프의 이름은?

① 가스파초(Gazpacho)
② 비시스와즈(Vichyssoise)
③ 차우더(Chowder)
④ 비스크(Bisque)

41 식품의 구매 방법으로 필요한 품목, 수량을 표시하여 업자에게 견적서를 제출받고 품질이나 가격을 검토한 후 낙찰자를 정하여 계약을 체결하는 것은?

① 수의계약
② 경쟁입찰
③ 대량구매
④ 계약구입

42 떡의 노화를 방지할 수 있는 방법이 아닌 것은?

① 찹쌀가루의 함량을 높인다.
② 설탕의 첨가량을 늘인다.
③ 급속 냉동시켜 보관한다.
④ 수분 함량을 30~60%로 유지한다.

43 우유에 산을 넣으면 응고물이 생기는데 이 응고물의 주체는?

① 유당
② 레닌
③ 카제인
④ 유지방

44 작은 귀라는 의미로, 반죽을 원통형으로 만들어 자르고 엄지손가락으로 눌러 모양을 만들거나 날카롭지 않은 칼 같은 도구를 이용해 만드는 파스타 명칭은?

① 오레키에테
② 탈리아텔레
③ 링귀네
④ 파르펠레

45 육류 조리 과정 중 색소의 변화 단계가 바르게 연결된 것은?

① 미오글로빈 – 메트미오글로빈 – 옥시미오글로빈 – 헤마틴
② 메트미오글로빈 – 옥시미오글로빈 – 미오글로빈 – 헤마틴
③ 미오글로빈 – 옥시미오글로빈 – 메트미오글로빈 – 헤마틴
④ 옥시미오글로빈 – 메트미오글로빈 – 미오글로빈 – 헤마틴

46 머랭을 만들고자 할 때 설탕 첨가는 어느 단계에 하는 것이 가장 효과적인가?

① 처음 젓기 시작할 때
② 거품이 생기려고 할 때
③ 충분히 거품이 생겼을 때
④ 거품이 없어졌을 때

47 마요네즈를 만들 때 기름의 분리를 막아주는 것은?

① 난황
② 난백
③ 소금
④ 식초

48 고체화한 지방을 여과 처리하는 방법으로 샐러드유 제조 시 이용되며, 유화 상태를 유지하기 위한 가공 처리 방법은?

① 용출 처리
② 동유 처리
③ 정세 처리
④ 경화 처리

49 주방의 바닥 조건으로 맞는 것은?

① 산이나 알칼리에 약하고 습기, 열에 강해야 한다.
② 바닥 전체의 물매는 1/20이 적당하다.
③ 조리 작업을 드라이 시스템화 할 경우의 물매는 1/100 정도가 적당하다.
④ 고무 타일, 합성 수지 타일 등이 잘 미끄러지지 않으므로 적당하다.

50 다음 중 돼지고기에만 존재하는 부위명은?

① 사태살
② 갈매기살
③ 채끝살
④ 안심살

51 상수도와 관계된 보건 문제가 아닌 것은?

① 수도열
② 반상치
③ 레이노드병
④ 수인성 감염병

52 규폐증과 관계가 먼 것은?

① 유리규산
② 암석가공업
③ 골연화증
④ 폐조직의 섬유화

53 감염병 관리상 환자의 격리를 요하지 않는 것은?

① 콜레라
② 디프테리아
③ 파상풍
④ 장티푸스

54 ( ) 안에 차례대로 들어갈 알맞은 내용은?

> 생물화학적 산소요구량(BOD)은 일반적으로 ( ) 을 ( )에서 ( )간 안정화 시키는 데 소비한 산소량을 말한다.

① 무기 물질, 15℃, 5일
② 무기 물질, 15℃, 7일
③ 유기 물질, 20℃, 5일
④ 유기 물질, 20℃, 7일

55 실내 공기의 오염지표로 사용되는 것은?
① 일산화탄소
② 이산화탄소
③ 질소
④ 오존

56 수인성 감염병의 특징을 설명한 것 중 틀린 것은?
① 단시간에 다수의 환자가 발생한다.
② 환자의 발생은 그 급수지역과 관계가 깊다.
③ 발생률이 남녀노소, 성별, 연령별로 차이가 크다.
④ 오염원의 제거로 일시에 종식될 수 있다.

57 기생충과 인체감염원인 식품의 연결이 틀린 것은?
① 유구조충 – 돼지고기
② 무구조충 – 쇠고기
③ 동양모양선충 – 민물고기
④ 아니사키스 – 바다생선

58 감염병 발생의 3대 요인이 아닌 것은?
① 예방접종
② 환경
③ 숙주
④ 병인

59 기생충에 오염된 논, 밭에서 맨발로 작업할 때 감염될 수 있는 가능성이 가장 높은 것은?
① 간흡충
② 폐흡충
③ 구충
④ 광절열두조충

60 4대 온열 요소에 속하지 않은 것은?
① 기류
② 기압
③ 기습
④ 복사열

해설과 따로 보는 **최신 기출문제 03회**

양식조리기능사	소요 시간	문항 수
	1시간	총 60문항

수험번호 : ______________________

성　　명 : ______________________

정답 & 해설 ▶ 1-294쪽

01 **칼슘(Ca)과 인(P)의 대사 이상을 초래하여 골연화증을 유발하는 유해 금속은?**

① 철(Fe)

② 카드뮴(Cd)

③ 은(Ag)

④ 주석(Sn)

02 **미생물학적으로 식품 1g당 세균수가 얼마일 때 초기 부패 단계로 판정하는가?**

① $10^3 \sim 10^4$

② $10^4 \sim 10^5$

③ $10^7 \sim 10^8$

④ $10^{12} \sim 10^{13}$

03 **혐기 상태에서 생산된 독소에 의해 신경 증상이 나타나는 세균성 식중독은?**

① 황색포도상구균 식중독

② 클로스트리디움 보툴리늄 식중독

③ 장염비브리오 식중독

④ 살모넬라 식중독

04 **식품과 독성분이 잘못 연결된 것은?**

① 감자 – 솔라닌(Solanine)

② 조개류 – 삭시톡신(Saxitoxin)

③ 독미나리 – 베네루핀(Venerupin)

④ 복어 – 테트로도톡신(Tetrodotoxin)

05 **식품첨가물의 사용 목적과 이에 따른 첨가물의 종류가 바르게 연결된 것은?**

① 식품의 영양 강화를 위한 것 – 착색료

② 식품의 관능을 만족시키기 위한 것 – 조미료

③ 식품의 변질이나 변패를 방지하기 위한 것 – 감미료

④ 식품의 품질을 개량하거나 유지하기 위한 것 – 신미료

06 **다음 식품첨가물 중 주요 목적이 다른 것은?**

① 과산화벤조일

② 과황산암모늄

③ 이산화염소

④ 아질산나트륨

07 **식품의 변화 현상에 대한 설명 중 틀린 것은?**

① 산패 : 유지 식품의 지방질 산화
② 발효 : 화학 물질에 의한 유기 화합물의 분해
③ 변질 : 식품의 품질 저하
④ 부패 : 단백질과 유기물이 부패 미생물에 의해 분해

08 **바이러스에 의한 감염이 아닌 것은?**

① 폴리오
② 인플루엔자
③ 장티푸스
④ 유행성 감염

09 **통조림 식품의 통조림관에서 유래될 수 있는 식중독 원인 물질은?**

① 카드뮴
② 주석
③ 페놀
④ 수은

10 **곰팡이의 대사산물에 의해 질병이나 생리 작용에 이상을 일으키는 원인이 아닌 것은?**

① 청매 중독
② 아플라톡신 중독
③ 황변미 중독
④ 오크라톡신 중독

11 **식품위생법상 위해 식품 등의 판매 등 금지내용이 아닌 것은?**

① 불결하거나 다른 물질이 섞이거나 첨가된 것으로 인체의 건강을 해칠 우려가 있는 것
② 유독 · 유해 물질이 들어있으나 식품의약품안전처장이 인체의 건강을 해할 우려가 없다고 인정한 것
③ 병원 미생물에 의하여 오염되었거나 그 염려가 있어 인체의 건강을 해칠 우려가 있는 것
④ 썩거나 상하거나 설익어서 인체의 건강을 해칠 우려가 있는 것

12 **식품, 식품첨가물, 기구 또는 용기 · 포장의 위생적 취급에 관한 기준을 정하는 것은?**

① 식품의약품안전처
② 농림수산식품부령
③ 고용노동부령
④ 환경부령

13 **식품위생법규상 무상수거 대상 식품은?**

① 도 · 소매업소에서 판매하는 식품 등을 시험검사용으로 수거할 때
② 식품 등의 기준 및 규격 제정을 위한 참고용으로 수거할 때
③ 식품 등을 검사할 목적으로 수거할 때
④ 식품 등의 기준 및 규격 개정을 위한 참고용으로 수거할 때

14 식품위생법상 명시된 영업의 종류에 포함되지 않는 것은?

① 식품조사처리업
② 식품접객업
③ 즉석판매제조 · 가공업
④ 먹는샘물제조업

15 식품위생법상 조리사 면허를 받을 수 없는 사람은?

① 미성년자
② 마약 중독자
③ B형간염 환자
④ 조리사 면허의 취소 처분을 받고 그 취소된 날부터 1년이 지난 자

16 결합수의 특성으로 옳은 것은?

① 식품 조직을 압착하여도 제거되지 않는다.
② 점성이 크다.
③ 미생물의 번식과 발아에 이용된다.
④ 보통의 물보다 밀도가 작다.

17 사과, 바나나, 파인애플 등의 주요 향미 성분은?

① 에스테르(Ester)류
② 고급지방산류
③ 유황화합물류
④ 퓨란(Furan)류

18 다당류에 속하는 탄수화물은?

① 펙틴
② 포도당
③ 과당
④ 갈락토오스

19 알코올 1g당 열량산출 기준은?

① 0kcal
② 4kcal
③ 7kcal
④ 9kcal

20 유지를 가열하면 점차 점도가 증가하게 되는데 이것은 유지 분자들의 어떤 반응 때문인가?

① 산화 반응
② 열분해 반응
③ 중합 반응
④ 가수분해 반응

21 젤라틴과 관계없는 것은?

① 양갱
② 족편
③ 아이스크림
④ 젤리

22 다음 중 일반적으로 꽃 부분을 주요 식용 부위로 하는 화채류는?

① 비트(Beets)
② 파슬리(Parsley)
③ 브로콜리(Broccoli)
④ 아스파라거스(Asparagus)

23 색소 성분의 변화에 대한 설명 중 맞는 것은?

① 엽록소는 알칼리성에서 갈색화
② 플라본 색소는 알칼리성에서 황색화
③ 안토시안 색소는 산성에서 청색화
④ 카로틴 색소는 산성에서 흰색화

24 칼슘과 단백질의 흡수를 돕고 정장 효과가 있는 것은?

① 설탕
② 과당
③ 유당
④ 맥아당

25 두부를 만들 때 간수에 의해 응고되는 것은 단백질의 변성 중 무엇에 의한 변성인가?

① 산
② 효소
③ 염류
④ 동결

26 호화와 노화에 관한 설명 중 틀린 것은?

① 전분의 가열 온도가 높을수록 호화 시간이 빠르며, 점도는 낮아진다.
② 전분 입자가 크고 지질 함량이 많을수록 빨리 호화된다.
③ 수분 함량이 0~60%, 온도가 0~4℃일 때 전분의 노화는 쉽게 일어난다.
④ 60℃ 이상에서는 노화가 잘 일어나지 않는다.

27 쓴 약을 먹은 직후 물을 마시면 단맛이 나는 것처럼 느끼게 되는 현상은?

① 변조 현상
② 소실 현상
③ 대비 현상
④ 미맹 현상

28 오이나 배추의 녹색이 김치를 담갔을 때 점차 갈색을 띄게 되는 것은 어떤 색소의 변화 때문인가?

① 카로티노이드(Carotenoid)
② 클로로필(Chlorophyll)
③ 안토시아닌(Anthocyanin)
④ 안토잔틴(Anthoxanthin)

29 가공 치즈(Processed Cheese)의 설명으로 틀린 것은?

① 자연 치즈에 유화제를 가하여 가열한 것이다.
② 일반적으로 자연 치즈보다 저장성이 높다.
③ 약 85℃에서 살균하여 Pasteur ized Cheese라고도 한다.
④ 가공 치즈는 매일 지속적으로 발효가 일어난다.

30 달걀에 가스 저장을 실시하는 가장 중요한 이유는?

① 알껍질이 매끄러워짐을 방지하기 위하여
② 알껍질의 이산화탄소 발산을 억제하기 위하여
③ 알껍질의 수분 증발을 방지하기 위하여
④ 알껍질의 기공을 통한 미생물 침입을 방지하기 위하여

31 굵은 소금이라고도 하며, 오이지를 담글 때나 김장 배추를 절이는 용도로 사용하는 소금은?

① 천일염
② 재제염
③ 정제염
④ 꽃소금

32 제품의 제조를 위하여 소비된 노동의 가치를 말하며 임금, 수당, 복리 후생비 등이 포함되는 것은?

① 노무비 ② 재료비
③ 경비 ④ 훈련비

33 국이나 전골 등에 국물 맛을 독특하게 내는 조개류의 성분은?

① 요오드
② 주석산
③ 구연산
④ 호박산

34 우유에 대한 설명으로 틀린 것은?

① 시판되고 있는 전유는 유지방 함량이 3.0% 이상이다.
② 저지방우유는 유지방을 0.1% 이하로 낮춘 우유이다.
③ 유당소화장애증이 있으면 유당을 분해한 우유를 이용한다.
④ 저염우유란 전유 속의 Na(나트륨)을 K(칼륨)과 교환시킨 우유를 말한다.

35 냉동식품의 조리에 대한 설명 중 틀린 것은?

① 쇠고기의 드립(Drip)을 막기 위해 높은 온도에서 빨리 해동하여 조리한다.
② 채소류는 가열 처리가 되어 있어 조리하는 시간이 절약된다.
③ 조리된 냉동식품은 녹기 직전에 가열한다.
④ 빵, 케이크는 실내 온도에서 자연 해동한다.

36 다음 중 조리용 기기 사용이 틀린 것은?

① 필러(Peeler) : 감자, 당근 껍질 벗기기
② 슬라이서(Slicer) : 쇠고기 갈기
③ 세미기 : 쌀의 세척
④ 믹서 : 재료의 혼합

37 이탈리아 리구리아를 대표하는 소스로 주재료를 절구로 으깨거나 도마 위에서 다져서 만들기도 하고 믹서기에 갈아서 만들기도 한다. 이 소스의 이름은?

① 볼로네즈 소스
② 라구 소스
③ 바질페스토
④ 미네스트로니

38 밀리아 로마냐 주의 파르마가 원산지로 1년 이상 숙성하거나 고급 제품은 4년 정도 숙성시켜 만들고 조각을 내어 식후에 먹거나 파스타에 갈아 넣는 치즈 이름은?

① 파르미지아노 레지아노 치즈
② 그라나 파다노 치즈
③ 페코리노 치즈
④ 모짜렐라 치즈

39 식빵에 버터를 펴서 바를 때처럼 버터에 힘을 가한 후 그 힘을 제거해도 원래 상태로 돌아오지 않고 변형된 상태로 유지하는 성질은?

① 유화성
② 가소성
③ 쇼트닝성
④ 크리밍성

40 쇠고기 부위 중 결체 조직이 많아 구이에 가장 부적당한 것은?

① 등심 ② 갈비
③ 사태 ④ 채끝

41 버터나 마가린의 계량 방법으로 가장 옳은 것은?

① 냉장고에서 꺼내어 계량컵에 눌러 담은 후 윗면을 직선으로 된 칼로 깎아 계량한다.
② 실온에서 부드럽게 하여 계량컵에 담아 계량한다.
③ 실온에서 부드럽게 하여 계량컵에 눌러 담은 후 윗면을 직선으로 된 칼로 깎아 계량한다.
④ 냉장고에서 꺼내어 계량컵의 눈금까지 담아 계량한다.

42 무나 양파를 오랫동안 익힐 때 색을 희게 하려면 다음 중 무엇을 첨가하는 것이 가장 좋은가?

① 소금
② 소다
③ 생수
④ 식초

43 생선을 껍질이 있는 상태로 구울 때 껍질이 수축되는 주원인 물질과 그 처리 방법은?

① 생선살의 색소 단백질, 소금에 절이기
② 생선살의 염용성 단백질, 소금에 절이기
③ 생선 껍질의 지방, 껍질에 칼집 넣기
④ 생선 껍질의 콜라겐, 껍질에 칼집 넣기

44 **육류 조리에 대한 설명으로 틀린 것은?**

① 탕 조리 시 찬물에 고기를 넣고 끓여야 추출물이 최대한 용출된다.
② 장조림 조리 시 간장을 처음부터 넣으면 고기가 단단해지고 잘 찢기지 않는다.
③ 편육 조리 시 찬물에 넣고 끓여야 잘 익은 고기 맛이 좋다.
④ 불고기용으로는 결합 조직이 되도록 적은 부위가 적당하다.

45 **다음 중 영양소의 손실이 가장 큰 조리법은?**

① 바삭바삭한 튀김을 위해 튀김옷에 중조를 첨가한다.
② 푸른 채소를 데칠 때 약간의 소금을 첨가한다.
③ 감자를 껍질째 삶은 후 절단한다.
④ 쌀을 담가놓았던 물을 밥물로 사용한다.

46 **버터로 만든 유지 소스는?**

① 마요네즈와 비네그레트
② 홀랜다이즈와 베르블랑
③ 커스터드와 마요네즈
④ 베르블랑과 비네그레트

47 **마요네즈에 대한 설명으로 틀린 것은?**

① 식초는 산미를 주고, 방부성을 부여한다.
② 마요네즈를 만들 때 너무 빨리 저어주면 분리되므로 주의한다.
③ 사용되는 기름은 냄새가 없고, 고도로 분리 정제가 된 것을 사용한다.
④ 새로운 난황에 분리된 마요네즈를 조금씩 넣으면서 저어주면, 마요네즈 재생이 가능하다.

48 **조절 영양소가 비교적 많이 함유된 식품으로 구성된 것은?**

① 시금치, 미역, 귤
② 쇠고기, 달걀, 두부
③ 두부, 감자, 쇠고기
④ 쌀, 감자, 밀가루

49 **소금 절임 시 저장성이 좋아지는 이유는?**

① pH가 낮아져 미생물이 살아갈 수 없는 환경이 조성된다.
② pH가 높아져 미생물이 살아갈 수 없는 환경이 조성된다.
③ 고삼투성에 의한 탈수 효과에 미생물의 생육이 억제된다.
④ 저삼투성에 의한 탈수 효과로 미생물의 생육이 억제된다.

50 성인 여자의 1일 필요 열량을 2,000kcal라고 가정할 때, 이 중 15%를 단백질로 섭취할 경우 동물성 단백질의 섭취량은? (단, 동물성 단백질량은 일일단백질양의 1/3로 계산한다.)

① 25g ② 35g
③ 75g ④ 100g

51 인공능동면역의 방법에 해당하지 않는 것은?

① 생균 백신 접종
② 글로불린 접종
③ 사균 백신 접종
④ 순화독소 접종

52 주로 동물성 식품에서 기인하는 기생충은?

① 구충
② 회충
③ 동양모양선충
④ 유구조충

53 인구정지형으로 출생률과 사망률이 모두 낮은 인구형은?

① 피라미드형
② 별형
③ 항아리형
④ 종형

54 공기의 자정 작용과 관계가 없는 것은?

① 희석 작용
② 세정 작용
③ 환원 작용
④ 살균 작용

55 〈예비 처리 – 본 처리 – 오니처리〉 순서로 진행되는 것은?

① 하수 처리
② 쓰레기 처리
③ 상수도 처리
④ 지하수 처리

56 이산화탄소(CO_2)를 실내 공기의 오탁지표로 사용하는 가장 주된 이유는?

① 유독성이 강하므로
② 실내 공기 조성의 전반적인 상태를 알 수 있으므로
③ 일산화탄소로 변화되므로
④ 항상 산소량과 반비례하므로

57 폐기물 관리법에서 소각로 소각법의 장점으로 틀린 것은?

① 위생적인 방법으로 처리할 수 있다.
② 다이옥신(Dioxin)의 발생이 없다.
③ 잔류물이 적어 매립하기에 적당하다.
④ 매립법에 비해 설치 면적이 적다.

58 진동이 심한 작업을 하는 사람에게 국소진동 장애로 생길 수 있는 직업병은?

① 진폐증
② 파킨슨씨병
③ 잠함병
④ 레이노드병

59 조명이 불충분할 때는 시력 저하, 눈의 피로를 일으키고 지나치게 강렬할 때는 어두운 곳에서 암순응능력을 저하시키는 태양 광선은?

① 전자파
② 자외선
③ 적외선
④ 가시광선

60 감수성지수(접촉감염지수)가 가장 높은 감염병은?

① 폴리오
② 홍역
③ 백일해
④ 디프테리아

해설과 따로 보는 최신 기출문제 04회

양식조리기능사	소요 시간	문항 수
	1시간	총 60문항

수험번호 : ______________

성 명 : ______________

정답 & 해설 ▶ 1-297쪽

01 중금속에 의한 중독과 증상을 바르게 연결한 것은?

① 납 중독 – 빈혈 등의 조혈장애
② 수은 중독 – 골연화증
③ 카드뮴 중독 – 흑피증, 각화증
④ 비소 중독 – 사지마비, 보행장애

02 HACCP의 의무적용 대상 식품에 해당하지 않는 것은?

① 빙과류
② 비가열 음료
③ 껌류
④ 레토르트 식품

03 식품첨가물 중 보존료의 목적을 가장 잘 표현한 것은?

① 산도 조절
② 미생물에 의한 부패 방지
③ 산화에 의한 변패 방지
④ 가공 과정에서 파괴되는 영양소 보충

04 식품에 다음과 같은 현상이 나타났을 때 품질 저하와 관계가 먼 것은?

① 생선의 휘발성 염기질소량 증가
② 콩단백질의 금속염에 의한 응고 현상
③ 쌀의 황색 착색
④ 어두운 곳에서 어육 연제품의 인광 발생

05 미숙한 매실이나 살구 씨에 존재하는 독성분은?

① 라이코린
② 하이오사이어마인
③ 리신
④ 아미그달린

06 내열성이 강한 아포를 형성하며 식품의 부패 식중독을 일으키는 혐기성 균은?

① 리스테리아속
② 비브리오속
③ 살모넬라속
④ 클로스트리디움속

07 **식품첨가물이 갖추어야 할 조건으로 옳지 않은 것은?**

① 식품에 나쁜 영향을 주지 않을 것
② 다량 사용하였을 때 효과가 나타날 것
③ 상품의 가치를 향상시킬 것
④ 식품 성분 등에 의해서 그 첨가물을 확인할 수 있을 것

08 **황색포도상구균에 의한 식중독 예방 대책으로 적합한 것은?**

① 토양의 오염을 방지하고 특히 통조림의 살균을 철저히 해야 한다.
② 쥐나 곤충 및 조류의 접근을 막아야 한다.
③ 어패류를 저온에서 보존하며 생식하지 않는다.
④ 화농성질환자의 식품 취급을 금지한다.

09 **껌 기초제로 사용되며 피막제로도 사용되는 식품첨가물은?**

① 초산비닐수지
② 에스테르검
③ 폴리이소부틸렌
④ 폴리소르베이트

10 **부패가 진행됨에 따라 식품은 특유의 부패취를 내는데 그 성분이 아닌 것은?**

① 아민류
② 아세톤
③ 황화수소
④ 인돌

11 **출입 · 검사 · 수거 등에 관한 사항 중 틀린 것은?**

① 식품의약품안전처장은 검사에 필요한 최소량의 식품 등을 무상으로 수거하게 할 수 있다.
② 출입 · 검사 · 수거 또는 장부 열람을 하고자 하는 공무원은 그 권한을 표시하는 증표를 지녀야 하며 관계인에게 이를 내보여야 한다.
③ 시장 · 군수 · 구청장은 필요에 따라 영업을 하는 자에 대하여 필요한 서류나 그 밖의 자료의 제출 요구를 할 수 있다.
④ 행정 응원의 절차, 비용 부담 방법 그 밖에 필요한 사항은 검사를 실시하는 담당 공무원이 임의로 정한다.

12 **식품위생법상 식품 위생의 대상이 되지 않는 것은?**

① 식품 및 식품첨가물
② 의약품
③ 식품, 용기 및 포장
④ 식품, 기구

13 **총리령이 정하는 위생 등급 기준에 따라 위생 관리 상태 등이 우수한 집단 급식소를 우수 업소 또는 모범 업소로 지정할 수 없는 자는?**

① 식품의약품안전처장
② 보건환경연구원장
③ 시장
④ 군수

14 식품위생법상 집단 급식소에 근무하는 영양사의 직무가 아닌 것은?

① 종업원에 대한 식품 위생 교육
② 식단 작성, 검식 및 배식 관리
③ 조리사의 보수 교육
④ 급식 시설의 위생적 관리

15 식품 접객업 조리장의 시설 기준으로 적합하지 않은 것은? (단, 제과점 영업소와 관광 호텔업 및 관광 공연장업의 조리장의 경우는 제외한다.)

① 조리장은 손님이 그 내부를 볼 수 있는 구조로 되어 있어야 한다.
② 조리장 바닥에 배수구가 있는 경우에는 덮개를 설치하여야 한다.
③ 조리장 안에는 조리 시설 · 세척 시설 · 폐기물 용기 및 손 씻는 시설을 각각 설치하여야 한다.
④ 폐기물 용기는 수용성 또는 친수성 재질로 된 것이어야 한다.

16 어취의 성분인 트리메틸아민(TMA ; Trimethylamine)에 대한 설명 중 틀린 것은?

① 불쾌한 어취는 트리메틸아민의 함량과 비례한다.
② 수용성이므로 물로 씻으면 많이 없어진다.
③ 해수어보다 담수어에서 더 많이 생성된다.
④ 트리메틸아민 옥사이드(Trimethylamine Oxide)가 환원되어 생성된다.

17 밀가루 제품의 가공 특성에 가장 큰 영향을 미치는 것은?

① 라이신
② 글로불린
③ 트립토판
④ 글루텐

18 식품의 성분을 일반 성분과 특수 성분으로 나눌 때 특수 성분에 해당하는 것은?

① 탄수화물
② 향기 성분
③ 단백질
④ 무기질

19 식품의 효소적 갈변에 대한 설명으로 맞는 것은?

① 간장, 된장 등의 제조 과정에서 발생한다.
② 블랜칭(Blanching)에 의해 반응이 억제된다.
③ 기질은 주로 아민(Amine)류와 카르보닐(Carbonyl) 화합물이다.
④ 아스코르빈산의 산화 반응에 의한 갈변이다.

20 발효 식품이 아닌 것은?

① 두부
② 식빵
③ 치즈
④ 맥주

21 카세인(Casein)이 효소에 의하여 응고되는 성질을 이용한 식품은?

① 아이스크림
② 치즈
③ 버터
④ 크림수프

22 25g의 버터(지방 80%, 수분 20%)가 내는 열량은?

① 36kcal ② 100kcal
③ 180kcal ④ 225kcal

23 베이컨류는 돼지고기의 어느 부위를 가공한 것인가?

① 볼기 부위
② 어깨살
③ 복부육
④ 다리살

24 환원성이 없는 당은?

① 포도당(Glucose)
② 과당(Fructose)
③ 설탕(Sucrose)
④ 맥아당(Maltose)

25 홍조류에 속하는 해조류는?

① 김 ② 청각
③ 미역 ④ 다시마

26 물에 녹는 비타민은?

① 레티놀(Retinol)
② 토코페롤(Tocopherol)
③ 티아민(Thiamine)
④ 칼시페롤(Calciferol)

27 달걀에 관한 설명으로 틀린 것은?

① 흰자의 단백질은 대부분이 오보뮤신(Ovo-mucin)으로 기포성에 영향을 준다.
② 난황은 인지질인 레시틴(Lecithin), 세팔린(Cephalin)을 많이 함유한다.
③ 신선도가 떨어지면 흰자의 점성이 감소한다.
④ 신선도가 떨어지면 달걀 흰자는 알칼리성이 된다.

28 아린 맛은 어느 맛의 혼합인가?

① 신맛과 쓴맛
② 쓴맛과 단맛
③ 신맛과 떫은맛
④ 쓴맛과 떫은맛

29 유화(Emulsion)와 관련이 적은 식품은?

① 버터
② 생크림
③ 묵
④ 우유

30 **식품의 산성 및 알칼리성을 결정하는 기준 성분은?**

① 필수지방산 존재 여부
② 필수아미노산 존재 여부
③ 구성 탄수화물
④ 구성 무기질

31 **버터와 밀가루를 동량으로 섞어 브라운 그래비 소스 등 색이 짙은 소스를 만들 때 사용하며 루의 색깔이 갈색을 띄는 것을 무엇이라고 하는가?**

① 화이트 루
② 브론드 루
③ 브라운 루
④ 다크 루

32 **파스타 토마토 소스를 만드는 것으로 틀린 것은?**

① 신선하고 최상의 토마토를 고르는 것이 중요하다.
② 토마토가 제철이 아닌 경우 가공한 토마토를 사용하는 것도 무방하다.
③ 믹서기에 갈아서 사용해서 씨를 갈아야 진한 맛이 나온다.
④ 사용하는 목적에 따라 여러 가지 다른 재료를 추가할 수 있다.

33 **냉장했던 딸기의 색깔을 선명하게 보존할 수 있는 조리법은?**

① 서서히 가열한다.
② 짧은 시간에 가열한다.
③ 높은 온도로 가열한다.
④ 전자레인지에서 가열한다.

34 **버터의 특성이 아닌 것은?**

① 독특한 맛과 향기를 가져 음식에 풍미를 준다.
② 냄새를 빨리 흡수하므로 밀폐하여 저장하여야 한다.
③ 유중수적형이다.
④ 성분은 단백질이 80% 이상이다.

35 **어패류에 관한 설명 중 틀린 것은?**

① 붉은살 생선은 깊은 바다에 서식하며 지방 함량이 5% 이하이다.
② 문어, 꼴뚜기, 오징어는 연체류에 속한다.
③ 연어의 분홍살색은 카로티노이드 색소에 기인한다.
④ 생선은 자가 소화에 의하여 품질이 저하된다.

36 **호화 전분이 노화를 일으키기 어려운 조건은?**

① 온도가 0~4℃일 때
② 수분 함량이 15% 이하일 때
③ 수분 함량이 30~60%일 때
④ 전분의 아밀로오스 함량이 높을 때

37 **신선한 달걀에 대한 설명으로 옳은 것은?**

① 깨뜨려 보았을 때 난황계수가 작은 것
② 흔들어 보았을 때 진동 소리가 나는 것
③ 표면이 까칠까칠하고 광택이 없는 것
④ 수양난백의 비율이 높은 것

38 곡류의 영양 성분을 강화할 때 쓰이는 영양소가 아닌 것은?

① 비타민 B_1
② 비타민 B_2
③ Niacin
④ 비타민 B_{12}

39 강력분을 사용하지 않는 것은?

① 케이크
② 식빵
③ 마카로니
④ 피자

40 못처럼 생겨서 정향이라고도 하며 양고기, 피클, 청어절임, 마리네이드 절임 등에 이용되는 향신료는?

① 클로브
② 코리앤더
③ 캐러웨이
④ 아니스

41 다음의 육류 요리 중 영양분의 손실이 가장 적은 것은?

① 탕
② 편육
③ 장조림
④ 산적

42 유화의 형태가 나머지 셋과 다른 것은?

① 우유　② 마가린
③ 마요네즈　④ 아이스크림

43 다음은 간장의 재고 대상이다. 간장의 재고가 10병일 때 선입선출법에 의한 간장의 재고자산은 얼마인가?

입고일자	수량	단가
5일	5병	3,500원
12일	10병	3,000원
20일	8병	3,000원
27일	3병	3,500원

① 25,500원
② 26,000원
③ 31,500원
④ 35,000원

44 오징어 12kg을 45,000원에 구입하여 모두 손질한 후의 폐기율이 35%였다면 실사용량의 kg당 단가는 약 얼마인가?

① 1,666원
② 3,205원
③ 5,769원
④ 6,123원

45 음식을 제공할 때에는 온도를 고려해야 하는데, 다음 중 맛있게 느끼는 식품의 온도가 가장 높은 것은?

① 전골　② 국
③ 커피　④ 밥

46 서양 요리 조리 방법 중 습열 조리와 거리가 먼 것은?

① 브로일링(Broiling)
② 스티밍(Steaming)
③ 보일링(Boiling)
④ 시머링(Simmering)

47 육류를 끓여 국물을 만들 때 설명으로 맞는 것은?

① 육류를 오래 끓이면 근육 조직인 젤라틴이 콜라겐으로 용출되어 맛있는 국물을 만든다.
② 육류를 찬물에 넣어 끓이면 맛 성분의 용출이 잘 되어 맛있는 국물을 만든다.
③ 육류를 끓는 물에 넣고 설탕을 넣어 끓이면 맛 성분의 용출이 잘 되어 맛있는 국물을 만든다.
④ 육류를 오래 끓이면 질긴 지방 조직인 콜라겐이 젤라틴화 되어 맛있는 국물을 만든다.

48 어패류 조리 방법 중 틀린 것은?

① 조개류는 낮은 온도에서 서서히 조리하여야 단백질의 급격한 응고로 인한 수축을 막을 수 있다.
② 생선은 결체 조직의 함량이 높으므로 주로 습열 조리법을 사용해야 한다.
③ 생선 조리 시 식초를 넣으면 생선이 단단해진다.
④ 생선 조리에 사용하는 파, 마늘은 비린내 제거에 효과적이다.

49 메주용으로 대두를 단시간 내에 연하고 색이 곱도록 삶는 방법이 아닌 것은?

① 소금물에 담갔다가 그 물로 삶아준다.
② 콩을 불릴 때 연수를 사용한다.
③ 설탕물을 섞어주면서 삶아준다.
④ $NaHCO_3$ 등 알칼리성 물질을 섞어서 삶아준다.

50 급식시설별 1인 1식 사용수 양이 가장 많은 곳은?

① 학교 급식
② 병원 급식
③ 기숙사 급식
④ 사업체 급식

51 실내공기의 오염 지표인 CO_2(이산화탄소)의 실내(8시간 기준) 서한량은?

① 0.001%
② 0.01%
③ 0.1%
④ 1%

52 팬에 강한 열을 가하여 짧은 시간에 육류나 가금류의 겉만 갈색나게 지지는 방법의 조리 용어는?

① Roasting(로스팅)
② Sauteing(소테, 볶기)
③ Searing(시어링)
④ Gratinating(그레티네이팅)

53 우리나라에서 발생하는 장티푸스의 가장 효과적인 관리 방법은?

① 환경위생 철저
② 공기정화
③ 순화독소(Toxoid) 접종
④ 농약 사용 자제

54 쥐의 매개에 의한 질병이 아닌 것은?

① 쯔쯔가무시병
② 유행성출혈열
③ 페스트
④ 규폐증

55 공중보건 사업을 하기 위한 최소 단위가 되는 것은?

① 가정
② 개인
③ 시 · 군 · 구
④ 국가

56 유리규산의 분진 흡입으로 폐에 만성섬유증을 유발하는 질병은?

① 규폐증
② 철폐증
③ 면폐증
④ 농부폐증

57 수인성 감염병의 유행 특징이 아닌 것은?

① 일반적으로 성별, 연령별 이환율의 차이가 적다.
② 발생 지역이 음료수 사용 지역과 거의 일치한다.
③ 발병률과 치명률이 높다.
④ 폭발적으로 발생한다.

58 기온 역전 현상의 발생 조건은?

① 상부 기온이 하부 기온보다 낮을 때
② 상부 기온이 하부 기온보다 높을 때
③ 상부 기온과 하부 기온이 같을 때
④ 안개와 매연이 심할 때

59 녹조를 일으키는 부영양화 현상과 가장 밀접한 관계가 있는 것은?

① 황산염
② 인산염
③ 탄산염
④ 수산염

60 채소로 감염되는 기생충이 아닌 것은?

① 편충
② 회충
③ 동양모양선충
④ 사상충

해설과 따로 보는 최신 기출문제 05회

<table>
<tr><td rowspan="2">양식조리기능사</td><td>소요 시간</td><td>문항 수</td><td>수험번호 :</td></tr>
<tr><td>1시간</td><td>총 60문항</td><td>성 명 :</td></tr>
</table>

정답 & 해설 ▶ 1-300쪽

01 식육 및 어육 등의 가공육제품의 육색을 안전하게 유지하기 위하여 사용되는 식품첨가물은?

① 아황산나트륨
② 질산나트륨
③ 몰식자산프로필
④ 이산화염소

02 식품위생의 목적이 아닌 것은?

① 위생상의 위해 방지
② 식품 영양의 질적 향상 도모
③ 국민보건의 증진
④ 식품 산업의 발전

03 다음 보기에서 설명하는 곰팡이 독소 물질은?

> 1960년 영국에서 10만 마리의 칠면조가 간장 장해를 일으켜 대량 폐사한 사고가 발생하여 원인을 조사한 결과, 땅콩박에서 Aspergillus favus가 번식하여 생성한 독소가 원인 물질로 밝혀졌다.

① 오클라톡신(Ochratoxin)
② 에르고톡신(Ergotoxin)
③ 아플라톡신(Aflatoxin)
④ 루브라톡신(Rubratoxin)

04 식육 및 어육 제품의 가공 시 첨가되는 아질산염과 제2급 아민이 반응하여 생기는 발암물질은?

① 벤조피렌(Benzopyrene)
② PCB(Polychlorinated Biphenyl)
③ 엔니트로사민(N−nitrosamine)
④ 말론알데히드(Malonaldehyde)

05 알레르기성 식중독에 관계되는 원인 물질과 균은?

① 아세토인, 살모넬라균
② 지방, 장염비브리오균
③ 엔테로톡신, 포도상구균
④ 히스타민, 모르가니균

06 초기에 두통, 구토, 설사 증상을 보이다가 심하면 실명을 유발하는 것은?

① 아우라민 ② 메탄올
③ 무스카린 ④ 에르고타민

07 감자의 부패에 관여하는 물질은?

① 솔라닌 ② 셉신
③ 아코니틴 ④ 시큐톡신

08 **발육 최적 온도가 25~37℃인 균은?**

① 저온균 ② 중온균
③ 고온균 ④ 내열균

09 **우리나라에서 간장에 사용할 수 있는 보존료는?**

① 프로피온산(Propionic Acid)
② 이초산나트륨(Sodium Diacetate)
③ 안식향산(Benzoic Acid)
④ 소르빈산(Sorbic Acid)

10 **다음 중 살모넬라에 오염되기 쉬운 대표적인 식품은?**

① 과실류 ② 해초류
③ 난류 ④ 통조림

11 **세균의 장독소(Enterotoxin)에 의해 유발되는 식중독은?**

① 황색포도상구균 식중독
② 살모넬라 식중독
③ 복어 식중독
④ 장염비브리오 식중독

12 **조리사 면허의 취소처분을 받은 때 면허증 반납은 누구에게 하는가?**

① 보건복지부장관
② 특별자치도지사, 시장 · 군수 · 구청장
③ 식품의약품안전처장
④ 보건소장

13 **영업허가를 받아야 하는 업종은?**

① 식품운반업
② 유흥주점영업
③ 식품제조, 가공업
④ 식품소분, 판매업

14 **식품위생법에서 정하고 있는 식품 등의 위생적인 취급에 관한 기준에 대한 설명으로 틀린 것은?**

① 식품 등의 제조, 가공, 조리에 직접 사용되는 기계, 기구 및 음식기는 사용 후에 세척, 살균하는 등 항상 청결하게 유지, 관리하여야 한다.
② 어류, 육류, 채소류를 취급하는 칼, 도마는 각각 구분하여 사용하여야 한다.
③ 제조, 가공하여 최소판매 단위로 포장된 식품을 허가 받지 아니하고 포장을 뜯어 분할하여 판매하여서는 아니 되나, 컵라면 등 그 밖의 음식류에 뜨거운 물을 부어주기 위하여 분할하는 경우는 가능하다.
④ 식품 등의 원료 및 제품은 모두 냉동, 냉장시설에 보관, 관리하여야 한다.

15 **식품 등을 제조, 가공하는 영업을 하는 자가 제조, 가공하는 식품 등의 식품위생법 규정에 의한 기준, 규격에 적합한지 여부를 검사한 기록서를 보관해야 하는 기간은?**

① 6개월
② 1년
③ 2년
④ 3년

16 탄수화물의 구성 요소가 아닌 것은?

① 탄소 ② 질소
③ 산소 ④ 수소

17 라이코펜은 무슨 색이며 어떤 식품에 많이 들어 있는가?

① 붉은색 – 당근, 호박, 살구
② 붉은색 – 토마토, 수박, 감
③ 노란색 – 옥수수, 고추, 감
④ 노란색 – 새우, 녹차, 노른자

18 알칼리성 식품의 성분에 해당되는 것은?

① 유즙의 칼슘(Ca)
② 생선의 황(S)
③ 곡류의 염소(Cl)
④ 육류의 인(P)

19 함유된 주요 영양소가 잘못 짝지어진 것은?

① 북어포 – 당질, 지방
② 우유 – 칼슘, 단백질
③ 두유 – 지방, 단백질
④ 밀가루 – 당질, 단백질

20 이당류인 것은?

① 설탕(Sucrose)
② 전분(Starch)
③ 과당(Fructose)
④ 갈락토오스(Galactose)

21 훈연 시 육류의 보존성과 풍미 향상에 가장 많이 관여하는 것은?

① 유기산
② 숯 성분
③ 탄소
④ 페놀류

22 동물이 도축된 후 화학 변화가 일어나 근육이 긴장되어 굳어지는 현상은?

① 사후경직
② 자기소화
③ 산화
④ 팽화

23 클로로필(Chlorophyll) 색소의 포르피린 고리에 결합되어 있는 이온은?

① Cu
② Mg
③ Fe
④ Na

24 생선 육질이 쇠고기 육질보다 연한 것은 주로 어떤 성분의 차이에 의한 것인가?

① 글리코겐
② 헤모글로빈
③ 포도당
④ 콜라겐

25 **식품의 단백질이 변성되었을 때 나타나는 현상이 아닌 것은?**

① 소화 효소의 작용을 받기 어려워진다.
② 용해도가 감소한다.
③ 점도가 증가한다.
④ 폴리펩티드사슬이 풀어진다.

26 **고구마 100g이 72kcal의 열량을 낼 때, 고구마 350g은 얼마의 열량을 공급하는가?**

① 234kcal
② 252kcal
③ 324kcal
④ 384kcal

27 **치즈 제조에 사용되는 우유단백질을 응고시키는 효소는?**

① 프로테아제
② 레닌
③ 아밀라아제
④ 말타아제

28 **쌀의 도정도가 증가할 때 나타나는 현상은?**

① 빛깔이 좋아진다.
② 조리 시간이 증가한다.
③ 소화율이 낮아진다.
④ 영양분이 증가한다.

29 **BLT 샌드위치의 재료가 아닌 것은?**

① Bacon ② Basil
③ Lettuce ④ Tomato

30 **콜드 샌드위치 속재료로 주로 쓰이는 육류이고, 소고기의 지방이 없는 분위를 진하게 양념해 말리거나 훈제한 것은?**

① 파스트라미
② 살라미
③ 프로슈토
④ 하몽

31 **샐러드 드레싱 기본 재료로 잘못 짝지어진 것은?**

① 올리브유, 식초
② 설탕, 소금
③ 레몬, 달걀
④ 바닐라, 발사믹

32 **냄새나 증기를 배출시키기 위한 환기 시설은?**

① 트랩 ② 트랜치
③ 후드 ④ 컨베이어

33 **시금치 나물을 조리할 때 1인당 80g이 필요하다면, 식수인원 1,500명에 적합한 시금치 발주량은? (단, 시금치 폐기율은 5%이다.)**

① 100kg ② 122kg
③ 127kg ④ 132kg

34 조식 조리용 빵의 종류로 적합하지 않은 것은?

① 프렌치토스트(French Toast)
② 팬케이크(Pancake)
③ 와플(Waffle)
④ 푸딩(Pudding)

35 단당류에서 부제탄소원자가 3개 존재하면 이론적인 입체이성체수는?

① 2개 ② 4개
③ 6개 ④ 8개

36 전분의 호화와 점성에 대한 설명 중 옳은 것은?

① 곡류는 서류보다 호화 온도가 낮다.
② 전분의 입자가 클수록 빨리 호화된다.
③ 소금은 전분의 호화와 점도를 촉진시킨다.
④ 산 첨가는 가수분해를 일으켜 호화를 촉진시킨다.

37 점성이 없고 보슬보슬한 메쉬드 포테이토용 감자로 가장 알맞은 것은?

① 충분히 숙성한 분질의 감자
② 전분의 숙성이 불충분한 수확 직후의 햇감자
③ 소금 1컵:물 11컵의 소금물에서 표면에 뜨는 감자
④ 10℃ 이하의 찬 곳에서 저장한 감자

38 귀리를 볶은 다음 거칠게 부수거나 납작하게 누른 것으로 육수나 우유를 넣고 죽처럼 조리해서 먹는 시리얼은?

① 콘플레이크 ② 오트밀
③ 올브랜 ④ 뮤즐리

39 난백의 기포성에 관한 설명으로 옳은 것은?

① 신선한 달걀의 난백이 기포 형성이 잘 된다.
② 수양난백이 농후난백보다 기포 형성이 잘 된다.
③ 난백 거품을 낼 때 다량의 설탕을 넣으면 기포 형성이 잘 된다.
④ 실온에 둔 것보다 냉장고에서 꺼낸 난백의 기포 형성이 쉽다.

40 식품의 감별법 중 틀린 것은?

① 감자 – 병충해, 발아, 외상, 부패 등이 없는 것
② 송이버섯 – 봉오리가 크고 줄기가 부드러운 것
③ 생과일 – 성숙하고 신선하며 청결한 것
④ 달걀 – 표면이 거칠고 광택이 없는 것

41 식물성 유지가 아닌 것은?

① 올리브유 ② 면실유
③ 피마자유 ④ 버터

42 조리기기 및 기구와 그 용도의 연결이 틀린 것은?

① 필러(Peeler) – 채소의 껍질을 벗길 때
② 믹서(Mixer) – 재료를 혼합할 때
③ 슬라이서(Slicer) – 채소를 다질 때
④ 육류파운더(Meat Pounder) – 육류를 연화시킬 때

43 알칼로이드성 물질로 커피의 자극성을 나타내고 쓴 맛에도 영향을 미치는 성분은?

① 주석산(Tartaric Acid)
② 카페인(Caffein)
③ 탄닌(Tannin)
④ 개미산(Formic Acid)

44 전분을 주재료로 이용하여 만든 음식이 아닌 것은?

① 도토리묵 ② 크림수프
③ 두부 ④ 죽

45 에너지 전달에 대한 설명으로 틀린 것은?

① 물체가 열원에 직접적으로 접촉됨으로써 가열되는 것을 전도라고 한다.
② 대류에 의한 열의 전달은 매개체를 통해서 일어난다.
③ 대부분의 음식은 전도, 대류, 복사 등 복합적 방법에 의해 에너지가 전달되어 조리된다.
④ 열의 전달 속도는 대류가 가장 빨라 복사, 전도보다 효율적이다.

46 냉동육류를 해동시키는 방법 중 영양소 파괴가 가장 적은 것은?

① 실온에서 해동한다.
② 40℃의 미지근한 물에 담근다.
③ 냉장고에서 해동한다.
④ 비닐봉지에 싸서 물속에 담근다.

47 쌀을 지나치게 문질러서 씻을 때 가장 손실이 큰 비타민은?

① 비타민 A
② 비타민 B
③ 비타민 D
④ 비타민 E

48 단체급식의 문제점이 아닌 것은?

① 영양가의 산출 오류나 조리 기술의 부족은 영양 저하를 일으킬 수 있다.
② 식중독 및 유독 물질이나 세균의 혼입으로 위생사고가 발생할 수 있다.
③ 짧은 시간 내에 다량의 음식을 준비하므로 다양한 음식의 개발이 어렵다.
④ 국가의 식량정책에 협조하여 식단을 작성하므로 제철 식품의 사용이 어렵다.

49 **생선 조리 방법으로 적합하지 않은 것은?**

① 탕을 끓일 경우 국물을 먼저 끓인 후에 생선을 넣는다.

② 생강은 처음부터 넣어야 어취 제거에 효과적이다.

③ 생선조림은 양념장을 끓이다가 생선을 넣는다.

④ 생선 표면을 물로 씻으면 어취가 감소된다.

50 **육류의 사후강직과 숙성에 대한 설명으로 틀린 것은?**

① 사후강직은 근섬유가 미오글로빈(Myoglobin)을 형성하여 근육이 수축되는 상태이다.

② 도살 후 글리코겐이 혐기적 상태에서 젖산을 생성하여 pH가 저하된다.

③ 사후강직 시기에는 보수성이 저하되고 육질이 많이 유출된다.

④ 자가분해효소인 카텝신(Cathepsin)에 의해 연해지고 맛이 좋아진다.

51 **감염병의 병원체를 내포하고 있어 감수성 숙주에게 병원체를 전파시킬 수 있는 근원이 되는 모든 것을 의미하는 용어는?**

① 감염 경로

② 병원소

③ 감염원

④ 미생물

52 **채소류로부터 감염되는 기생충은?**

① 동양모양선충, 편충

② 회충, 무구조충

③ 십이지장충, 선모충

④ 요충, 유구조충

53 **모기에 의해 전파되는 감염병은?**

① 콜레라

② 장티푸스

③ 말라리아

④ 결핵

54 **광화학적 오염물질에 해당되지 않는 것은?**

① 오존

② 케톤

③ 알데히드

④ 탄화수소

55 **소음에 있어서 음의 크기를 측정하는 단위는?**

① 데시벨(dB)

② 폰(phon)

③ 실(SIL)

④ 주파수(Hz)

56 **모체로부터 태반이나 수유를 통해 얻어지는 면역은?**

① 자연능동면역
② 인공능동면역
③ 자연수동면역
④ 인공수동면역

57 **질병을 매개하는 위생해충과 그 질병의 연결이 틀린 것은?**

① 모기 – 사상충증, 말라리아
② 파리 – 장티푸스, 발진티푸스
③ 진드기 – 유행성출혈열, 쯔쯔가무시증
④ 벼룩 – 페스트, 발진열

58 **다수인이 밀집한 실내 공기가 물리, 화학적 조성의 변화로 불쾌감, 두통, 권태, 현기증 등을 일으키는 것은?**

① 자연독
② 진균독
③ 산소중독
④ 군집독

59 **온열 요소가 아닌 것은?**

① 기온
② 기습
③ 기류
④ 기압

60 **공중보건에 대한 설명으로 틀린 것은?**

① 목적은 질병예방, 수명연장, 정신적 신체적 효율의 증진이다.
② 공중보건의 최소단위는 지역사회이다.
③ 환경위생 향상, 감염병 관리 등이 포함된다.
④ 주요 사업대상은 개인의 질병치료이다.

PART

06

정답 & 해설

해설과 따로 보는 최신 기출문제

정답 & 해설

최신 기출문제 01회

1-246쪽

01 ①	02 ②	03 ①	04 ①	05 ④
06 ①	07 ④	08 ①	09 ③	10 ④
11 ③	12 ④	13 ③	14 ②	15 ④
16 ②	17 ①	18 ①	19 ③	20 ②
21 ④	22 ③	23 ①	24 ①	25 ①
26 ①	27 ①	28 ①	29 ④	30 ④
31 ③	32 ③	33 ④	34 ①	35 ①
36 ④	37 ②	38 ①	39 ③	40 ③
41 ③	42 ④	43 ②	44 ②	45 ④
46 ③	47 ③	48 ②	49 ④	50 ④
51 ④	52 ③	53 ①	54 ②	55 ①
56 ②	57 ③	58 ③	59 ②	60 ③

01 ①

포도상구균 자체는 열에 약해 80℃에서 30분 가열하면 파괴되지만 독소는 열에 강해 쉽게 파괴되지 않는다.

02 ②

미생물 생육에 필요한 3대 조건은 온도, 수분, 영양분이다.

03 ①

황변미의 병원체는 푸른곰팡이이다.

04 ①

보존제 : 식품의 변질, 부패를 방지하고 식품의 영양가와 신선도를 보존하기 위하여 사용하는 식품첨가물이다.

05 ④

카드뮴 중금속의 질병으로 신장 장애, 단백뇨, 골연화증의 증세가 있고, 이타이이타이병의 원인이다.

06 ①

석탄산 : 변소, 하수도, 오물, 의류를 소독하는 데 사용되며 비교적 안정적이고 유기물에도 소독력이 약화되지 않으므로 살균력의 지표가 된다.

07 ④

발아, 발근의 억제를 위해 방사선을 조사하여 식품처리를 하는데, 감자와 고구마의 허용선량은 0.05~0.15kGy이다. kGy는 감마선의 에너지 흡수량을 표시하는 단위이다.

08 ①

메틸알코올(메탄올) 중독 증상은 두통, 현기증 등을 일으키는 것 이외에 시신경염증과 시각장애를 일으킨다.

09 ③

식품첨가물의 사용 목적 : 식품의 부패와 변질을 방지하고, 기호 및 관능을 만족시키고, 영양을 강화시키고, 품질 개량 및 일정 기간을 유지시키는 데 있다.

10 ④

3,4-벤조피렌 : 발암 물질로 훈연제품, 구운 생선류, 불고기 등에서 발생한다.

11 ③

식품의약품안전처장의 역할
- 기구 및 용기 · 포장에 관한 기준 및 규격
- 유전자재조합식품 등의 표시
- 위해평가 검사
- 위해식품 긴급대응
- 유전자변형식품 등의 안전성 심사
- 특정 식품 등의 수입 · 판매 등 금지
- 시정명령
- 우수업소 · 모범업소의 지정
- 조리사와 영양사의 위생 교육

12 ④

일반음식점 외에 식품제조가공업, 식품첨가물제조업, 휴게음식점 등도 영업신고에 해당한다.

13 ③

핑거볼의 물은 손을 닦는 용도로만 쓰고 음료수로 착각해서 마시지 않도록 주의해야 한다.

14 ②

비스크(Bisque)는 갑각류로 만든 육수이다.

15 ④

복어조리점에는 복어조리기능사 자격증을 취득한 조리사를 두어야 한다.

16 ②

경화유는 액상기름에 수소를 첨가해서 만든 것이다.

17 ①

체다 치즈는 경성 치즈이고, 블루, 까망베르, 크림 치즈는 연성 치즈로 부드럽다.

18 ①

수분활성도(Aw) = 식품이 나타내는 수증기압÷순수한 물의 최대 수증기압

19 ③

녹색채소의 클로로필 분자의 마그네슘이온을 구리양이온으로 치환하면 안정된 청록색이 된다.

20 ②

식품의 특수 성분은 효소로 맛, 향에 기인한다.

21 ④

대두단백질 글리시닌은 황산칼슘(CaSO4), 염화마그네슘($MgCl_2$), 염화칼슘($CaCl_2$) 등의 두부응고제와 열(70℃)에 응고되는 성질을 이용하여 두부를 만든다.

22 ③

구연산은 감귤, 살구, 딸기에 있다.

23 ①

오답 피하기

② 산화효소에 의해 산화된다.
③ 자외선에 불안정하다.
④ 물에 쉽게 용해되지 않는다.

24 ①

오답 피하기

훈연제품의 산화방지제는 에르소르빈산나트륨이다.

25 ①

결정형 캔디는 퐁당(Fondant), 퍼지(Fudge), 너겟(Nougat)이 있다.

26 ①

- 당질, 단백질은 1g당 4kcal의 열량을 내고, 지방은 1g당 9kcal의 열량을 낸다.
- (5×4)+(3.5×4)+(3.7×9) = 67.3이므로, 우유 100g에서 67.3kcal의 열량을 낸다.
- 우유 170g은 67.3×170÷100 = 114.41kcal의 열량을 낸다.

27 ①

아미노 화합물과 카르보닐 화합물이 반응하여 착색중합물을 생성하는 비효소적인 반응을 아미노카르보닐 반응이라 한다. 커피, 된장 등에서 방향 성분의 생성, 착색, 항산화성 등이 이에 해당한다.

28 ①

쌀에 부족한 단백질을 콩과 함께 섭취하면 보충할 수 있다.

29 ④

오답 피하기

- 아밀라아제 : 아밀로오즈를 분해하는 효소
- 리파아제 : 리포오즈를 분해하는 효소
- 아스코르비나아제 : 아스코르빈산을 분해하는 효소

30 ④

우유, 마요네즈, 아이스크림은 수중유적형 제품이다.

31 ③

발주량 = {정미주량÷(100−폐기율)}×인원수×100
= 60÷66×100 = 90.9

32 ③

냉동식품은 완만해동하는 편이 좋으나, 반조리 식품은 직접 가열한다.

33 ④

산은 호화에 방해를 일으키는 인자이다.

34 ①

산(식초, 레몬즙)에서 기포가 더 잘 일어난다.

오답 피하기

설탕, 우유, 기름은 기포의 발생을 저해한다.

35 ①

필수지방산은 리놀렌산, 리놀레산, 아라키돈산이다.

36 ④

카제인은 산(식초, 레몬즙), 응유효소(레닌), 알코올, 염류(염석)에 의해 응고되고, 유청 단백질은 열에 응고된다.

37 ②

근원섬유(섬유상) 단백질은 미오신(Myosin), 액틴(Actin) 등이다.

38 ①

알긴산은 갈조류의 세포막 성분으로 미역, 다시마에 함유되어 있다.

39 ③

불고기는 건열 조리이다.

40 ③

자외선을 받으면 비타민 D가 생성된다.

41 ③

술을 넣으면 어취를 약화시킨다.

42 ④

- 글루텐의 형성에 도움을 주는 물질 : 액체, 달걀, 소금, 물, 우유
- 글루텐의 형성을 방해하는 물질 : 지방, 설탕

43 ②

콩은 너무 덜 익히면 콩 비린내가 나고 너무 많이 삶으면 메주 냄새가 난다. 그러므로 콩이나 콩나물을 삶을 때는 산소를 차단하기 위해 뚜껑을 닫고 익을 때까지 여닫지 않는 것이 좋다.

44 ②

흑설탕은 수저로 꾹꾹 눌러 담아 계량한다.

45 ④

음식을 조리하거나 설거지 할 때 함께 유출되는 유지방을 배수배관에 유입되기 전 최종 방류 지점에서 분리 배출한다.

46 ③

출고계수 = 100÷정미율
= 100÷80 = 1.25

47 ③

- 곡류, 건어물 : 부패성이 적어 1개월분을 한 번에 구입한다.
- 육류 : 중량과 부위별로 구입하고 냉장 시설이 갖추어져 있으면 1주일분을 구입한다.
- 어류 : 신선도를 확인하고 필요에 따라 수시로 구입한다.
- 과일류 : 산지별, 품종, 상자당 수량을 확인하고 필요에 따라 수시로 구입한다.

48 ②

벨루떼는 화이트스톡에 루를 넣어 만든 소스이다.

49 ④

육류의 결합 조직을 장시간 물에 넣어 가열했을 때 콜라겐이 젤라틴으로 된다. 결합 조직의 콜라겐이 젤라틴화 되면서 조직이 부드러워진다.

50 ④

파르펠레는 숏파스타로 크림 소스, 토마토 소스와 잘 어울린다.

51 ④

세균성 이질 : 소화기계 감염병으로 분변이나 토물에 의해서 소화기계 감염병이나 기생충 질환의 병원체가 체외로 배설된다.

52 ③

보균자 : 병원체를 보유하고 있지만 증상은 나타나지 않는 자로 건강 보균자, 잠복기 보균자, 병후 보균자가 있다.

53 ①

기생충	제1중간숙주	제2중간숙주
폐흡충증	다슬기	게, 가재
간흡충(간디스토마)	왜우렁이	붕어, 잉어
요꼬가와흡충	다슬기	담수어, 은어, 잉어
광절열두조충(긴촌충)	물벼룩	연어, 송어

54 ②

오답 피하기

세균성 이질, 파라티푸스, 장티푸스는 세균이다.

55 ①

음의 강도는 데시벨이다.

56 ②

- 발생률 : 특정 기간 내 발생하는 새로운 환자 숫자
- 유병률 : 특정 기간에 존재하는 환자 숫자

57 ③

요충은 집단 감염과 항문 소양증 등을 유발한다.

58 ③

납 중독에서 검출되고 증상으로는 연빈혈, 칼슘대사이상, 신장 장애, 적혈구 수 증가가 있다.

59 ②

자외선은 관절염 치료에 사용된다.

60 ③

물의 자정 작용은 지표수가 자연히 정화되는 작용을 말한다.

최신 기출문제 02회

1-254쪽

01 ④	02 ③	03 ③	04 ③	05 ③
06 ③	07 ②	08 ②	09 ④	10 ③
11 ③	12 ④	13 ③	14 ②	15 ②
16 ④	17 ①	18 ①	19 ①	20 ①
21 ①	22 ②	23 ④	24 ①	25 ①
26 ③	27 ①	28 ③	29 ①	30 ③
31 ③	32 ③	33 ④	34 ④	35 ①
36 ③	37 ②	38 ①	39 ③	40 ④
41 ②	42 ④	43 ③	44 ①	45 ③
46 ③	47 ①	48 ②	49 ④	50 ②
51 ③	52 ③	53 ③	54 ③	55 ②
56 ③	57 ③	58 ①	59 ③	60 ②

01 ④

발색제는 식품의 변색을 방지한다. 발색을 하는 식품첨가제로 허가된 발색제로는 아질산나트륨, 질산칼륨, 황산제1철(건조), 황산제1철(결정), 질산나트륨이 있다.

02 ③

벤조피렌은 불완전연소 과정에서 생성되는 다환방향족 탄화수소의 한 종류로 발암물질이고, 돌연변이를 일으키는 환경 호르몬이다. 공장의 매연, 배기가스, 담배 연기에서 나오는 물질이다.

03 ③

메탄올의 중독 증상으로는 신경 염증, 두통, 구토, 설사, 실명이 있고, 심하면 호흡 곤란으로 사망한다.

04 ③

식품의 부패는 여러 종류의 세균이 관여하여 생긴다.

05 ③

생균수가 식품 1g당 생균수가 10^7~10^8이면 초기 부패로 판정한다.

06 ③

오답 피하기

감염형 식중독 : 살모넬라 식중독, 장염비브리오 식중독, 병원성대장균 식중독, 웰치균

07 ②

복어독 테트로도톡신의 증세로는 마비성 식중독, 사지의 마비, 호흡 곤란, 호흡 마비로 인한 사망이 있다. 중독 증상에 알맞은 조치는 위세척을 하거나 구토하게 만드는 최토제를 투여한다. 호흡 곤란으로 인한 사망을 예방하기 위해서는 호흡 촉진제를 투여한다.

08 ②

황색포도상구균 식중독은 화농성 질환자에 의해 발생하므로 식품 조리 및 가공을 금지해야 한다.

09 ④

차아염소산나트륨은 참깨에는 사용할 수 없고, 과일과 채소의 살균 목적으로 사용한다. 최종 식품 완성 전에 제거한다.

오답 피하기

- 초산비닐수지 : 피막제
- 이산화염소 : 소맥분 개량제
- 규소수지 : 소포제

10 ③

식품 중의 유독 유해 성분이나 물질 섭취로 인한 위해 식품을 내인성 위해 식품이라고 한다.

11 ③

오답 피하기

① 적당한 신맛과 짠맛으로 만든다.
② 전채 요리는 소량으로 만든다.
④ 주요리에 사용되는 재료와 반복된 조리법을 사용하지 않는다.

12 ④

식품 위생의 목적 : 식품으로 인하여 생기는 위생상의 위해를 방지하고 식품 영양의 질적 향상을 도모하며 식품에 관한 올바른 정보를 제공하여 국민 보건의 증진에 이바지함을 목적으로 한다.

13 ③

집단급식소 : 영리를 목적으로 하지 아니하면서 특정 다수인에게 계속하여 음식물을 공급하는 기숙사, 학교, 병원, 사회 복지 시설, 산업체, 국가, 지방 자치 단체 및 공공기관, 그 밖의 후생 기관

14 ②

식품위생법상 식품위생감사원의 직무
- 식품 등의 위생적인 취급에 관한 기준의 이행 지도
- 수입 · 판매 또는 사용 등이 금지된 식품 등의 취급 여부에 관한 단속
- 표시 기준 또는 과대광고 금지의 위반 여부에 관한 단속
- 출입 · 검사 및 검사에 필요한 식품 등의 수거
- 시설 기준의 적합 여부의 확인 · 검사
- 영업자 및 종업원의 건강 진단 및 위생 교육의 이행 여부의 확인 · 지도
- 조리사 및 영양사의 법령 준수 사항 이행 여부의 확인 · 지도
- 행정 처분의 이행 여부 확인
- 식품 등의 압류 · 폐기 등
- 영업소의 폐쇄를 위한 간판 제거 등의 조치
- 그 밖에 영업자의 법령 이행 여부에 관한 확인 · 지도

15 ②

신고하지 않아도 되는 업종
- 양곡가공업 중 도정업을 하는 경우
- 수산물가공업의 신고를 하고 해당 영업을 하는 경우
- 축산물가공업의 허가를 받아 해당 영업을 하는 경우
- 건강기능 식품제조업, 건강기능 식품수입업 및 건강기능 식품판매업의 영업 허가를 받거나 영업 신고를 하고 해당 영업을 하는 경우

16 ④

마이야르 반응은 비효소적 갈변이다.

17 ①

오답 피하기

- 강화미 : 손실된 영양분의 보충, 본래 함유된 영양분의 증가한 쌀
- 팽화미 : 쌀을 압력이 걸려 있는 장치에 넣어 밀폐시켜 가열하여 호화, 팽창시킨 쌀
- α-화미 : 쪄서 수분이 8% 이하가 되도록 더운 바람으로 말린 쌀

18 ①

발효 식품 : 치즈, 요구르트, 된장, 간장, 김치

19 ①

가스 저장(CA 저장)

- 산소와 탄산가스의 기체의 농도를 조절하여 과일, 난류를 저장하는 방법이다.
- 식품마다 다르지만 미생물이 번식할 수 없는 0℃, 습도는 80~85%가 적당하다.

20 ①

오답 피하기

- 지단백질 : 단순단백질 + 지방
- 당단백질 : 단순단백질 + 당
- 핵단백질 : 단순단백질 + 핵산

21 ①

한천은 우뭇가사리 등의 홍조류를 삶아서 얻은 액을 냉각, 동결, 건조한 것으로 양갱 제조에 쓰이고, 젤라틴과 함께 유제품의 식품안정제로도 사용된다. 연구 목적으로 곰팡이나 세균의 배지로도 사용한다.

22 ②

일반적인 식품의 수분활성도는 1보다 작다. 물의 수분활성도가 1이다.

23 ④

냉장고에 보관하는 것만으로 장기간 보존할 수는 없다.

24 ①

글리시닌은 콩의 대표적인 단백질로 염류에 응고되는 성질이 있어 두부를 만드는 데 이용된다.

25 ①

- 노화가 잘 일어나지 않는 조건으로는 수분 함량 15% 이하, 유화제 첨가, 설탕 첨가 등이 있다.
- 이 중 라면류, 건빵류, 비스킷은 수분 함량이 낮아 노화가 잘 일어나지 않는다.

26 ③

신맛+아미노기 = 쓴맛

27 ①

- 사용횟수가 많으면, 1회 사용할 때마다 발연점이 10~15℃씩 저하된다.
- 유리지방산의 함량이 많을수록 발연점이 낮아진다.
- 기름에 이물질이 많으면 발연점이 낮아진다.
- 그릇의 표면적이 1인치 넓을수록 발연점이 2℃씩 저하된다.

28 ③

유당(16) 〈 갈락토오스(33) 〈 맥아당(60) 〈 포도당(74) 〈 설탕(100) 〈 전화당(85~130) 〈 과당(170)

29 ①

소의 간에는 비타민 A가 많아서 눈에 좋고, 무기질인 철분(Fe)이 많아서 빈혈에 좋은 식품이다.

30 ③

오답 피하기

- 안토잔틴 : 꽃잎의 노란색, 가을에 잎의 자색이나 적자색
- 클로로필 : 녹색 야채에 있는 Mg을 함유한 엽록소 색소
- 플라보노이드 : 콩, 감자, 연근 등의 흰색이나 노란색

31 ③

발주량 = {정미주량÷(100−폐기율)}×인원수×100
= {60÷(100−9)}×1,000×100 = 65,934g = 약 66kg

32 ③

단체급식에서는 일정한 기간마다 재고관리를 하여 사용량을 통계, 발주한다.

33 ④

완두콩을 통조림으로 만들 때 황산구리를 첨가하면 녹색을 유지할 수 있다. 그러나 비타민 C가 파괴된다는 단점이 있다.

34 ④

50%의 양파, 25%의 당근, 25%의 셀러리 비율로 사용한다.

35 ①

오답 피하기

- 체(Skimmer) : 음식을 거를 때 사용하는 도구(고운 것, 거친 것)
- 달걀 절단기(Egg Slicer) : 달걀을 삶아 껍질을 벗긴 후 일정한 모양으로 써는 조리도구
- 꼬치(Skewer) : 조리 시 모양이 흐트러지지 않도록 사용

36 ③

토마토 페이스트는 소스나 요리에 볶아 사용 가능하고, 스프레드용으로는 떫은 맛과 신맛이 강해 적합하지 않다.

37 ②

야채는 흐르는 물에 씻는 것이 효과적이다.

38 ①

산(식초, 레몬즙)에서 기포는 더 잘 일어난다.

오답 피하기

- 설탕, 우유, 기름은 기포의 발생을 저해한다.
- 오래된 계란일수록 기포는 잘 생기지만 안정성과 점성이 적다.

39 ③

간장의 감칠맛 성분은 글루탐산이다.

오답 피하기

포도당은 단당류, 전분은 다당류이고, 아스코르빈산은 비타민 C이다.

40 ④

비스크(Bisque) : 바닷가재, 새우 등의 갑각류를 이용한 부드러운 수프로 크림의 맛과 농도를 조절한다.

오답 피하기

차우더(Chowder) : 게살, 감자, 우유를 이용한 크림 수프이다.

41 ②

오답 피하기

수의계약 : 경쟁 계약에 의하지 아니하고 임의로 적당한 상대자를 선정하여 체결하는 계약

42 ④

수분 함량을 15% 이하로 낮추어야 한다.

43 ③

카제인(Casein)은 산, 레닌에 응고되는 성질이 있다. 이를 응용하여 치즈를 만든다.

44 ①

오레키에테
- 소스가 잘 입혀지도록 안쪽 면에 주름이 잡혀야 한다.
- 부서지지 않고 휴대하기 쉬워 항해를 하는 뱃사람들이 많이 이용했다.

45 ③

적자색 – 선홍색 – 갈색 – 회갈색

46 ③

설탕은 흰자의 거품 생성을 방해하므로 충분한 거품이 생긴 후 설탕을 첨가하는 것이 좋다.

47 ①

난황의 레시틴은 유화성이 있어 기름의 분리를 막아준다.

48 ②

샐러드유로 쓰이는 기름은 냉장고에 보관하는데, 굳지 않고 부드러운 상태가 유지되어야 한다. 그러나 유지는 냉장고에서 보관하면 굳는 것이 있다. 그래서 온도를 낮추어 고체화 시키고 여과하여 샐러드유로 적합하게 만든다.

49 ④

오답 피하기

산과 알칼리에도 강해야 하고 바닥 전체의 물매는 1/100이 적당하다.

50 ②

돼지고기의 부위로는 갈매기살, 항정살, 삼겹살 등이 있다.

51 ③

레이노드병은 진동과 관련된 병이다.

52 ③

카드뮴 중독 증상으로 이타이이타이병에 걸리고 증상은 골연화증이 있다.

53 ③

파상풍은 다른 환자를 통해 감염되지 않기 때문에 격리를 요하지 않는다.

54 ③

하수의 오염도를 나타내는 방법이며 수중 유기물을 20℃에서 5일간 측정한다. BOD의 수치가 높으면 하수 오염도가 높다는 말로 20ppm 이하여야 한다.

55 ②

- 10% 이상일 때는 질식사, 7% 이상일 때는 호흡 곤란 증세가 있다.
- 위생학적 허용 한계 : 0.1%(=1000ppm)

56 ③

발생 지역과 일치하고 성별, 연령에 따른 차이가 없다.

57 ③

동양모양선충 – 절임채소

58 ①

예방접종은 감염병의 예방 대책 중의 하나이다.

59 ③

구충은 맨발 작업 시 피부로 감염되는 기생충이므로 장화를 착용해야 기생충 감염을 예방할 수 있다.

60 ②

4대 온열 조건 인자는 기온, 기습, 기류, 복사열이다.

최신 기출문제 03회

1-262쪽

01 ②	02 ③	03 ②	04 ③	05 ②
06 ④	07 ②	08 ③	09 ②	10 ①
11 ②	12 ①	13 ③	14 ④	15 ②
16 ①	17 ①	18 ①	19 ③	20 ③
21 ①	22 ③	23 ②	24 ③	25 ③
26 ①	27 ①	28 ②	29 ④	30 ②
31 ①	32 ①	33 ④	34 ②	35 ①
36 ②	37 ③	38 ①	39 ②	40 ③
41 ③	42 ④	43 ④	44 ③	45 ①
46 ②	47 ②	48 ①	49 ③	50 ①
51 ②	52 ④	53 ④	54 ③	55 ①
56 ②	57 ②	58 ④	59 ④	60 ②

01 ②

납(Pb) 중독	연빈혈, 칼슘대사이상, 신장장애, 적혈구수 증가
수은(Hg) 중독	미나마타병, 언어장애, 지각이상, 보행곤란
크롬(Cr) 중독	비염, 인두염, 기관지염
카드뮴(Cd) 중독	이타이이타이병, 신장장애, 단백뇨, 골연화증

02 ③

세균수가 10^5/g이면 신선한 때로 보고, 식품 1g당 생균 수가 10^7~10^8이면 초기 부패로 판정한다.

03 ②

특이한 신경 증상, 눈의 시력저하, 동공 확대, 청각마비, 언어장애, 높은 치사율

04 ③

독미나리 : 시큐톡신(Cicutoxin)

05 ②

오답 피하기

- 식품의 영양 강화를 위한 것 – 강화제
- 식품의 변질이나 변패를 방지하기 위한 것 – 보존제
- 식품의 품질을 개량하거나 유지하기 위한 것 – 개량제

06 ④

아질산나트륨은 발색제이다.

오답 피하기

과산화벤조일, 과황산암모늄, 이산화염소는 소맥분 개량제이다.

07 ②

발효 : 탄수화물 식품이 미생물에 의해 알코올과 유기산을 생성하여 유용한 물질을 만들어 내는 것

08 ③

- 바이러스 : 인플루엔자, 천연두(두창), 홍역, 유행성이하선염, 급성회백수염(소아마비=폴리오), 유행성 간염, 일본뇌염, 광견병(공수병), AIDS 등
- 세균 : 디프테리아, 백일해, 결핵, 성홍열, 폐렴, 나병, 장티푸스, 파라티푸스, 세균성이질, 콜레라, 페스트, 파상풍 등

09 ②

통조림에 철이 녹스는 것을 막기 위해 표면에 주석을 입힌다. 이 주석은 산성이 강한 과일, 캔, 주스 등에서 용출될 가능성이 높다.

10 ①

청매 중독은 곰팡이 중독이 아니라 식물성 식중독의 증상이다.

11 ②

위해 식품 등의 판매 등 금지

- 썩거나 상하거나 설익어서 인체의 건강을 해칠 우려가 있는 것
- 유독 · 유해 물질이 들어있거나 묻어 있는 것 또는 그러할 염려가 있는 것. 다만, 식품의약품안전처장이 인체의 건강을 해칠 우려가 없다고 인정하는 것은 제외한다.
- 병을 일으키는 미생물에 오염되었거나 그러할 염려가 있어 인체의 건강을 해칠 우려가 있는 것
- 불결하거나 다른 물질이 섞이거나 첨가된 것 또는 그 밖의 사유로 인체의 건강을 해칠 우려가 있는 것
- 안전성 평가 대상인 농 · 축 · 수산물 등 가운데 안전성 평가를 받지 아니하였거나 안전성 평가에서 식용으로 부적합하다고 인정된 것
- 수입이 금지된 것 또는 수입 신고를 하지 아니하고 수입한 것
- 영업자가 아닌 자가 제조 · 가공 · 소분한 것

12 ①

식품의약품안전처장의 역할

- 기구 및 용기 · 포장에 관한 기준 및 규격
- 유전자재조합식품 등의 표시
- 위해평가 검사
- 위해식품 긴급대응
- 유전자변형식품 등의 안전성 심사
- 특정 식품 등의 수입 · 판매 등 금지
- 시정명령
- 우수업소 · 모범업소의 지정
- 조리사와 영양사의 위생 교육

13 ③

관계 공무원으로 하여금 다음 각 목에 해당하는 출입 · 검사 · 수거 등의 조치

- 판매를 목적으로 하거나 영업에 사용하는 식품 등 또는 영업 시설 등에 대하여 하는 검사
- 검사에 필요한 최소량의 식품 등의 무상 수거
- 영업에 관계되는 장부 또는 서류의 열람

14 ④

영업 : 식품 또는 식품첨가물을 채취 · 제조 · 수입 · 가공 · 조리 · 저장 · 소분 · 운반 또는 판매하거나 기구 또는 용기 · 포장을 제조 · 수입 · 운반 · 판매하는 업(농업과 수산업에 속하는 식품 채취업은 제외한다)

15 ②

- 정신질환자
- 감염병 환자(B형간염 환자는 제외)
- 마약이나 그 밖의 약물 중독자
- 조리사 면허의 취소 처분을 받고 그 취소된 날부터 1년이 지나지 아니한 자

16 ①

결합수	자유수
용질에 대하여 용매로 작용하지 않는다.	전해질을 잘 녹인다(용매 작용).
건조로 쉽게 제거되지 않는다.	건조로 쉽게 제거된다.
−20℃에서도 동결되지 않는다.	0℃ 이하에서 쉽게 동결된다.
미생물 증식에 이용되지 못한다.	미생물의 번식과 발아에 이용된다.
밀도가 크다.	표면장력, 점성, 비열이 크다.

17 ①

오답 피하기

- 알코올 및 알데히드류 : 주류, 바닐라향, 감자, 오이, 복숭아, 계피
- 테르펜 : 녹차, 레몬, 오렌지
- 유황화합물 : 무, 파, 마늘, 양파, 간장
- 퓨란류 : 커피, 빵, 조리된 가금류, 카제인나트륨, 콩 등의 가열 처리 제품

18 ①

오답 피하기

포도당, 과당, 갈락토오스는 단당류이다.

19 ③

탄수화물의 열량은 4kcal/g, 단백질은 4kcal/g, 지질은 9kcal/g이다.

20 ③

간단한 분자들이 서로 결합하여 거대한 고분자 물질을 만드는 반응이다.

오답 피하기

- 산화 반응 : 산소와의 결합, 수소가 빠져나가는 반응이다.
- 열분해 반응 : 열에 의해 결합이 끊어지고 새로운 물질을 만드는 반응이다.
- 가수분해 반응 : 일반적으로 염이 물과 반응하여 산과 염기로 분해하는 반응이다.

21 ①

양갱은 한천으로 만든다.

22 ③

오답 피하기

비트는 뿌리, 파슬리는 잎, 아스파라거스는 줄기를 먹는다.

23 ②

오답 피하기

엽록소는 산성에서 갈색화, 안토시안 색소는 알칼리성에서 청색화, 카로틴 색소는 산성과 알칼리에서 안정하다.

24 ③

유당(Lactose)

- 갈락토오스와 포도당의 결합
- 체내 성장 촉진, 뇌신경 조직에 중요한 역할
- 살균 작용, 정장 작용에 도움

25 ③

두부응고제 : 황산칼슘($CaSO_4$), 염화마그네슘($MgCl_2$), 염화칼슘($CaCl_2$) 등

26 ①

전분의 가열 온도가 높을수록 호화 시간이 빠르고, 점도는 높아진다.

27 ①

오답 피하기

- 맛의 대비(맛의 강화) : 서로 다른 맛 성분이 혼합되어 주된 맛 성분을 강화시킨다.
- 맛의 억제 : 서로 다른 맛이 혼합으로 각각의 맛이 약화된다.
- 맛의 상쇄 : 두 가지 맛이 상쇄되어 한 가지 맛을 단독으로 나타내지 못하고 약화 또는 소멸시킨다.

28 ②

클로로필 색소는 산에 불안정하여 식초를 사용하면 누런색으로 변하고, 알칼리에 안정해서 식소다를 사용하면 녹색을 유지한다.

29 ④

매일 지속적으로 발효가 일어나는 것은 자연 치즈의 특징이다.

30 ②

가스 저장은 산소와 탄산가스의 농도를 조절하여 과일, 난류를 저장하는 방법이다. 달걀에서 이산화탄소가 발산하면 기공이 커지고 신선도가 저하된다.

31 ①

천일염은 가공되지 않은 굵고 무기질이 많은 소금이다.

오답 피하기

- 정제염 : 불순물과 중금속을 제거한 정제한 소금이다.
- 식탁염 : 식성에 따라 간을 맞추어 먹도록 식탁 위에 놓아두는 고운 소금이다.
- 가공염 : 볶음, 태움 등의 방법으로 원형을 변형하거나 식품첨가물을 더하여 가공한 소금이다.

32 ①

오답 피하기

- 재료비 : 제품의 제조를 위하여 소비되는 물품의 원가
- 경비 : 제품의 제조를 위하여 소비되는 재료비, 노무비 이외의 가치

33 ④

호박산은 감칠맛을 내는 맛성분으로 호박, 조개 등에 들어있다.

34 ②

저지방우유는 지방 함량을 2% 이하로 줄인 우유이다.

35 ①

드립을 막기 위해서는 급속 냉동하고 낮은 온도에서 천천히 해동한다.

36 ②

슬라이서는 채써는 도구이다.

37 ③

바질페스토는 바질을 으깨거나 믹서에 갈고, 올리브유, 치즈, 잣, 마늘 등을 첨가하여 만든다.

38 ①

오답 피하기

페코리노는 양젖으로 만든 치즈로 파르미지아노 레지아노보다 더 꼬릿한 냄새와 풍미가 있다.

39 ②

버터, 마가린 등에 힘을 가하고 제거했을 때 원상태로 회복되지 않는 성질이다.

40 ③

사태는 기름, 힘줄이 많아서 찜, 탕, 편육, 육수에 적당하다.

41 ③

오답 피하기

- 밀가루 : 체로 쳐서 누르지 않고 수북하게 담아 흔들지 말고 편편하게 깎아 측정한다.
- 설탕 : 흑설탕은 꼭꼭 눌러서 잰다.
- 액체 : 물엿, 꿀과 같은 점성이 큰 것은 큰 계량컵을 사용하고 눈금과 액체 표면의 아래 부분을 눈과 같은 높이로 맞추어 계량한다.

42 ④

플라보노이드계 색소는 산성에 안정하여 식초, 산을 첨가하는 것이 좋다.

43 ④

생선 껍질은 97% 이상이 콜라겐으로 구성되어 있는데, 오그라드는 성질은 칼집을 넣어 방지할 수 있다.

44 ③

편육을 만들 때는 끓는 물에 고기를 넣어야 고기 맛의 용출이 적어 맛이 좋아진다.

45 ①

중조는 양질의 튀김을 만들고 바삭한 역할을 하지만 제품의 영양소 손실이 있다.

46 ②

오답 피하기

마요네즈와 비네그레트는 식용 유지로 만든 소스이다.

47 ②

마요네즈를 만들 때는 빠르게 한 방향으로 저어야 분리되지 않는다.

48 ①

조절 영양소는 비타민, 무기질이다.

오답 피하기

쇠고기, 달걀, 두부에는 비교적 단백질이 많이 들어있고, 감자, 쌀, 밀가루에는 탄수화물이 많이 함유되어 있다.

49 ③

높은 농도의 소금 용액에 저장하면 삼투압 작용으로 소금은 식품으로, 식품의 수분은 바깥으로 빠져나오게 된다.

50 ①

- 2,000kcal 중 15%를 단백질로 섭취할 경우의 단백질의 섭취 칼로리는 2,000kcal×0.15 = 300kcal이다.
- 300kcal에서 동물성 단백질의 양은 1/3로 하면 100kcal가 나온다.
- 단백질은 1g당 4kcal이므로, 100÷4 = 25g

51 ②

글로불린 접종은 인공수동면역이다.

52 ④

유구조충은 돼지고기에 기생한다.

53 ④

종형은 아래와 위가 좁은 형태로 출생률과 사망률이 모두 낮다.

오답 피하기

구분	유형	특징
피라미드형	후진국형(인구증가형)	출생률은 높고 사망률은 낮은 형이다.
종형	이상형(인구정체형)	출생률과 사망률이 낮고 14세 이하가 65세 이상 인구의 2배 정도이다.
항아리형	선진국형(인구감소형)	평균수명이 높고 인구가 감퇴하는 형이다
별형	도시형(인구유입형)	생산층 인구가 증가하는 형이다.
기타형	농촌형(인구유출형)	생산층 인구가 감소하는 형이다.

54 ③

- 공기 자체의 확산과 이동에 의한 희석 작용
- 눈과 비에 의한 세정 작용
- 오존에 의한 산화 작용
- 자외선에 의한 살균 작용
- CO_2와 O_2의 교환 작용 : 광합성에 의한 교환

55 ①

하수 처리

- 예비 처리 : 제진망(Screen)을 설치하여 부유 물질을 제거하고 토사 등을 유속을 느리게 하여 침전시키는 보통 침전과 약품 처리를 시키는 약품 침전이 있다.
- 본 처리 : 혐기성, 호기성 처리 방법이 있다.
- 오니 처리 : 육상투기법, 해양투기법, 소각법, 퇴비화법, 사상건조법, 소화법 등이 일반적으로 이용되고 있다. 그 중 소화법은 혐기성 분해 처리를 시키는 방법으로 제일 진보된 오니 처리법이다.

56 ②

이산화탄소는 악취나 호흡, 연소 작용에 의해 발생하는데 공기 조성을 전반적으로 판단할 수 있다.

57 ②

다이옥신의 발생으로 대기 오염 문제가 발생한다.

58 ④

오답 피하기

고열 환경	열중증(열쇠약증, 열경련증, 열사병)
저온 환경	동상, 동창, 참호족염
고압 환경	잠함병, 잠수병
저압 환경	고산병, 항공병
분진	진폐증, 규폐증, 석면폐증, 활석폐증

59 ④

가시광선은 망막을 자극하여 색채를 부여하고 명암을 구분하는 파장이다.

60 ②

두창, 홍역(95%) 〉 백일해 〉 성홍열 〉 디프테리아 〉 소아마비(0.1%)

최신 기출문제 04회

1-271쪽

01 ①	02 ③	03 ②	04 ②	05 ④
06 ④	07 ②	08 ④	09 ①	10 ②
11 ④	12 ②	13 ②	14 ③	15 ④
16 ③	17 ④	18 ②	19 ②	20 ①
21 ②	22 ③	23 ③	24 ③	25 ①
26 ③	27 ①	28 ④	29 ③	30 ④
31 ③	32 ③	33 ①	34 ④	35 ①
36 ②	37 ③	38 ④	39 ①	40 ①
41 ④	42 ②	43 ③	44 ③	45 ①
46 ①	47 ②	48 ②	49 ③	50 ②
51 ③	52 ③	53 ①	54 ④	55 ③
56 ①	57 ③	58 ②	59 ②	60 ④

01 ①

오답 피하기

- 수은 중독 : 미나마타병, 지각이상
- 카드뮴 중독 : 골연화증
- 비소 중독 : 구토, 설사, 심장마비

02 ③

의무적용 대상 식품
- 어육가공품 중 어묵류
- 냉동수산식품 중 어류, 연체류, 조미가공품
- 냉동식품 중 피자류, 만두류, 면류
- 빙과류
- 비가열 음료
- 레토르트 식품
- 김치 중 배추김치

03 ②

보존료는 식품의 부패, 변질을 방지하기 위한 식품첨가물이다.

오답 피하기

- 산미료 : 산도 조절
- 항산화제(산화방지제) : 산화에 의한 변패 방지
- 강화제 : 가공과정에서 파괴되는 영양소 보충

04 ②

콩단백질의 금속염에 의한 응고 현상은 두부를 만드는 과정으로 품질 저하와 관련 없다.

05 ④

종류	독성 물질
감자 싹	솔라닌(Solanine)
부패된 감자	셉신(Sepsine)
독미나리	시큐톡신(Cicutoxin)
청매, 살구씨	아미그달린(Amygdalin)
피마자	리신(Ricin)
목화씨(면실유)	고시폴(Gossypol)

오답 피하기
- 라이코린 : 꽃무릇의 알뿌리
- 하이오사이어아민(히오시아민) : 독말풀
- 리신 : 피마자

06 ④

클로스트리디움 보툴리눔 식중독의 독소인 뉴로톡신은 열에 약하여 80℃에서 30분 가열 시 파괴되고 아포는 열에 강하여 120℃에서 20분 이상 가열해야 한다.

07 ②

미량으로 효과가 나타나야 한다.

08 ④

황색포도상구균은 화농성질환자의 식품 조리 및 가공에 의해 오염될 수 있으므로 식품 취급을 금지하고, 식중독 예방을 위해서 조리사는 마스크, 모자 착용을 해야 한다.

09 ①

오답 피하기
- 에스테르검, 폴리이소부틸렌 : 껌 기초제
- 폴리소르베이트 : 계면활성제

10 ②

미생물의 증식으로 분해되면서 나는 부패 냄새에는 황화수소, 암모니아, 인돌, 스카톨 등의 부패취가 있다.

11 ④

식품의약품안전처장, 시 · 도지사 또는 시장 · 군수 · 구청장은 위생 검사 등의 요청에 따르는 경우 14일 이내에 출입 · 검사 · 수거(위생 검사) 등을 하고 그 결과를 대통령령으로 정하는 바에 따라 위생 검사 등의 요청을 한 소비자, 소비자 단체 또는 시험 · 검사 기관에 알리고 인터넷 홈페이지에 게시하여야 한다.

12 ②

식품은 의약품을 제외한 모든 음식물을 말한다.

13 ②

- 우수 업소의 지정 : 식품의약품안전처장 또는 특별자치도지사 · 시장 · 군수 · 구청장
- 모범 업소의 지정 : 특별자치도지사 · 시장 · 군수 · 구청장

14 ③

영양사의 직무
- 집단 급식소에서의 식단 작성, 검식 및 배식 관리
- 구매 식품의 검수 및 관리
- 급식 시설의 위생적 관리
- 집단 급식소의 운영 일지 작성
- 종업원에 대한 영양 지도 및 식품 위생 교육

15 ④

폐기물 용기는 오물이나 악취 등이 누출되지 않도록 뚜껑이 있고 내수성 재질로 된 것이어야 한다.

16 ③

지방 함량이 많은 생선에서 트리메틸아민이 더 많이 생성된다.

17 ④

글루텐의 함량에 따라 강력분, 중력분, 박력분으로 나누는데 특성에 따라 사용을 다르게 한다.

종류	글루텐 함량	용도
강력분	13% 이상	빵, 마카로니, 스파게티
중력분	10~13%	칼국수면, 만두피
박력분	10% 이하	튀김옷, 케이크, 쿠키, 도너츠

18 ②

식품의 특수 성분은 효소로 맛, 향 등을 의미한다.

19 ②

- 블랜칭은 끓는 물에 식품을 데치는 것을 말한다.
- 열 처리, 산 처리 등으로 효소적 갈변을 억제할 수 있다.

오답 피하기

간장, 된장, 아민과 카르보닐의 반응, 아스코르빈산 산화 반응은 비효소적 갈변이다.

20 ①

두부는 발효 식품이 아니라 콩의 가공 식품이다.

21 ②

우유의 단백질인 카세인은 산(식초, 레몬즙), 응유 효소(레닌), 알코올, 염류(염석)에 의해 응고되는데 이 성질을 이용하여 치즈를 만든다.

22 ③

- 25g의 버터에서 지방이 80%이면 지방의 함량은 25g×0.80 = 20g이다.
- 버터의 지방은 20g이고, 지방은 1g당 9kcal의 열량을 내므로, 20g×9kcal = 180kcal

23 ③

베이컨은 삼겹살 부위를 훈제 가공 처리한 식품이다.

24 ③

설탕은 비환원당이다.

25 ①

- 홍조류 : 김, 우뭇가사리
- 갈조류 : 미역, 다시마, 톳, 모자반
- 녹조류 : 청각

26 ③

수용성 비타민 : 티아민(비타민 B_1)

오답 피하기

지용성 비타민 : 레티놀(비타민 A), 토코페롤(비타민 E), 칼시페롤(비타민 D)

27 ①

기포성에 영향을 주는 흰자 단백질은 글로불린이다.

28 ④

죽순, 토란 등의 아린맛에는 쓴맛과 떫은맛이 있다.

29 ③

친수성기와 소수성기를 갖고 있어 우유, 마요네즈, 마가린, 버터 등의 유제품 제조에 이용된다.

30 ④

- 알칼리성 식품 : Ca, Mg, Na, K, Fe, Cu, Mn, Co, Zn
- 산성 식품 : P, S, Cl, I

31 ③

루는 화이트 루, 브론드 루, 브라운 루 세 종류가 있다.

32 ③

토마토의 씨가 믹서에 갈리면 신맛이 나와 맛이 좋지 못하므로 손으로 으깨어 사용하는 것이 좋다.

33 ①

딸기잼을 만들 때 낮은 온도에서 서서히 가열하면 선명한 색의 딸기잼이 완성된다.

34 ④

버터의 80%가 지방이다.

35 ①

붉은살 생선은 지방 함량이 5~20%이다.

36 ②

노화의 방지책

- 수분 함량을 15% 이하로 한다.
- 유화제를 첨가한다.
- 0℃ 이하로 동결시키거나 60℃ 이상으로 온장시킨다.
- 설탕을 첨가한다.

37 ③

- 난백계수가 신선하면 약 0.16, 오래된 달걀은 0.1 이하가 된다.
- 난황계수가 신선한 것은 0.4 내외이며, 오래된 것은 0.3 이하가 된다.
- 농후난백의 비율이 높은 것이 신선한 달걀이다.

38 ④

비타민 B_{12}(시아노코발라민)는 혈액 생성에 관여하고 생선, 간, 달걀에 많이 함유되어 있다.

39 ①

케이크는 박력분을 사용한다.

40 ①

오답 피하기

- 코리앤더 : 우리나라에서는 고수로 많이 알려진 풀로, 쌀국수나 중국요리에 많이 쓰인다.
- 캐러웨이 : 빵, 케이크, 수프 등 서양 요리에 많이 쓰인다.
- 아니스 : 팔각이라고 불리고 오향장육 재료로 쓰이는 향신료이다.

41 ④

기름에 단시간 내에 익히는 것이 영양소 손실이 가장 적다.

42 ②

- 유중수적형 : 마가린, 버터
- 수중유적형 : 우유, 마요네즈, 아이스크림

43 ③

- 선입선출법에 의하여 10병이 재고라면 27일에 구입한 3병, 20일에 구입한 7병이 재고가 된다.
- (3×3,500)+(7×3,000) = 31,500원

44 ③

- 12kg의 폐기율은 35%이면 정미율은 65%이다.
- 정미량은 12kg×0.65 = 7.8kg이다.
- 12kg을 45,000원에 구입하지만 실제 사용하는 양은 7.8kg이다.
- 실제 단가는 45,000원÷7.8kg = 약 5,769원이다.

45 ①

전골은 양념이나 건더기가 많아 음식의 온도가 높아야 맛있게 먹을 수 있다.

46 ①

브로일링은 건열 조리이다.

47 ②

오답 피하기

- 육류를 오래 끓이면 근육 조직인 콜라겐이 젤라틴으로 용출되어 맛있는 국물을 만든다.
- 육류를 찬물에 끓이면 맛 성분의 용출이 잘 되어 맛있는 국물을 만든다.
- 육류를 오래 끓이면 질긴 단백질인 콜라겐이 젤라틴화 되어 맛있는 국물을 만든다.

48 ②

생선은 결체 조직의 함량이 높지 않다.

49 ③

콩을 삶을 때 중조를 사용하면 연화되어 쉽게 물러지지만 영양소 파괴가 있어, 소금물에 삶는 것이 좋다. 물은 경수보다는 연수가 조리용 물로 적합하다.

50 ②

병원 급식은 1일 3식을 월요일부터 일요일까지 매일 제공하므로 사용수량이 많다.

51 ③

위생학적 허용 한계 : 0.1%(=1000ppm)

52 ③

오답 피하기

- 소테 : 팬이나 프라이팬에 소량의 버터나 기름을 넣고 160~240℃에서 짧은 시간에 조리하는 방법
- 그레티네이팅 : 조리한 재료 위에 버터, 치즈 등을 올려 샐러맨더 등으로 열을 가해 색깔을 내는 방법

53 ①

장티푸스는 수인성 감염병으로 환경위생을 철저하게 하면 예방할 수 있다.

54 ④

규폐증은 먼지, 분진이 원인이다.

55 ③

개인이 아니라 인간 집단이며 최소 단위는 지역사회, 국민 전체를 대상으로 한다.

56 ①

규산이 들어있는 먼지가 오랫동안 노출되어 폐에 규산이 쌓여 생기는 질환이다.

57 ③

수인성 감염병은 폭발적으로 발생하지만 치명률은 낮다.

58 ②

대기층의 온도는 100m 상승할 때마다 1℃가 낮아지므로 상부 기온이 하부 기온보다 낮다. 그러나 기온 역전 현상은 대기 오염으로 인해 상부 기온이 하부 기온보다 높은 때를 말한다.

59 ②

강이나 호수에서 유기물과 인산염을 비롯한 영양 물질이 늘어나 조류가 급격하게 자랄 수 있는 현상을 부영양화라 하며, 부영양화로 강이나 호수에서는 녹색을 띠는 녹조 현상이 일어난다.

60 ④

사상충은 모기로부터 감염된다.

최신 기출문제 05회

1-279쪽

01 ②	02 ④	03 ③	04 ③	05 ④
06 ②	07 ②	08 ②	09 ③	10 ③
11 ①	12 ②	13 ②	14 ④	15 ③
16 ②	17 ②	18 ①	19 ①	20 ①
21 ④	22 ①	23 ②	24 ④	25 ①
26 ②	27 ②	28 ①	29 ②	30 ①
31 ④	32 ③	33 ③	34 ④	35 ④
36 ②	37 ①	38 ②	39 ②	40 ②
41 ④	42 ③	43 ②	44 ③	45 ④
46 ③	47 ②	48 ④	49 ②	50 ①
51 ③	52 ①	53 ③	54 ④	55 ②
56 ③	57 ②	58 ④	59 ④	60 ④

01 ②

- 식품 중에 존재하는 색소단백질과 결합함으로써 식품의 색을 보다 선명하게 하거나 안정화시키는 첨가물을 발색제라고 한다.
- 발색제는 질산나트륨이다.

02 ④

식품위생의 목적

- 식품으로 인한 위생상의 위해 사고를 방지한다.
- 식품 영양의 질적 향상을 도모한다.
- 국민 보건의 증진에 이바지한다.

03 ③

땅콩과 관련된 독소 물질은 아플라톡신이다. 재래식 된장, 간장, 고추장, 밀가루도 원인 식품이 될 수 있다.

04 ③

아질산염과 아민류가 산성 조건하에서 반응하여 생성하는 물질로 강한 발암성을 갖는 물질이다.

05 ④

세균이 직접 원인이 아니라, 세균의 효소 작용에 의해 유독 물질이 생성되어 발생한다.

06 ②

주류 발효 과정에서 존재하고 포도주, 사과주 등에 메탄올이 생성되어 함유될 수 있다.

07 ②

감자 싹의 독성 물질은 솔라닌이지만, 부패된 감자는 셉신이라는 독성 물질이 있다.

08 ②

- 저온균 : 최적온도 10~20℃인 세균으로 물속이나 냉장고에서도 번식한다.
- 중온균 : 최적온도 25~40℃인 세균으로 자연계에 가장 광범위하게 분포한다.
- 고온균 : 55℃ 이상에서 증식이 가능하고, 온천수에서도 번식한다.

09 ③

안식향산 : 청량 음료수, 간장, 식초

오답 피하기

- 프로피온산 : 빵, 생과자
- 이초산나트륨 : 빵, 식용유지, 식육가공품, 수프, 건과류
- 소르빈산 : 육제품, 절임식품, 잼, 케첩, 된장, 고추장
- 파라옥시안식향산부틸, 파라옥시안식향산에틸 : 간장, 식초, 청량음료, 과일소스, 과일 및 과채의 표피

10 ③

살모넬라균의 원인식품으로는 어패류, 난류, 우유, 육류, 샐러드 등이 있다.

11 ①

황색포도상구균은 장독소로 급성위장염의 증세가 있다.

12 ②

면허의 취소처분을 받은 때는 특별자치도지사, 시장 · 군수 · 구청장에게 면허증을 반납한다.

위반사항	1차 위반	2차 위반	3차 위반
조리사, 영양사의 보수 교육을 받지 아니한 경우	시정명령	15일	1개월
식중독이나 위생과 관련한 중대한 사고 발생에 직무상의 책임이 있는 경우	1개월	2개월	면허취소
면허를 타인에게 대여하여 사용하게 한 경우	2개월	3개월	면허취소

13 ②

허가를 받아야 하는 영업

- 식품조사처리업 : 식품의약품안전처장
- 단란주점영업, 유흥주점영업 : 특별자치도지사 또는 시장 · 군수 · 구청장

14 ④

식품에 따라 냉장, 냉동, 실온 보관하여 관리한다.

15 ③

- 자가품질검사는 자가품질검사기준에 따라 하여야 한다.
- 검사를 의뢰받은 자가품질위탁검사기관은 검사를 한 후 지체 없이 그 검사 결과를 의뢰한 영업자에게 통보하여야 한다.
- 자가품질위탁검사기관은 검사 결과 부적합하여 해당 제품이 회수대상이 되는 식품 등에 해당된다고 인정되는 경우에는 지체 없이 식품의약품안전처장, 지방식품의약품안전청장 또는 신고관청에 통보하여야 한다. 이 경우 자가품질검사를 의뢰한 영업자는 유통 중인 해당 제품에 대하여 법 제45조에 따라 회수 · 폐기하는 등 필요한 조치를 하여야 한다.
- 자가품질검사에 관한 기록서는 2년간 보관하여야 한다.

16 ②

탄수화물은 탄소(C), 수소(H), 산소(O)로 구성되어 있다.

오답 피하기

질소는 단백질의 구성 요소이다.

17 ②

라이코펜은 적색을 나타내며 카로티노이드계 색소의 한 종류이다.

18 ①

- 알칼리성 식품 : Ca, Mg, Na, K, Fe, Cu, Mn, Co, Zn
- 산성 식품 : P, S, Cl, I

19 ①

북어포 – 단백질

20 ①

이당류 : 맥아당, 설탕, 젖당

오답 피하기

- 단당류 : 과당, 갈락토오스, 포도당
- 다당류 : 전분, 펙틴

21 ④

훈연 제품의 풍미는 페놀과 카보닐 화합물이 관여한다.

22 ①

동물의 도살 후 사후경직은 근섬유가 액토미오신(Actomyosin)을 형성하여 근육이 수축되는 상태이다.

23 ②

녹색 채소의 마그네슘을 함유한 엽록소 색소이다.

24 ④

생선의 육질이 쇠고기보다 연한 것은 콜라겐(Collagen)의 함량이 적기 때문이다.

25 ①

단백질이 변성되면 소화율이 높아진다.

26 ②

- $100:72 = 350:x$
- $72 \times 350/100 = 252$

27 ②

레닌은 응유 효소로 치즈 제조에 사용한다.

28 ①

오답 피하기

쌀을 도정할수록 조리시간이 단축되고, 소화율이 높아지며, 영양분은 감소된다.

29 ②

바질(Basil)은 파스타, 피자에 넣는 허브이다.

30 ①

오답 피하기

하몽과 프로슈토는 돼지 뒷다리살로 만든 햄이고, 살라미는 가공되어 만든 이탈리아식 소시지이다.

31 ④

바닐라는 샐러드의 기본재료가 아니다.

32 ③

후드는 식품의 증기, 냄새를 배출시키는 환풍 시설로 가열대보다 넓게 설치하는 것이 좋다.

33 ③

발주량 = {정미주량÷(100−폐기율)}×인원수×100
= 80÷(100−5)×1,500×100 = 126,351g = 약 127kg

34 ④

푸딩은 후식으로 적합한 디저트이다.

35 ④

- 부제탄소원수가 3개 존재하면 2개의 이성체가 존재한다.
- 즉, $2^3 = 2×2×2 = 8$개이다.

36 ②

오답 피하기

- 곡류는 서류보다 호화온도가 높다.
- 소금은 전분의 호화에 도움은 되지만 점도를 약하게 한다.
- 산 첨가는 가수분해를 일으켜 호화의 방해를 일으키는 인자이다.

37 ①

분질감자는 부서지는 성질을 이용하여 메쉬드 포테이토를 만들고 볶음 요리가 적합하지 않아 오븐감자구이를 만든다.

38 ②

오트밀은 물을 부어 죽처럼 끓여 먹는다.

39 ②

오답 피하기

- 신선한 달걀보다는 오래된 달걀이 기포 형성은 잘 되지만 안정성이 적어 쉽게 기포가 가라앉는다.
- 머랭을 만들 때 설탕을 넣으면 기포가 잘 안 일어나므로 어느 정도의 기포가 생기면 설탕을 넣어야 한다.
- 차가운 달걀은 기포가 잘 생기지 않으므로 실온에 미리 꺼내어 두는 것이 좋다.

40 ②

송이버섯은 갓이 많이 피지 않고, 향이 진한 것이 좋다.

41 ④

버터는 동물성 유지이다.

42 ③

슬라이서(Slicer)는 야채나 육류를 저미는 기구이고, 다질 때 사용하는 것은 찹퍼(Chopper)이다.

43 ②

커피, 코코아의 쓴맛의 성분은 카페인이다.

44 ③

두부는 콩의 단백질인 글리시닌이 염류에 응고되는 성질을 이용하여 만든 식품이다.

45 ④

열의 전달 속도는 대류가 가장 늦다.

46 ③

냉장고에서 완만 해동하는 것이 세균의 번식을 막고, 조직의 파괴, 드립 현상을 최소화할 수 있다.

47 ②

쌀은 배아의 비타민 B의 손실을 줄이기 위하여 가볍게 2~3회 세척하는 것이 가장 바람직하다.

48 ④

단체급식에서는 지역과 계절에 따라 제철 식품을 사용한다.

49 ②

생강은 생선 단백질이 응고된 후에 넣는 것이 좋다.

50 ①

사후강직은 근섬유가 액토미오신(Actomyosin)을 형성하여 근육이 수축되는 상태이다.

51 ③

오답 피하기

- 감염 경로 : 호흡기계, 소화기계, 피부 등
- 병원소 : 사람, 동물, 물건 등
- 미생물 : 바이러스, 세균, 리케차 등

52 ①

채소류로부터 감염되는 기생충은 요충, 십이지장충, 회충, 편충, 동양모양선충 등이 있다.

오답 피하기

- 무구조충 – 소
- 유구조충, 선모충 – 돼지

53 ③

오답 피하기

파리 – 장티푸스, 콜레라

54 ④

광화학적 오염물질을 2차 오염물질이라고도 한다. 2차 오염물질은 1차 오염물질이 공기 중에서 화학 반응을 일으켜 간접적으로 생성되는 물질로서 산성비, 산성눈, 광화학 스모그 등이 포함된다.

55 ②

폰(phon) : 음의 세기와 더불어 일어나는 감각상의 수량적 변화를 말한다.

오답 피하기

데시벨 : 음의 강도를 말한다.

56 ③

능동면역	자연능동면역	• 질병 감염 후 얻은 면역 • 두창, 소아마비
	인공능동면역	• 예방접종 후 얻은 면역 • 생균 백신 : 홍역, 결핵, 황열, 폴리오, 탄저, 두창 • 사균 백신 : 파라티푸스, 장티푸스, 콜레라, 백일해, 일본뇌염 • 순화독소 접종 : 세균의 독성을 약하게 한 것. 디프테리아, 파상풍
수동면역	자연수동면역	태반, 모유 등 모체로부터 얻은 면역
	인공수동면역	• 수혈 후 얻은 면역 • 글로불린 주사, 성인 또는 회복기 환자의 혈청

57 ②

파리가 장티푸스의 위생해충은 맞지만, 발진티푸스는 이에서 매개한다.

58 ④

극장, 강연장 등 다수인이 밀집한 실내 공기는 화학적 조성이나 물리적 조성의 변화를 초래하여 불쾌감, 두통, 권태, 현기증, 구토 등이 일어나는데 이와 같은 생리적 이상을 군집독이라 한다.

59 ④

온열 조건 인자 3요소는 기온, 기습, 기류이다.

60 ④

공중보건은 개인이 아닌 인간 집단이고, 목적에는 치료가 해당되지 않는다.